臺灣歷史與文化 研究輯刊

二 編

第 7 冊

日治時期臺灣詩話比較研究（上）

謝崇耀 著

花木蘭文化出版社

國家圖書館出版品預行編目資料

日治時期臺灣詩話比較研究（上）／謝崇耀 著 — 初版 — 新
北市：花木蘭文化出版社，2013〔民 102〕

目 2+186 面；19×26 公分

（臺灣歷史與文化研究輯刊 二編：第 7 冊）

ISBN：978-986-322-231-6（精裝）

1. 臺灣詩　2. 詩話　3. 詩評

733.08　　　　　　　　　　　　　　　　102002845

臺灣歷史與文化研究輯刊

二 編 第 七 冊　　　　　　ISBN：978-986-322-231-6

日治時期臺灣詩話比較研究（上）

作　　者　謝崇耀
總 編 輯　杜潔祥
出　　版　花木蘭文化出版社
發 行 所　花木蘭文化出版社
發 行 人　高小娟
聯絡地址　235 新北市中和區中安街七二號十三樓
　　　　　電話：02-2923-1455／傳真：02-2923-1452
網　　址　http://www.huamulan.tw 信箱 sut81518@gmail.com
印　　刷　普羅文化出版廣告事業
初　　版　2013 年 3 月
定　　價　二編　28 冊（精裝）新臺幣 56,000 元

日治時期臺灣詩話比較研究（上）

謝崇耀　著

作者簡介

謝崇耀，臺南人，曾長居嘉義，現定居臺中。國立彰化師範大學學士、碩士，國立中正大學博士。大學畢業後即從事教育工作迄今，公餘之暇，筆耕不輟，計著有小說集《人間轉化》，論文集《臺灣文學略論》、《百年風華新視野日治時期臺灣漢文學與文化論集》，專論《清代臺灣宦遊文學研究》、《月映內海灣──清領時期臺灣宦遊文學》、《日治時期臺北州漢詩文化空間研究》等書。先後專任於國立嘉義高工、國立和美實驗學校等校，並曾於中正大學兼任講師、助理教授五年餘，主要開設課程為「臺灣傳統建築專題」與「臺灣古典文學史」等。

提　　要

　　本論文分為六章，另有附錄六篇。全文主要目標便是在蒐集日治時期臺灣現存之「詩話文本」並加以分析、研究。

　　第一章、「緒論」，除了闡述研究動機，更對目前已有的研究成果加以說明，並舉出欲研究之對象，最後提出研究之方法。

　　第二章、「臺灣社會與古典文學環境的變遷」，在探討詩話文本之前，筆者試圖先將孕育詩話文本的當時臺灣之文學發展情況與背景加以說明，並進一步從「內緣」與「外緣」的因素來闡發臺灣詩話文本於「日治時期」大量產生的必然性。

　　第三章、「名家專著之詩話」，本文開始探討詩話文本的內容，在本章中，筆者試圖將一些較為人所熟知的文本或文名遠播的大詩人所作之文本加以探討，並進一步闡發其史料、思想、美學等方面的價值。

　　第四章、「寄生媒體之詩話」，本章亦是在探討詩話文本，但本章是以媒體（載體）所載之詩話為研究重點，筆者並將這些媒體分為三大部分，亦即「臺灣日日新報系」、「純古典文學刊物系」、「綜合文藝刊物系」來加以探究。

　　第五章、「詩話文本之比較研究與特質」，上兩章是對治每一個文本作逐一的探討。本章則是希望藉由「作者世代與創作動機」、「內容價值之比較研究」、「臺灣詩話文本之特色」三個面向對現存之文本加以貫串類推、歸納比較，希冀由單一到全面，使臺灣詩話文本之整體價值與特色可以脫陳而出。

　　第六章、結論，在本章中筆者試圖將詩話文本帶入臺灣文學史的定位中。首先由臺灣文學的本質（主體性）開始探討，並進一步闡述這些詩話文本的內涵、精神與價值在臺灣文學史上可以分別被放置於哪一個層次。最後以宏觀的歷史視野概觀臺灣詩話乃至於文學史數百年來詭譎多變且歧異特殊的發展，以說明臺灣文學乃至於詩話的研究都必須先有宏觀的體認才能精確掌握方向並有所突破。

　　附錄一、「臺灣本土文人發展世代圖表」，是希望參酌歷史大事，臺灣文人產生的因素，現實的狀況以及各家的斷代法，試圖建構一世代圖表，使論文解說時能更為簡易，也可以給研究者一個宏觀的角度來思考問題。

附錄二、「臺灣文學主流與古典詩文變遷圖表」，本表也是希望以圖說的方式使人明瞭臺灣三百年來到底出現過哪些種類的文學以及作家族群。

　　附錄三、「詩話所及涉台文士略歷」，由於詩話文本具有相當之史料價值，所以本表將現存詩話中有談及之文人皆列錄之，並將其略歷皆加以搜羅使讀者可以交互參照閱讀。

　　附錄四、《大冶一爐詩話》、《百納詩話》、《二南詩話》、《瑞軒詩話》各號大要，由於許多詩話文本的內容很多，但在坊間並無法取得文本可供閱讀，筆者又不方便將所有的文本之原文皆加以刊錄，所以便將部分不易取得之文本的內容大要逐一加以述說使讀者縱使不能見全貌也能略聞其詳。

　　附錄五、〈走向開闊的臺灣文學研究〉，本文在探討臺灣文學的範疇，由於牽涉到第六章中對於臺灣文學史的解讀與認知的問題，所以筆者必須藉此進一步闡述自己所抱持的立場。

目

次

詩 話

拾碎錦囊一則

余友蕉鹿氏。不喜學詩。而頗能此道。自以爲雕虫小技。每作輒棄去。稿者不存。居恆口占最多。隨手拈來。都可成誦。近有友人持竹篋。畫筌瓜一籐。即題其上云。一官飽飯已無能。落拓歸來百感增。差幸故園秋未蕪。歸去秋風耐歲塞。□異曲同工。(雪漁)

▲詩人南遊　新竹王友竹氏。性好山水。素縈臺南爲本島開風氣之先。前代古迹甚多。屢欲往遊而不得。近因身體稍健。且所著臺陽詩話。其初編經已出版。行將有續刻二編之舉。此次特裹筆南遊。藉資閱歷。以廣見聞。冀得收羅佳章雅什。及山阿岩穴之士。表而傳之。以增光其著作。想前途不少知已。定必到處逢迎。而足迹所經。山川應亦爲之生色矣。●

《臺陽詩話》出版的消息第一次於報端披露成爲臺灣文人所知最早的一本詩話。

首先在報端開闢詩話欄的「準詩話」作品《拾碎錦囊》。

●大冶一爐(一)　（鵬）

天地一大冶之區也。其氣足以陶鎔山海。環九萬里而人物生焉。是爲天地一大冶。古今一大冶之門也。其文足以陶鎔經史。歷百十年而子集成焉。是爲古今一大冶。詩人則合天地之山海人物。古今之經史子集。而陶寫性情。陶成一人品。是爲天地古今詩人一大冶。其能把此天地古今陶成一大鑪鍾者。則必有極天地古今之奇。而爲天地古今詩人在焉。南溟是也。又必有極天地古今之奇。而爲天地古今陶鎔之大冶。今陶成千百詩人生焉。其唯讀南溟詩話之大冶一爐焉。則必與之詩人在乎。是爲天地古今詩人陶鎔一大冶。

鹽水港廳長從六位勳六等

《掬月樓詩話》所提之鹽水港廳長村上先氏，云其：築別墅於店仔口關山嶺溫泉上方，題曰：「仁山別墅」，公餘輒招文士，觴詠其間，唱和者甚多。

屢次被學者提及篇幅甚鉅的《大冶一爐詩話》，曾一度被視爲亡佚之作

第一章　緒　論

第一節　研究動機

　　中國詩話之興，乃承其千餘年不斷累積的詩文創作經驗與智慧之成果，《四庫全書總目‧卷一九五詩文評類一》〔註1〕云：

> 文章莫盛於兩漢，渾渾灝灝，文成法立，無格律之可拘；建安、黃初，體裁漸備，故論說之文出焉。典論其首也，其勒爲一書傳於今者，則斷自劉勰、鍾嶸。勰究文體之源流而評其工拙；嶸第作者之甲乙而溯厥師承，爲例各殊。至皎然詩式，備陳法律；孟棨本事詩，旁採故實；劉攽《中山詩話》、歐陽修《六一詩話》又體兼說部，後所論著不出此五例中矣。宋明兩代均好爲議論，所撰尤繁。

　　由此可知，「詩話」不但在體制與內容上皆是有源有本，更是中國特有的一種文學體裁，在中國文學批評史上，的確極具價值。他的蓬勃發展不但象徵著詩學研究在中國的早熟，也間接反映出中國文人在「回顧前人成就」與「開創自我思維」兩面兼顧下的中庸特質。

　　而臺灣的古典詩歌之發展，則可以溯源自「明鄭時期」。從十七世紀的沈光文〔註2〕，到二十一世紀的當代，臺灣古典詩歌的創作活動，其實一直存在

〔註1〕　紀昀總編修：《四庫全書總目‧卷一九五詩文評類一》（臺北：藝文印書館1974年10月版，第七冊），4077頁。

〔註2〕　沈光文被視爲臺灣文獻初祖，字文開，號斯庵，浙江人，曾官至「太僕寺少卿」，後因在抗清戰爭中與魯王失散，原於金門落腳，後來在欲遷徙至泉州外海之小島的途中，遇到颱風，漂泊至臺灣，落籍於「目加溜灣社」（今「臺南

著〔註3〕。而在這三百多年的發展歷史中，清領中葉到日治初期（清朝道光至日本大正年間）〔註4〕的一百多年間，可說是臺灣古典詩發展的鼎盛時期。而在這段時間裡，除了「古典詩」創作活動的興盛外，「詩話」文本的相應而生，其實也是相當值得去發掘的領域，本文即是希望藉由發掘與討論此一時期的「詩話」文本，除了可驗證當時臺灣詩學的蓬勃發展不僅止於「詩創作」本身而已，更重要的是，這些「詩話」文本的發展趨勢，以及各「文本」間的價值，都有許多值得深入探討的內容。這正是筆者撰作本文之目的。

第二節　研究範圍與文獻檢討

一、臺灣詩話的研究概況

歷來對於臺灣的「詩話」之研究雖有但內容深淺不一，且集中於幾本較易獲得之「文本」，至於綜合研究臺灣詩話者則幾乎全無，主因是研究者對於「文本」之掌握原本即相當有限。一般較爲人所熟知的「文本」，即是由「臺灣省文獻會」所編印，洪棄生的《寄鶴齋詩話》、吳德功的《瑞桃齋詩話》、王松的《臺陽詩話》等三種，另外黃美娥所編的《張純甫全集‧雜評附錄》中有《陶村詩話》若要查考亦極爲便利。其餘已被提及但文本不易察

善化」），時爲一六五一年，臺灣還在荷蘭的統治下。至明鄭時期，鄭成功原本極爲禮遇他，但由於鄭成功死後，沈光文曾作賦諷刺鄭經，引來鄭經的不滿，險招殺身之禍，於是他便剃髮逃至善化以北七十里的羅漢門山（嘉義縣）一帶。清朝正式統治臺灣後，沈光文仍與季麒光等籌組過「東吟詩社」，後病終。季麒光大爲表彰之，言曰：「臺灣無文矣，斯庵來而始有文矣。」因此沈光文被視爲臺灣文獻初祖。但筆者以爲，若非沈光文至晚年與明鄭政府交惡又與清朝政府關係逐漸緩和，是否能在清朝即獲政府表彰，又因此而影響接下來三百餘年臺灣知識份子對於「臺灣文獻初祖」的觀念，則又難說了。沈光文相關資料可見龔顯宗編：《沈光文全集及其研究資料彙編》（臺南：臺南縣文化局，1998 年），本文乃參考其中原載於《臺南文化》第三、四期，由黃典權所著之〈沈光文〉而來，見該書頁 48～62。

〔註3〕　現今南北各地仍有詩社之活動，如臺北之「天籟吟社」、「瀛社」、臺中之「櫟社」、彰化之「興賢吟社」、臺南之「玉山吟社」等，另「陳逢源文教基金會」每年也都有舉辦「全國大專青年聯吟」活動，以古典詩爲主的詩刊尚有《乾坤詩刊》等，教育部文藝創作獎也仍設有「古典詩組」，堪爲目前提倡古典詩之獎項中的最高位階者。「古典詩」雖然早已非主流文學體裁，但至今仍有人在不斷創作，也是不爭的事實。

〔註4〕　筆者之所以斷定於此一時間，待下文再詳述。

考者有胡南溟的《大冶一爐詩話》、許天奎的《鐵峰詩話》、蔡醒甫的《龍江詩話》、施梅樵的《玉井詩話》等〔註5〕。另外，還有許多名家宿儒所撰作的「文本」，但由於多半連載於當時的報刊雜誌中，所以不被研究者所知曉，亦不足爲怪。

在「臺灣省文獻會」所編印的三本詩話中：

（一）在《臺陽詩話》方面

龔顯宗先生曾撰有〈臺陽詩話研究〉〔註6〕一文大抵上是探討該詩之撰作動機、文學思想、保存之文獻與人物等，黃美玲有〈王松《臺陽詩話》初探〉〔註7〕則是就其文學思想更進一步的探討，筆者則有〈《臺陽詩話》研究〉〔註8〕也是透過全面性的探討來突出其文獻之價值，而林美秀的《王松詩話與詩的現代詮釋》〔註9〕則是第一本專著，詮釋文本甚爲透徹，尤其參考了《臺陽詩話續編》同時也融入了其詩的探討所以更加全面，也觸及了詩人的民族思想等問題。至於李知灝有〈王松《臺陽詩話》版本考述與校勘〉，內容則著重於比較網路版與原版、省文獻版在字句與序言上的出入，雖未觸及思想問題但基礎研究確是不可或缺的。〔註10〕

（二）在《瑞桃齋詩話》方面

中正中研所李知灝2002年所提之碩士論文也是以「吳德功」作爲研究主題，撰有《吳德功《瑞桃齋詩話》研究》，在版本方面的研究甚爲透徹。筆者則撰有〈瑞桃齋詩話初探〉〔註11〕其餘探討者不多。

〔註5〕　《大冶一爐詩話》與《鐵峰詩話》待下文再談。《龍江詩話》在《臺灣漢語傳統文學書目》頁90有著錄爲「民國2年（1913刊本）」但這事實上是根據《臺灣省通志稿》，筆者曾函請臺灣省文獻委員會說明，但得到的回覆是，沒有辦法得知此一說法由何而來。另外賴子清有《鶴洲詩話》屬於光復以後所作，故不在本文討論範圍。《玉井詩話》由施梅樵所著，根據《梅樵詩集》（臺北：龍文，2001年），前頁作者小傳的說法，作者中年著有此文，但近來之研究多未提及，筆者於《鯤洋文藝粹編》中曾見此文之連載本，故引以爲討論之文本，待下文中詳述。

〔註6〕　見龔顯宗：《臺灣文學研究》（臺北：五南出版社，1999年），頁145～166。

〔註7〕　收錄於《臺南家專學報》，第16期（1997年6月）。

〔註8〕　收錄於《竹塹文獻雜誌》，第27期（2003年8月）。

〔註9〕　見林美秀：《王松詩話與詩的現代詮釋》，臺北：大普公關公司印行，2002年。

〔註10〕　見李知灝：〈王松《臺陽詩話》版本考述與校勘〉，《臺灣文獻》第五十五卷第二期，2004年6月30日，頁111～130。

〔註11〕　收錄於《臺灣文學評論》，第三卷第一期（2003年1月）。

（三）在《寄鶴齋詩話》方面

有關洪棄生的研究，目前以程玉鳳的《洪棄生及其作品考述》最為全面，其中對於《寄鶴齋詩話》，僅提及其撰作的時間〔註 12〕，較為可惜。逢甲中研所許雯淇 2002 年的碩士論文為《洪棄生《寄鶴齋詩話》研究》對於該詩話之文學思想有深入的探究，至於成大臺文所吳東晟則在 2004 年的碩士論文《洪棄生《寄鶴齋詩話》研究》中將觸角深入其他同時其詩話的比較，並且加深其文學價值之闡發，所以研究結果更是全方面，筆者則撰有〈寄鶴齊詩話初探〉一文〔註 13〕也是希望透過全面性的探討來整理其文獻之價值。

（四）其　他

如《陶村詩話》目前尚無專文加以探討者，黃美娥在〈張純甫全集編者序〉〔註 14〕中言：

> 此稿乃先生詩評之作，所錄包括臺地及大陸古今名人，間述作者生平或詩風，並引詩篇為例，可見保存文獻之功。

由此可見，相較於以上三本詩話，其餘已被提及但文本不易察考的詩話，除了後人所流傳下的評語外，目前幾乎沒有專文討論過，可見該領域尚有許多待發掘之處。

二、目前可供研究之詩話概觀

為了清楚說明筆者已擁有的文本，故列表如下。至於各文本的詳細內容，待於第三、四章中再一一細究。

號次	詩　話　名	出　版　時　間	出　版　者	作　者
1	瑞桃齋詩話	1897 以後（推測）1920 年寄贈〔註 15〕	自行出版	吳德功
2	寄鶴齋詩話	1895～1914（推測）	自行出版	洪繻
3	臺陽詩話	1905	自行出版	王松

〔註 12〕見程玉鳳：《洪棄生及其作品考述》（臺北：國史館，1997 年），頁 302。

〔註 13〕收錄於《古今藝文》，第 29 卷第 2 期（2003 年 2 月）。

〔註 14〕見黃美娥編：《張純甫全集‧雜評附錄》（新竹：新竹縣文化局，1998 年），頁 19。

〔註 15〕根據江寶釵之序，該書於 1920 年由吳氏送交手稿一份予「臺灣總督府圖書館」，至於何時完成、問世則不清楚。見 http://nmtl.ncrpcp.gov.tw/poem0826/ 臺灣漢詩數位典藏化系統。

4	讀酒樓詩話	1906.7.17～20（2 號）	漢文臺灣日日新報	未署名
5	豢龍樓詩話	1907.7（1 號）	漢文臺灣日日新報	逸
5	咳珠樓詩話	1907.8.3～10.24（3 號）	漢文臺灣日日新報	白水
6	蘸綠村詩話	1907.9.10～10.28（7 號）	漢文臺灣日日新報	未署名
8	掬月樓詩話	1907.8.2～1908.5.20（27 號）	漢文臺灣日日新報	謝汝銓、蔡佩香
9	大冶一爐詩話	1909.1.22～1911.11.28（207 號）	漢文臺灣日日新報	胡殿鵬
10	意園詩話	1908.10.4～1910.2.3（9 號）	漢文臺灣日日新報	林湘沅
11	瑞軒詩話	1910.12.26～1911.3.20（13 號）	漢文臺灣日日新報	連橫
12	神州詩話	1910.4.27～5.8（2 號）	漢文臺灣日日新報	天繆生
13	滇南詩話	1911.7.30（1 號）	漢文臺灣日日新報	迤南少年
14	瞻廬詩話	1911.8.22（1 號）	漢文臺灣日日新報	未署名
15	栩園詩話	1919.4	臺灣文藝叢誌	未署名
16	滑稽詩話	1923.2	臺灣文藝叢誌	未署名
17	鐵峰詩話	1924.11	臺灣文藝叢誌	許天奎
18	玉井詩話	1925.11	鯤洋文藝粹編	施梅樵
19	陶村詩話	1924～1925	臺灣詩報	張純甫
20	臺陽詩話續編	1924.6.16～12.26	臺灣詩報	王松
21	鐵峰詩話	1925.7.25～9.25（2 號）	臺灣詩薈	許天奎
	鐵峰詩話	1935.10.1（1 號）	詩報	許天奎
	鐵峰詩話	1934	自行出版	許天奎
22	百衲詩話	1933.7.1～1935.9.7（48 號）	詩報	葉文樞
23	詩話	1933.2.6～4.15	詩報	李春霖
24	百衲詩話續編	1942.1.22～6.27（9 號）	詩報	葉文樞
25	二南詩話	1941.5.8～1942.6.21（34 號）	詩報	周召南
26	淮詩話	1941.6.22～8.21（3 號）	詩報	鄭坤五
27	蓬萊角樓詩話	1936.8.6～1937.1.6（7 號）	風月報	謝汝銓
28	奎府樓詩話	1938.7.20～1939.12.1（27 號）	風月報	謝汝銓
29	風月詩話	1940.8.1～1941.1.1（4 號）	風月報	周德三
30	閨秀詩話	1940.8.15（1 號）	風月報	蔣培中
31	滑稽詩話	1940.6.15～8.1（3 號）	風月報	一葦
32	滑稽詩話	1930.10.9～1932.5.19（9 號）	三六九小報	鄭坤五、趙鐘麒、劉魯、駐鶴軒主

33	歪詩話	1930.12.13～1932.7.16（2 號）	三六九小報	許丙丁、著意會幹事
34	消夏歪詩話	1931.8.19（1 號）	三六九小報	古圓
35	古今逸詩話	1931.11.13（1 號）	三六九小報	不俗
36	紫珊草堂詩話	1932.1.9（1 號）	三六九小報	雙木生
37	挹秀閣詩話	1935.4.19～5.19（1 號）	三六九小報	黃凝香
38	綠波山房詩話	1933.3.19～4.6（6 號）	三六九小報	邱濬川
39	圓園詩話	1933.3.1～11.26（2 號）	三六九小報	邱濬川
40	萬善同歸詩話	1934.7.23（1 號）	三六九小報	古董先生
	詩話（一稿兩投）	1932.12.3（1 號）	三六九小報	李春霖

第三節　研究方法

一、文本〔註16〕的蒐集

　　由於現有已刊印之文本雖然內容都極具重要性，而且如《寄鶴齋詩話》與《臺陽詩話》在當時即已受到重視，但終究不能代表臺灣日治時期的詩話之總體。由上文可知，臺灣詩話的文本除了已集結成冊的專著外，其餘多是藉由當時的報章雜誌來刊行的。所以要有效掌握這些詩話唯有土法煉鋼，一本一本的尋找，方有可能找齊。而目前日治時期的刊物多半已被拍成微捲，藏於「國立中央圖書館臺灣分館」中，所以要有效的蒐集文本，唯有借重該館的館藏。至於有「詩話」之實，然而未冠以「詩話」之名者，如《大屯山房譚薈》、《臺灣詩乘》、《臺灣詩薈餘墨》等，礙於範圍過廣，既無法容納於一碩士論文之下，又有定義的爭議，故本文並不以此為論述對象。而本文既以「日治時期」在臺灣以「詩話」為名的文本作為研究對象，所以像《鶴洲詩話》這類光復後的作品，以及內容涉及臺灣但非臺灣當地文人於臺灣所作之詩話如丁紹儀的《聽秋聲館詞話》、蔡醒甫的《龍江詩話》與陳衍的《石遺

〔註16〕稱之為「文本」（Text）乃是就其作為一種詮釋的對象而言，本文所稱之「文本」多半是指「詩話」而言。「文本」一詞之使用如現象學家 Gadamer 即曾對於文本的詮釋是否能如詮釋學派所能達到真正的真實而提出質疑。見 Robert C.holub 著，董之林譯：《接受美學理論》（臺北：駱駝，1994 年），頁 40，46。及 Terry Eagleton 著，吳新發譯：《文學理論導讀》（臺北：書林，1993 年），頁 90。

室詩話》等也不在討論與文本蒐集的範圍。

二、「詩話史」的深究

　　除了文本的取得外，探討並辨別詩話的種類，以利剖析臺灣詩話的內容，也是很重要的。筆者曾在〈傳統詩話的沿革及其研究價值與方法〉中，將中國的詩話就結構而言，分爲四類：一、「以資閒談」者，如中國第一本詩話，歐陽修的《六一詩話》。二、「結構嚴謹」者，如嚴羽的《滄浪詩話》。三、「整理分類」者，如宋代的《詩話總龜》、《苕溪漁隱叢話》、《詩人玉屑》等〔註17〕。四、「集錄加工」者，如近年江蘇古籍出版社所編的《宋詩話全編》和《明詩話全編》。而臺灣的詩話文本顯然只可能是前面兩者。

　　再從內容來區分，由於日治時期的臺灣詩話可說是屬於清代詩話的餘緒（若跳脫國家意識而言），蔡鎮楚在《中國詩話史》中將清代詩話分爲，一、清初詩話，包括「宗唐詩派」者、「宗宋詩派」者、「神韻派」者、以及王夫之、葉燮、「浙中三毛」的詩話。二、清中葉詩話，包括「格調派」者、「性靈派」者、「肌理派」者、以及《北江詩話》與《讀姜齋詩話》。三、清詩話的專門化，包括「地方詩話」、「專家體詩話」、「名媛閨秀詩話」。〔註18〕這些都是值得參考的判別準據。

三、「詩話價值」的闡發

　　要掌握「探討詩話價值」的方法，首先必須瞭解「詩話」一般會呈現的內容，並由此分析其主要的價值。由於詩話是「筆記文學」的一種，經常隨筆而談，難以掌握規律。筆者在〈傳統詩話的沿革及其研究價值與方法〉中，雖然作了分析，但包括舉證之例，就佔了萬餘字，不適合逕自錄於此處。故將於下文探討時，適時插附於註解中，以利說明。

　　總而言之，要探討「詩話」的價值，可從以下三方面加以剖析

〔註17〕謝崇耀：〈傳統詩話的沿革及其研究價值與方法〉云：「宋代的《詩話總龜》、《苕溪漁隱叢話》、《詩人玉屑》都是集前人之材料，自訂事類並加以總歸、編排之作，只是這裡所蒐集的材料卻未必全出於「詩話」作品，也有很多出自「筆記」之作，如被譽爲「在詩話薈萃最爲繁富」的《詩話總龜》有「集一百家詩話總目」，但其中眞正以「詩話」爲書名者卻只有八部，內容則以「本事」（小說之言）爲主，由此可見一番。」未發表。

〔註18〕蔡鎮楚：《中國詩話史》（湖南：湖南文藝，2001年）目錄，頁3。

（一）文學史料的增補

詩話作爲一種隨手記錄的文學筆記，其內容本身就是某種形式的文學史料，固然當中有缺乏客觀性的缺點，且不能像文學史書的系統化，但卻能爲文學史料提供豐沛的資料。同時，許多文學史料的探討與發現也都是在詩話中首先提出的，所以「詩話」可說是撰寫文學史料的重要參考對象之一，其史料上的價值不言而喻。

（二）文學主張的體現

詩話是文人表現對於文學的思想與看法的重要表現管道，我們研讀詩話，自然能從其中提煉出一些尚未被發掘的文學主張。如嚴羽《滄浪詩話》中的「妙悟」說，王士禎《漁洋詩話》中的「神韻」說等，都是後人閱讀其作後所統整出來的。

至於沿襲某些文學觀，繼而加以闡發，除了可以彰顯自己的立場，也能展現作者對於某一理論的瞭解程度與心得，都是有「思想」價值的內容可以探討的。

（三）文學美學的賞析

「詩話」本身就是一種文學創作，它不像一般的文學史書，由於它的形式較自由，使它可以加入許多具有強烈個人色彩與感情的內容，只要在內容上充足、在形式結構上能有效的配合與呈現〔註 19〕，閱讀詩話有時也可以像閱讀詩與散文、小說一般的得到「理性」之外的「感性」享受，也就是感受到「文學性」與「美學價值」。如詩話中常有談及「文學與人生」的內容者，這就具有此一特色。〔註20〕例如《漁洋詩話》云：

> 粵東有貝多樹，余嘗於劉將軍署見之。從者誤折一枝，余惋惜，攜歸使院，植諸階樨。值雨一昔而活，菁蔥可愛。余題詩壁間云：『貝葉無根插短籬，一宵春雨發華滋。他年誰續羊城誌？記取漁洋手種時』今二十年，計以成圍矣。

這段文字巧妙的將「生活記憶」、「歲月」與「文學」融入其中，即具有此一特色。

〔註19〕朱光潛：《談文學》（臺北：臺灣開明書店，1990 年，臺 18 版），頁 107～118，〈文學與語文〉（上）——內容形式與表現，即在談此一議題。

〔註20〕同前註，頁 1～11，談及〈文學與人生〉的內容即可作爲參考。

同時，值得注意的是，在「印象式批評」的傳統下，這些品評文字本身的「藝術性」也蘊藏著無限的探討空間，其美學價值可以由結合詩的背景與詩句來定精粗高下，也可以單取此一「藝術品」〔註21〕加以品味，如《文心雕龍》評「建安七子」云：「志深而筆長，故梗慨而多氣也」，《詩品》評「古詩十九首」云：「文溫以麗，意悲而遠，驚心動魄，幾乎可謂一字千金。」這類品評的文字符號因為具有深邃而精確的意涵，再加以有效組合，所以本身即具有其藝術價值。

另外，縱使是說理，只要思想能精妙高超，搭配上有效的表達語言和成功的呈現手法，同樣能令讀者感受到其「文學性」（成功的內容語言之結合與呈現）與「美」的感受（受到感動或生傾羨崇拜之情。），例如《人間詞話》即是一本理趣中亦有文學性的佳作。

總言之，「詩話」本身所富含的「美感」價值是「史料」與「思想」價值外，另外一個不可忽略的領域。只要能在此論的基礎架構下，配合詩話本身的特色加以增添體例並剖析研究，則已經可以大致掌握住方法了。同時明瞭「詩話」應具備的「思想」、「史料」、「文學美感」三種價值，則一本「詩話」的特色是重「現實」或「玄想」，重「史實」或「軼事」，重「記錄」或「感懷」，重「結構」或「隨興」，重「考辯」或「閒談」，重「思想」、「史料」或「美學」也就可以一一衍論而出了。

四、作者之撰作動機與反映處世思想

除了文本之內容的文學史、文學思想與文本之閱讀性等方面之探討外，本文也試圖由詩話之作者的其他資料以及文本之內容以求探討當時臺灣詩話作者之撰作動機與立身處世之態度，同時間接反映出當時臺灣的社會與文化背景。

〔註21〕德國古典美學：美在理性內容表現於感性形式，尋求「形式／內容」；「理性／感性」、「主觀／客觀」的統一。作為一件藝術品，材料必須消融在形式裡；現實必須透過形象顯現。所以當文人將心中的感性（美的感受）透過能客觀被體現於現實世界的語言符號或各種形象表現出時，這種表現本身就是一種可以由讀者或觀賞者酌取品味，超越作者為中心的「藝術品」，這也就是黑格爾所謂的「真正的客觀性」。參見朱光潛：《西方美學史》下卷，頁304～324，有關「美的本質」的流派發展。以及黑格爾：《美學（一）》（臺北：里仁書局，1981年），頁392～393。

五、「歷史背景」的掌握

除了借重探討中國詩話時的經驗外，由於日治時期的臺灣詩話終究有其特殊的歷史環境，這對於詩話文本的產出以及對其內容與類型的影響，也都值得探討。所以掌握日治時期臺灣的社會文化背景，同時對於整個古典文學在臺灣的發展，都必須有清楚的認識，才能有效的加以探究。

本文乃利用「古典詮釋學」也就是「比較文學」中所謂的「歷史研究法」〔註22〕來掌握臺灣的文化背景與臺灣詩話間的關係，亦即瞭解臺灣文化環境對於「臺灣詩話」的影響性。以期使人明瞭「臺灣詩話」與「臺灣的社會文化背景」間具有密不可分的關係。

六、「附表製作」的輔助

由於筆者乃至於現今的在學生，對於臺灣文史的認識都相當的匱乏，又未經歷日治時期，所知全部來自於圖書，所以即使在執教時能輕鬆的勾勒出整個宋朝重要文人的生平與關係，但對於臺灣的文人略歷卻是極為不足。筆者已撰有兩本關於臺灣文學之專著尚且如此，更何況是一般人。

為了使撰寫不會因為無法完全掌握當中出現的臺灣文人而導致於研究的疏失，所以附表的製作便頗為重要。附錄三：〈詩話所及涉臺人物略歷〉即是重要的先行工作。這份資料，除了參考現存四十種詩話的文本之內容外，連橫的《臺灣詩乘》、陳漢光的《臺灣詩錄》、賴子清的《臺海詩珠》、臺灣省文獻會所編的《臺灣詩鈔》，以及其他相關可能參考的資料之運用，只要能使當中所提及的人物生平能夠得到更清楚的勾勒者，皆不能忽略。

筆者另外作有「附錄一：臺灣本土文人發展世代圖表」、「附錄二：臺灣文學主流與古典詩文變遷圖表」、「附錄四：《大冶一爐詩話》、《百衲詩話》、《二南詩話》、《瑞軒詩話》各號大要」（以上參見文末）都是希望能用更明確以及科學化的方式來說明整體臺灣文學史與詩話之發展的現象，希望這對於後繼者的研究是有助益的。

其中「附錄一」的製作原本是為求一個方便法門以利說明，但內容並非便宜行事的作為。事實上，為作者的生存時代作一區分是其來有自的，如施懿琳教授將日治後接受統治的臺灣舊文人稱為「一世文人」，至於在日治時代

〔註22〕劉介民：《比較文學方法論》（臺北：時報文化，1990 年），頁 185。

接受日本教育者為「二世文人」，前衛出版社出版臺灣現代文人之作品，也區
分為「日據時代」與「戰後第一代」、「戰後第二代」等。而筆者以為，這些
方法固然皆不失真，但似乎較缺乏延展性。所以筆者試圖以在臺灣土生土長
的文人產生之時代為啓始點，建立一個「屬地主義」的「臺灣文人世代圖表」，
藉此跨越政權的藩籬，同時考量歷史的影響（如納入 1895 進入日治與 1920
進入新文學的兩個關鍵時代進如圖表中）以求一個能綿延不絕的世代交替表。

本圖表基本上以 30 年為一代，固然當時臺灣人約 17～18 歲即娶妻生
子，且每個家庭狀況都不同，劃約極為困難，但筆者以為只要適當說明、調
整，配合文學與社會之重大牽連，應仍能加以概括，例如鍾肇政屬於「第六
代」，因為第六代大多歷經國府遷臺而兼有日語能力，主要的文學創作表現
是在國府遷臺以後開始，但他與「第五代」部分文人的出生時間接近，所以
屬於「第六代早期」等。再加上臺灣許多文人世家的啓發，如「開臺進士」、
「第一代臺灣本土文人」鄭用錫及其子鄭如松其孫鄭景南，曾孫鄭學瀛（十
洲）等，一代傳一代，皆擅文學，筆列而下正好分別為第一代至第四代。而
臺灣文人至第五代多已受日本教育，但熟悉漢文學者亦不少，但不論是以日
語書寫或以漢語書寫，都應該一體統攝於其中以利研究的區分。總而言之，
筆者認為此圖表除了可在本文中協助解說外，更可推廣至整體的臺灣文學研
究，例如現今活躍之文人，應該皆屬於第六代晚期至第七代早期之人，諸如
文壇上知名的吳晟、簡媜、向陽等皆是，第八代文人也逐漸產生當中。這樣
的推演顯然是不會受到政權移轉所影響的。

七、「文本閱讀」的執行

在掌握整體的歷史與文學背景，參酌附表資料，同時具備對詩話結構與
內容的認知後，對於「文本」即可進行探析的工作。詳細閱讀，勤作筆記以
完成所欲闡發之目標，皆是不必贅言的次序。而能還原歷史現場，以客觀態
度處理資料，不以己意過度詮釋，也不隨意以現今之標準評斷古人，乃是研
究之必要態度。

八、「比較研究」的收束

在所有已蒐集到的文本皆做好探析的研究後，最後則是按照筆者於上文
所言，探討詩話的三個方面進行比較研究，以找尋臺灣詩話發展的特色。「比

較文學」的思潮源自歐洲，它原本是用以研究在歐洲大陸有類似傳統的文化環境下，各國之間的文學脈絡關係的，因爲歐洲文學，是同出於「西羅文化體系」，有其「共同的文學規律」和「共同的美學據點」〔註23〕。但臺灣終究是一個融合了多元文化的海島國家，縱使是使用中國傳統的書寫文類——詩話，也會因爲本身文化脈絡的不同而有所影響。所以本文的目的不在藉「比較研究」以認識到臺灣的文學是隸屬於任何的文化傳統，或是在探討臺灣文學與任何國家的文學有何脈絡關係，而是在承認其獨立發展的性格下，借用比較文學研究的方法，掌握詩話之間的異同，瞭解作品的價值與特色。簡言之，「臺灣的詩話」就是臺灣的詩話，它雖然可以由中國之邊疆文學的立場將之定位爲地方詩話之一部份，但臺灣終究有其特殊的歷史脈絡，若從臺灣主體性的角度來省察，他就有其自主性，所以我們可以說，「臺灣的詩話」可以是中國詩話的旁支與餘緒，但也可以說，「臺灣的詩話」是一群具有主體性格的文本〔註24〕，唯有如此，「比較文學」當中的「類比研究」方能成立〔註25〕，固然本文重點不在比較「臺灣詩話」與「中國詩話」之間的差異，而是在強調臺灣文化根源於中國，但也認同臺灣文化具有其數百年來演化出的主體性之立場，進一步希望以客觀的態度來發崛其文史價值並彰顯其主體性意義。

〔註23〕葉維廉：《比較詩學》（臺北：東大，1988 年 6 月），頁 2～3。

〔註24〕簡言之，若將臺灣詩話視爲中國之地方詩話，則若要撰寫一部中國文學史，若詩話占其中百分之一的篇幅，臺灣的詩話可能僅佔其中的萬分之一。而若認同臺灣文學的主體性，欲寫一部臺灣文學史，則臺灣的詩話可能就佔其中的百分之一。而後者不見得就是灌水的結果，而是在尊重其存在之意義後更加發崛其價值的結果。

〔註25〕研究者運用比較方法，發現文學現象間的比較性關係，構成比較性結構對象，……它把兩國或多國文學現象放在邏輯的概念的聯繫中構成研究對象，因而提出問題進行平行研究。見劉介民著：《比較文學方法論》（臺北：時報文化，1980 年），頁 292。

第二章 臺灣社會與古典文學環境的變遷——臺灣詩話的出現

要研究臺灣的詩話，首先要明瞭其歷史背景。尤其是對於古典文學發展的興衰，更是必須掌握其梗概。如此一來，對於作為臺灣古典文學之一部份的「臺灣詩話」是如何的產生、發展與演變，才能有更宏觀的認識。

第一節 清領時期臺灣社會與文學發展概觀

一、清領前期宦遊文學獨大

臺灣早期是個以勞動階層與統治階級所組成的移民社會，基於統治教化的需要，明鄭乃至清朝，對於臺灣的文教事業都有所著墨。但要培養一位讀書人，也就是以功名為業，終日浸淫於鑽研經史、涉獵文學的士人，絕非一般勞動階級者所能辦到的，縱使有足夠的財力，也仍必須考量臺灣本身的師資與文化條件是否足夠。因此之故，臺灣早期的文學主流，亦即康熙、雍正、乾隆朝，幾乎都是宦遊文學獨大的局面。筆者已撰有《清代臺灣宦遊文學研究》一書，對於臺灣早期宦遊文學的發展已有相當程度的說明，此處不再贅言。

而除了宦臺者外，許多「寄籍者」或科舉失意來到臺灣設帳教徒的人，則可權充為臺灣本地的文學代表，如章甫便是其中一例。章甫（1755～1816），字申友，別號半崧，福建泉州人，著有《半崧集》。他三十二歲來臺，約在 1787 年，這年鄭用錫還在母親腹中。〔註1〕若根據筆者的「臺灣本土文人世代圖」

〔註1〕 江寶釵：《嘉義縣文學發展史》（嘉義：嘉義市文化中心，1998 年），頁 110～111。

（見附錄二）來區分，章甫正值臺灣本土文學邁入成熟的第一個世代的萌芽期。所以筆者以為，章甫雖在臺灣發展，但終究不是在臺灣土生土長，接受教育的文人，尚不能真正代表臺灣本土文學的成熟，道光以前，臺灣宦遊文學獨大，本土文人則尚處於萌芽階段是不爭的事實。

二、道光以後本土文人抬頭

　　乾隆晚年與嘉慶年間是臺灣本土文人第一代的萌芽期。在這期間誕生者，可參考「臺灣本土文人世代圖」而其中以出生於乾隆 53 年（1788 年）的鄭用錫〔註2〕可為代表。鄭用錫的父親鄭崇和為監生〔註3〕，且家有資財，為鄭用錫打下極為良好的求學環境。他在 1823 年舉進士，其兄鄭用鑑亦於 1825 年舉貢生，象徵著在臺灣土生土長的臺灣本土文人已正式抬頭。

　　鄭用錫舉進士的 1823 年正是臺灣本土第二代文人相繼長成的年代。鄭用錫之長子，同為「竹塹七子」之一的鄭如松（1816～1860 年）可為代表〔註4〕，鄭如松小鄭用錫 28 歲，正好是一個世代。其餘如進士蔡廷蘭（澎湖）、施瓊芳（臺南）、貢生林占梅（新竹）、舉人陳肇興（彰化）、陳維英、貢生黃敬、曹敬（淡北）等，都屬於同一世代，並且活躍於 1840～1850 年前後的第三代萌芽期，這些人對於臺灣文學的貢獻顯然又比第一世代更為豐富許多。由此可見臺灣文學與整體文教措施都已步入完全成熟的階段。

　　而時序到了 1840～1850 年前後出生的臺灣本土文人第三代，表現更是突出，進士且有文名者即有許南英（臺南）、林啓東（嘉義）、邱逢甲（臺中）、

〔註2〕 范勝雄：《府城叢談》（臺南：臺南市政府，1998 年），頁 135～144 的〈開臺進士說〉中，雖然對於鄭用錫是否為臺灣第一位進士存疑，但在鄭用錫之前者的陳夢球、王克捷（乾隆 22 年）、莊文進（乾隆 31 年）三人，分別為明鄭遺民、晉江人與閩籍。王克捷之父王商霖是晉江進士，而且兩人是在 1736 與 1737 年連訣舉進士，父子一人為晉江進士、一人為臺灣進士，所以王克捷應該是寄籍臺灣者。至於莊文進雖然范勝雄推斷其為「開臺進士」，但他應該也是寄籍鳳山縣者，畢竟臺灣本地人能讀書者多是家有資財的大家族，若中進士必是天大的事，為何現在在南部卻找不到屬於莊文進乃至於其家族的蛛絲馬跡，甚至相關的記載。所以具有清楚的身份與成長背景的鄭用錫為臺灣本土的「開臺進士」應該無誤。

〔註3〕 相關資料可參考黃朝進：《清代竹塹地區的家族與地域社會》（臺北：國史館，1995 年），頁 68～72。

〔註4〕 見蘇子建：《塹城詩薈——詩話篇》（新竹：新竹市立文化中心，1994 年），頁 62。

施士洁（臺南，施瓊芳子）、丁壽泉（彰化）等人。至於舉人以下得有功名之文人，亦不在少數，可參照「臺灣本土文人世代圖」。而這一時期的臺灣本土文人乃至於讀書人可說是臺灣最後一代能夠按照傳統的中國文化，在一個「士農工商」階級分明的社會下，終日浸淫於經史子集的中國經典中，而以獲取功名為業，成為「士子」的世代。

三、乙未前臺灣的社會與本土文人

　　1895 乙未割臺之前，傳統中國社會的價值與觀念在臺灣島上仍是非常牢固的，因而政治上雖屢有小動亂，同文同種的清朝政府依然維持著其統治權，這時的臺灣沒有人知道會遭逢什麼變故。臺灣本土文人第四代也在 1870～1880 年前後相繼出生並開始接受成為士子的養成訓練，也就是到私塾、書院學習中國思想與文學，希冀有一天也能步入前人的腳步，成為舉人或進士，光耀門眉。

　　這一時期的臺灣本土文人，除了因為反清「七世均不服官，不應制舉。」〔註5〕的連橫（1878～1936），以及同樣進入第四代的鄭學瀛（1873～1931）、鄭虛一（1880～1930）〔註6〕外，其餘幾乎在割臺前都具有「生員」、「廩生」〔註7〕這類進入科舉仕途成為「士人」前往往具有的身份。但甲午戰爭與乙未割臺，卻改變了他們命運。他們成為了已具備「士子」養成訓練，但卻不可能在臺灣社會以科考的「士子」身份獲取「功名」的尷尬世代。

　　總言之，乙未割臺前的臺灣社會中，在士人的階層裡已累積發展了三個世代。而且第四代文人也仍未停止其養成教育，許多都已具有「生員」身分甚至取得優異成績而成為「生員」之佼佼者的「廩生」與「貢生」者也不乏其人。這些以第四代文人為主體，加上部份第三代耆老的古典詩文人在割臺後如何應對，可說是臺灣古典文學往後如何發展的關鍵。

〔註5〕見彭國棟：《廣臺灣詩乘》（臺北：臺北文獻委員會，1956 年），頁 207。
〔註6〕兩人分別為鄭用錫與鄭用鑑之曾孫，現「臺灣先賢詩文集彙刊第二輯」有《鄭十洲先生遺稿》與《虛一詩集》，雖然沒有「廩生」或「生員」，這些進入科舉正途前常見的身份，但其詩文成就以及在該世代中的影響力，也不容被忽視。
〔註7〕賴子清：《臺灣詩珠》（臺北：員林印刷廠，1980 年），頁 116，167。生員「指俗所稱秀才。」廩生「科舉時代，生員給廩祿者，稱廩膳生員，亦簡稱廩生。」

第二節　日治時期臺灣社會與古典文學發展概觀

一、乙未割臺的動盪與恢復

　　馬關條約簽訂，乙未割臺確定後，臺灣雖有「民主國」起事，但日本政府仍在六個月之內即佔領全島，時間約在 1895 年 11 月〔註8〕，此後臺灣大小紛亂仍然不止。動亂之時，臺灣的文化發展完全停擺，但隨著 1898 民政長官後藤新平抵臺，結束了乃木總督的「混亂政治」開始，臺灣整個社會與文化，又開始了新的發展。

　　後藤新平來臺，改變了許多就日本殖民政府的施政策略，這方面的探討可見小林道彥的〈後藤新平與殖民地經營——日本殖民政策的形成與國內政治〉〔註9〕以及許多相關之著作。而他也體察到，尊重臺灣舊文化，才是統治臺灣的根本。而且我們也可以發現，後藤新平本身對於中國古典詩歌頗有興趣，這也影響著日後日本政府對於臺灣古典文學的態度，有關後藤新平來到臺灣後的詩文風雅記錄頗多，以下僅錄其一，《臺陽詩話》〔註10〕云：

> 日月潭一名水社，湖中有小嶼，風景甚佳。劉省三爵帥（銘傳）嘗設生番學堂於此，固臺中著名之區也。棲霞翁（民政局長後藤新平之號）南巡時，嘗往遊焉；有詩云：『雨晴風歇碧雲開，鏡水屏山照眼來。俗慮忽消榮辱外，心隨潭影共徘徊』。翁又有大肚丘上所見云：『大肚丘頭賞曉晴，秧鋪隴畝碧氍平。玉山挺立群峰表，撐住青空照膽清』。玉山即今所謂新高山也，在於嘉義之間；西人呼為毛里順山，高有一千二百八十五丈，居世界高山之六。

　　簡言之，後藤新平的出現，以及其影響日本政府治臺策略的改變，對於臺灣文化乃至文學的發展都具有一定的影響，至於臺灣文人是如何應對的，則待下文再論。

二、動亂下的臺灣文人〔註11〕

〔註8〕見花松村編：《臺灣鄉土精誌》（臺北：中一出版社，1999 年），頁 60。

〔註9〕李文良譯，小林道彥著，收錄於《臺灣文獻》第四十八卷第三期（1997 年 9 月）。

〔註10〕見王松：《臺陽詩話》（南投：臺灣文獻會，1994 年），頁 55。

〔註11〕施懿琳：《彰化縣文學發展史》（彰化：彰化縣文化中心，1997 年）頁 94～102 中，曾將日治後原臺灣士人的反應做出四點歸納：1 西渡大陸 2 閉門不出，披髮佯狂 3 與日本政府保持良好關係 4 藉詩社組織進行文化抗日。分類已甚精

　　臺灣在乙未割臺後幾年內就得到了基本上的安定，也確立了以後藤新平為主導、懷柔臺灣人士，尤其是知識份子的施政方針。而這些第三、四代的臺灣本土文人是如何在乙未割臺與接續的幾年中是如何反應的呢？盧嘉興曾言：「那個時候，臺灣富紳及文士等大多避亂內渡，為維護在臺的宅第財產，亦為維生起見，不得不陸續渡海來臺。」〔註 12〕這是一個簡要的實況敘述，當時面對戰亂，雖有始終未離臺者，如後來活躍於中北部詩壇的蔡啟運，在參與抗日戰爭失敗後，便居住在苑裡。也有離臺後在大陸定居發展者，最著名者如，丘逢甲與許南英，他們都是抗日要角，同時也都有進士名銜，所以事敗到大陸，除了是為避免不測外，當然也有為謀生計方便的考量。不過當時最主要的臺灣仕紳還是循著先離臺等臺灣平靜後返臺的模式，一一回到臺灣生活，文名較著者，北部如王松、鄭家珍、鄭以庠。中部如霧峰林朝崧、林獻堂等。南部如蔡國琳、胡殿鵬、羅秀惠等皆然。而在新政府與時代下，他們也在臺灣這塊島嶼上，分別展開了不同於清領時期單純以科舉功名為努力目標的人生。試列舉幾例如下：

1、在與日本政府的關係方面

（1）保持友善者：如吳德功、蔡國琳，這二人都是前清遺老，吳德功名重鄉里，蔡國琳為舉人。日治後，他們皆服務於日本政府，分別為臺中與臺南之「參事」，可以說雖然換了政府，但仍然走「做官」路線的代表。

（2）不得不周旋者：如許天奎、林獻堂、連橫、王松皆然。他們在日本政府統治下，許天奎、王松多半是閉門不出，專心著述，偶而會參加或組織吟會，其中許天奎曾就讀日治時代的師範學校，也因為家境富裕而被委任為庄長之職，王松也多次在《漢文臺灣日日新報》中發表敬頌日本重要駐臺官員的詩作〔註13〕。至於林獻堂接手龐大

詳，筆者此處在方法上由於考慮到時間的歷程，也就是考量到有人可能西渡大陸後再回臺，也可能有人雖經常閉門不出，但偶而也會參與詩社活動鼓吹漢文化。因為人是有機的動物，隨時會變化，所以本文探討時，並未採用施教授如此精詳的分法，而是以較為大方向的敘述，作為本文行文時的佐證。但細觀施教授之分類所舉之例子，並未有矛盾之處，故本文只是為配合自身的行文模式而採用另外的分類方法，並非不贊同其說。

〔註12〕見盧嘉興：〈記前清舉人蔡國琳與女蔡碧吟〉，《臺灣古典作家論集》（臺南：臺南市立藝術中心，2000 年），頁 88。

〔註13〕如王松有〈兒玉督爵回任識盛〉、〈謹步鳥松閣瑤韻〉等詩，1905 年 12 月 20

家業，不可能不與日本政府接觸，不過後來又改而積極參與文化抗日之活動。連橫雖與日本政府偶有接觸，日本友人亦多，類似林獻堂〔註14〕，但都仍保持著在野之姿，未與日本政府過度靠攏。

（3）保持距離者：最著名者當屬洪棄生，其實當時反對日本統治，在日治後隱遁不出者頗多，如《百納詩話》中所提到的胡克昭，《臺陽詩話續編》中的許廷奎等皆然，這些都是在大陸無產業只好留在臺灣者。其餘可參見「附錄三：詩話所及涉臺文士略歷」。

2、在謀生的方式上

不管臺灣文人與日本政府保持何種關係，卻都不能不考慮到生計的問題。

（1）經商者：如臺中吳子瑜、林獻堂都是富甲一方的人物，同時也是詩社的重要財力後盾。另外如臺北的顏雲年首開「全島詩人大會」也是仰仗著其龐大的財力所造就的。所以當初許多愛好漢詩文的人雖然失去了科舉考試的機會，但反而另闢一片天地，可說是支柱漢文學在日治時期於不墜的另一股力量。

（2）開館授徒者：由於自古科舉士子在仕途不得意又沒有雄厚的家世背景可依賴之下，多半以開館授徒為業，這類人物在當時也非常多。例如新竹的張純甫、葉文樞便是其中的佼佼者，許多後進皆是出自其門下，臺中櫟社的傅錫祺也是一例。

（3）擔任記者者：以上兩種出路，都是中國傳統上即存在的。而日本政府領臺之後大量出現的報紙雜誌，則給了這些臺籍文人一個發展的機會，例如：臺南的連橫、胡殿鵬，以及臺南人旅北的謝汝銓、黃植亭、羅秀惠等都是在清領時期擁有科名，而後任職於日本政府之機關報《臺灣日日新報》者。

（4）接受新式教育任職公學校或醫生者：當時公學校教師的待遇非常優渥〔註15〕，許多自「臺灣總督府國語學校」畢業者除了投身公職與

日及 1906 年 1 月 7 日的《漢文臺灣日日新報》。

〔註14〕在《灌園先生日記》中，大量記載他的交遊關係，而林獻堂的日本友人多半與其有生意上的往來，為數頗多。連橫先生則是因為在文化上的貢獻受到日本友人的敬重。

〔註15〕見蘇子建：《塹城詩薈》，頁 104，言當時的公學校教師，待遇不低於醫師，許多妓女寧願捨棄許配醫生的機會而許配給公學校之教師。

記者行列，便是至公學校任教。例如臺北人黃水沛、澎湖人顏其碩即是，至於張善與賴和則是投身醫界者〔註16〕。

（5）其他：如臺中大甲的許天奎、臺中霧峰的林朝崧皆屬於家中富裕無須爲生活所忙碌者，他們或者從事著作或主持詩社活動，可說都是當時的文壇領袖。此外尚有如彰化洪棄生隱居鄉里，新竹胡克昭放棄舉業，行醫濟世等。

　　總而言之，日本政府領臺後，臺灣這些多半擁有前清功名的仕紳，除了原本即未避居大陸者外，其餘避居者也都在臺灣局勢底定的幾年內陸續返臺，而這些仕紳階層中具有功名者，事實上也多是當時臺灣知識與文學的中堅份子。如果我們能掌握到這些人的確切數量，那麼對於日治初期臺灣文壇的實況，便能更進一步加以瞭解了。明治 33 年（光緒 26 年）臺灣第四任總督兒玉源太郎所舉辦的「揚文會」前統計的數量，其實是一個重要的參考數據。當時統計在臺生員（秀才）以上者爲 864 人，後取廩生以上者 151 人發出請柬〔註17〕。雖然我們不能說具有功名者就一定眞能詩文，也不能說沒有功名者就不明詩文，但從筆者的「清末到日治臺灣本土文士總覽」（另文討論）來看，重疊的比率是極高的，「揚文會」邀集這些具有功名者來與會作詩，其實就是已經預先判定他們一定具有相當的文學基礎。

　　所以我們可以說，日治後仍留在臺灣的這些曾接受傳統中國士人養成教育者至少有 864 人，而他們（包括第三代、第四代文人）可以說是最後一批具有深厚中國古典文學素養的臺灣文人，也是日治時期臺灣古典文學發展的核心主力。至於日治後出現的第五代臺灣文人，雖然亦有精於古典文學者，但在整體環境日趨複雜的情況下，眞正專攻古典文學而有所成者已是少數，老成者凋謝，也將是斷根的臺灣古典文學無法避免的結局。

三、日本政府的懷柔政策

　　在後藤新平的懷柔政策中，詩酒交流是極重要的一部份。日人與臺人在詩歌上的交流非常普遍。筆者於〈試比較清、日政權於臺灣漢詩發展的成就

〔註16〕以上引用之人名若於「附錄」中有交代者，此處不再贅述其略歷。其他如顏其碩著有《陋巷吟草》，張善著有《說園詩草》，黃水沛著有《黃樓詩》其略歷與著作皆可見於《臺灣先賢詩文集彙刊》各冊當中。

〔註17〕見〈揚文會〉，《臺北文物》第二卷第四期，頁 77～92。與盧嘉興：《臺灣古典文學作家論集》，頁 100。

與影響〉〔註 18〕中曾將日本政府當時對於臺灣文士的懷柔動作分為「聯吟唱和」、「全島徵詩」、「報紙推動」等三類：

（一）「聯吟唱和」

又可分成兩種，即「組織活動」和「非組織活動」兩類。

1、「組織活動」者

如明治 29 年的「揚文會」，雖然只辦了一年，但顯然就是政府有組織、有目的作為。再如大正三年起，臺灣各地的「全島詩人大會」，雖然是由臺灣人顏雲年開始創辦，但是如此龐大的動員與集會，自然必須得到日本政府當局的允許，我們由昭和 7 年「全島詩人大會」後所編的《瀛洲詩集》〔註 19〕中收錄的歷任臺灣總督之題詞即可得證，大正 10 年、13 年與昭和 2 年，「全島詩人大會」開在臺北，當時的總督田健次郎、上山滿之進與內田嘉紀都親臨現場與詩人茶敘，由此可見「全島詩人大會」與「揚文會」性質類似，最大的差別在於後者由日本政府組織，前者由臺灣人士主持，所以前者直到昭和 25 年都有活動，但後期並未有總督親臨致詞之紀錄，顯然這是因為日本政府當局在考量全島統治權已經穩固之後，必然對於此類活動較不重視的緣故。

再如「穆如吟社」、「淡社」、「南雅社」〔註 20〕等日本人所籌組的詩社，

〔註 18〕見謝崇耀：〈試比較清、日政權於臺灣漢詩發展的成就與影響〉，《臺灣文學評論》第三卷第三期（2003 年 7 月 1 日），頁 107～122。

〔註 19〕見林欽賜編：《瀛洲詩集》，現存於國史館臺灣文獻館「特藏室」中。

〔註 20〕這些詩社是由日本人所發起，臺灣文人多非主體，所以與臺灣人士自行創設的詩社不可合為一談。「玉山吟社」由加藤重任發起，參加者有水野大路、士居香國（通豫）、伊藤天民、白井如海、磯貝唇城、村上淡堂（義雄）、岡木韋庵、石川柳城、木下大東、館森袖海、中村櫻溪、章枚叔（太炎）（大陸、臺灣日日新報記者）、李石樵（秉鈞）、陳淑程（洛）、黃植亭（茂清）等，明治三十七年加藤重任逝世後星散，該社以臺灣日日新報記者為主體，我們也可在報上看到「玉山吟社課題」。「穆如吟社」是由籾山衣洲創設，以南菜園為中心，人稱「南菜園派」，由於自視甚高，沒有臺灣人士參與，社員有兒玉藤園（總督、兒玉源太郎）、後藤棲霞（民政局長，後藤新平）館森袖海（玉山吟社）、內藤湖南、鈴木豹軒、中村櫻溪（玉山吟社）、結城蓄堂、宮城來城、小泉盜泉、尾崎秀眞，後因籾山衣洲於明治三十七年離臺而雲散，該社留有《穆如吟社集》。（以上見〈日僑與漢詩〉）至於「淡社」，〈日僑與漢詩〉一文中云：「館森袖海、小泉盜泉、曾與省人，組織淡社。但其文獻缺如，頗為可惜。」而在〈臺灣詩社座談會〉一文中，廖漢臣云：「淡社事實上有如玉山吟社那樣明確的組織與否，似乎還需一番調查。因為當時村上淡堂（義雄），在艋舺江瀨街，設置別墅，互相唱酬。但是，他所刊行的「江瀨軒唱和集」，

也都有臺灣人士的參與，雖然數量不多，但對於受邀參與者而言，拉攏的效果更好。

2「非組織活動」者

例如於明治、大正年間，日本官員爲了拉攏臺灣仕紳，經常會邀集臺灣人士到官邸喝茶吟詩，這些活動表現在書面紀錄者如《南菜園唱和集》、《江瀨軒唱和集》、《鳥松閣唱和集》、《大雅唱和集》、《東閣唱和集》〔註 21〕等，最晚至昭和 2 年爲止，由於這些詩集都不是有組織的規劃出版，所以可視爲非組織化的活動，至於其拉攏仕紳以鞏固統治權的目的，由昭和年間便少有這類詩集的出版可以獲得證明。

其餘由日本官員出面以文學作爲溝通之工具者甚多，例如明治 29 年（1896年）「臺南知事」磯貝靜藏與蔡國琳、王藍玉在「四春園」唱和。「新竹知事」櫻井勉與鄭毓臣、王瑤京、王石鵬在「潛園」唱和。「臺北知事」村上義雄（淡堂）與臺人在「江瀨軒」等皆是。〔註 22〕另外由詩話可證，水野大路亦曾於南巡中與蔡國琳、王藍石、羅蔚村（秀惠）有所唱和〔註 23〕。橫崛三子（鐵

並沒有道及有「淡社」的組織，而現在有存日文文獻，也沒有記載此事，我想江瀨軒的唱和，和後來南菜園或鳥松閣的唱和，都是一種臨時的集會，並沒有什麼明確的組織。」至於謝汝銓在〈全島詩人大會軸緒〉（收錄於《瀛洲詩集》）中言：「旋内地人之寓臺者樹一詩幟，號爲淡社。本島人未得爲社員。」則推翻了有臺人參與的説法。此處之疑問尚待申論，礙於篇幅僅能略論至此。至於「南雅社」是在「玉山吟社」後二十年才再出現的詩社組織，主持者爲臺灣帝大教授久保得二（天隨）博士，我們由《南雅集》（昭和六年到九年）的作者可知其同仁有大埔清一（思齊）、伊藤賢道（壺溪）、西川鐵五郎（菜南）、小松吉久（天籟）、賀來倉太（成軒）、三屋大五郎（清陰）、柳田方吉（陸村）、尾崎秀眞（吉村）、豬口安喜（鳳菴）、神田喜一郎、渡邊甚藏（直峰）、大西吉壽（笠峰），臺灣人魏清德（潤庵）。見郭千尺〈臺灣日人文學概觀〉（《臺北文物》第三卷，第三期。）

〔註21〕《南菜園唱和集》（有律詩、絕句六十餘首，南菜園爲兒玉源太郎之別墅，此集由伣山衣洲負責編輯而成）、《江瀨軒唱和集》（來歷見前註，由村上義雄編。）、《鳥松閣唱和集》（參與唱和之詩人數量最多，且以臺人爲絕大部份，明治三十九年由尾崎秀眞、館森鴻編，「鳥松閣」爲後藤新平之書齋。）《大雅唱和集》（大正十年，總督田健次郎邀集全島詩人於官邸賦詩一首。此書乃收其唱和吟作，由鷹取田一郎編輯。）《東閣唱和集》（豬口安喜編，昭和二年總督上山滿之進，聘日本漢學界之雄「國分青崖」、「勝島仙坡」來臺，以東門官邸邀全臺名流開歡迎會，此集乃收其唱和之作。）以上索引書目目前皆存於「國家圖書館臺灣分館」。

〔註22〕見廖漢臣〈臺灣文學年表〉，《臺灣文獻》第十五卷第一期（1964 年 3 月），頁260。

〔註23〕見《瑞桃齋詩話》（南投：臺灣省文獻會，1992 年），頁236。

研）更曾親訪蔡啓運，並成爲知己。〔註24〕

（二）全島徵詩

「全島徵詩」〔註25〕活動，也是日本政府試圖藉漢詩以籠絡士人的具體作法，目的除了與集合全島詩人聯吟類似外，方式更爲簡便，因此可以有更多的空間讓想參與臺灣詩學活動的人有所發揮〔註26〕。試想，日本人給了他們這等恩惠，心裡面當然就比較不會對之反感，同時名字一登上這些詩集中，也就象徵著對於當局的效忠與認同。這類作品如《壽星集》、《臺疆慶壽錄》、《新年言志》皆是〔註27〕。

（三）報紙推動

日治時代，政府握有大部份傳播媒體的控制權，而包括《臺灣日日新報》、《臺灣新聞報》與《臺南新報》等都留有版面以供古典詩文的發表，如「瀛社」、「星社」的課題都常發表於《臺灣日日新報》，其他報紙也發表了許多漢詩作品。甚至到了後期臺灣青年雜誌社發行《臺灣民報》鼓吹新文學後，《臺南新報》等報更成爲反擊民報論點的重要窗口。

日本政府將版面留給漢文學而且集中於古典詩文，在統治初期不但具有懷柔的效果，當新文學運動開始後，古典詩文與作者更因此成爲箭靶，讓日

〔註24〕見《臺陽詩話》，另外蔡啓運所課題之詩社作品經常可以刊載於日本政府之機關報「臺灣日日新報」，這與其和日本政府友善必定有關。

〔註25〕「徵詩」活動在臺灣很早即有最早由宦遊文人發起，如宋永清便曾以「輓鄭烈婦」爲題公開徵詩，當時臺籍、寄籍、宦遊人士都曾參與此一活動。見《清代臺灣宦遊文學研究》477頁。而許多刊載於方志中的臺灣的「八景詩」也是在「徵詩」中獲得的。另外如《瑞桃齋詩話》127頁中也有提及「洪烈女詩」的徵詩活動，包括洪棄生、蔡子廷、宋應祥（晉江副貢）、洪里仁（晉江舉人）都曾參與此一活動。《臺陽詩話》頁30中也有刊載蔡啓運爲其母陳太君徵詩之事。此一活動後來更有《蔡節母五十壽言》（「央圖臺灣分館」微縮檔）專書行事，洪棄生並爲之作傳。其實「徵詩」與「擊缽吟」活動性質類似，都是使用同一題目。其目的本在推廣詩的普及創作，但缺乏思想只顧形式不能成爲主流創作。臺灣漢詩發展到末流此類活動卻反客爲主，這正是反應詩學頹敝的一面明鏡。

〔註26〕如《壽星集》收集了全島各地開養老典時的應酬詩文，參與吟詠人數不下千人，且多半沒沒無名。

〔註27〕《壽星集》是大正四年兒玉源太郎總督於各地開「養老典」時的詩文。有臺北、宜蘭、桃園、新竹、南投、嘉義等地。《新年言志》與《臺疆慶壽錄》皆是在大正十三年由內田總督發起，前者題名爲「恭祝竹憲督憲新年言志瑤韻」後者題名爲「皇太子殿下大婚恭賦」，然後多由臺灣文士接以賦詩酬答。

本政府能在文學領域方面彷彿隔山觀虎鬥，退居火線之後。

　　總而言之，日本政府對於臺灣古典文學活動的鼓勵，是出自於「懷柔」的政治動機，當臺灣完全被掌控，且曾接受傳統中國士人教育的第三代、第四代臺灣文士或仕紳也逐漸凋零、失去影響力，在昭和年間崛起的第五代臺灣古典文人〔註28〕又多半因素養不足上不了檯面後，日本政府自然會逐漸不再重視這些活動，加以日本方面的古典漢詩人才也隨著「明治維新」後漸次凋零〔註29〕，日本政府對於臺灣古典詩學活動的影響也才逐漸減少，但這自始至終都是著眼於「政治目的」，又加上部份缺乏節操的臺灣文人過於阿諛奉承的表現，也造成了日後臺灣新文學運動開啟時，即對臺灣古典詩壇抱持敵意的結果。從宏觀的角度來看，日本政府對於臺灣文士的懷柔政策，不但收到了穩固政局的成效，更進一步分化了臺灣新舊兩代的知識份子，同時也使臺灣古典詩壇背上了與殖民政府勾結的名聲，這對臺灣古典詩壇的打擊之大，不言可喻。

四、社會開展下的文化環境

　　在臺灣古典文學得到日本政府支持的年代裡，臺灣的社會卻正悄悄的改變著。由於日本政府的有效經營，臺灣在這段時間，有許多新的發展，其中以人口結構、出版事業和教育政策對臺灣古典文學的影響最大。

（一）在人口、社會結構分面

　　日治以後，拜現代化之賜，臺灣人口進展迅速，明治29年時臺灣島上有258萬人，到終戰時，臺灣島上已有519萬人〔註30〕，人口大量增加，且死亡率大為降低，意味著社會結構必將改變，同時也代表著新的社會與價值觀的到來。陳紹馨在〈臺灣的人口變遷與社會變遷〉中已明白指出，隨著溫疫的肅清，出生率的增加、死亡率的降低，醞釀到1920年以後民眾對日本政府之抵抗，也轉為活潑的民族運動、文化運動、社會運動。而整體社會也逐漸進入現代社會之林。1925年以後，臺灣整體社會發展更是趨於高峰，最終而成為一「國民社會」（civic society），迥異於清領下的臺灣社會。〔註31〕

〔註28〕　筆者以為1900到1910前後出生者為第五代文人，所以到了1926年的昭和時期以後，皆是二、三十歲的青壯年，正是最活躍的年紀。
〔註29〕　見緒方惟精著，丁策譯：《日本漢文學史》（臺北：正中，1967年），頁210～213。
〔註30〕　見杜武志：《日治時期的殖民教育》（臺北：臺北縣立文化中心，1997年），頁263。
〔註31〕　見陳紹馨：《臺灣的人口變遷與社會變遷》（臺北：聯經，1977年），頁104。

（二）在出版事業方面

日治時期，隨著整體社會的現代化，交通進步、印刷便利，報紙雜誌也孕育而生。在報紙方面，根據《臺灣史》的記載，日治時期至少有包括《臺灣日日新報》與《臺灣民報》在內的 32 種中日文報紙在臺灣出現過，刊物方面更是不下 200 種，其中不論是報紙或刊物多有爲文學預留版面者，甚至是純文學的刊物，另外根據《臺灣近代史》可知，當時臺灣人創辦之雜誌就有 22 種，其中大部份都屬於文藝雜誌，而綜合性的雜誌也多半闢有文藝欄，若不論是否爲臺灣人所創辦，單純文藝類便高達 80 種〔註32〕。唯一遺憾的是，當時中文專著並不多，而且都是自印，可見日本政府對於臺灣出版事業的消極政策，也突顯出日本政府扶植漢詩純粹只是基於政治手段而已。總言之，雖然自行出版有所困難，但這是清領以來的普遍現象，而雜誌刊物的大量出現，則對於文學的發展有很大的助益，同時也是清領臺灣時所未見的現象〔註33〕。

（三）在教育政策方面

教育是百年大計，日本政府的對臺教育政策，自然會對臺灣影響深遠，尤其是語文教育的內容，對於臺灣的文學發展更有直接的影響。臺灣在整體社會結構逐漸改變之下，教育內容也由清領時期的少數公立書院配合多數私塾推行的方式，漸次以現代式的國民教育取代之，但日本政府的國民教育本身帶有「殖民地特性」，所以當臺灣的私塾從 1899 年的 1722 家，遞減至 1939 年時的 17 家，學校數則從 1899 年的 96 家，遞增至 1944 年的 944 家時，臺灣的中、高等教育其實相當疲弱，則是值得注意的部份，因爲文學創作者多半都需要接受較高等的教育。所以日治時期的臺灣雖可說逐漸「現代化」，但其實因爲多數人的受教權都遭到歧視、剝奪〔註34〕，當時的知識份子除了少

〔註32〕 見劉寧顏總纂：《重修臺灣省通志・卷六・文教志・文化事業篇》，南投：臺灣省文獻會，1995 年，頁 150～152。

〔註33〕 見王詩琅編著：《臺灣史》（南投：臺灣文獻會，1994 年）第八章，頁 609～612。以及李國祁總纂：《臺灣近代史・文化篇》（南投：臺灣文獻會，1997 年），頁 284～289。

〔註34〕 許佩賢：〈殖民地臺灣的近代學校〉，《跨界的臺灣史研究——與東亞史的交錯》（臺北：播種者文化，2004 年），頁 183、185，云：「臺灣人於公學校畢業後僅能就讀少數的職業學校、師範學校或醫學校。」「日本自明治維新以來，即在教育中強調個人只要努力便可以出人頭地，因此在日本兒童使用的國定教科書強調進取及個人成就，而臺灣兒童所使用的國定教科書則強調誠實、順從及家庭與鄉里的和睦。」

數能在臺灣接受高等教育的菁英外，就是擁有足夠的資本能赴國外讀書深造者〔註35〕，而文學創作者則多半包括在這些人當中，所以日治時期的臺灣文人，在數量仍有一定的限制，他們多半都已接受了日本化的現代式的教育，至於他們是否會採用古典文學創作，往往端看他們是否曾接受私塾教育或是家學淵源，但可以肯定的是，他們所受的教育方式，早已不同於清領臺灣下，由私塾到書院的傳統士人養成教育了。

　　總括而言，日治時期的臺灣社會不管在人口與社會結構、教育與出版方面都與清領時期的臺灣社會有著極大的差距，在清領時期成長的臺灣人必須重新適應日治時期的社會，至於如何適應，上文已大略提及，而在此期出生的臺灣人，則又產生出極為不同的樣貌，這都是社會文化環境改變的影響，也深刻的影響了這些人對於文學的態度〔註36〕與表現方式〔註37〕。

五、1920 年國民社會下的文人種類

　　時序進入 1920 年（大正九年），臺灣逐漸進入現代化的「國民社會」，臺灣史上極重要的民族運動「臺灣文化協會」也在此一時期創立。這象徵著接受日本新式教育，能操用日語並與日本政府斡旋、對抗的臺灣新一代社會菁英，已長成並具有一定的數量。而「新文學運動本來就是新文化運動的一部份。」〔註38〕所以從 1920 年起的臺灣新文學運動，可以說就是一種政治運動，政治運動本身的積極性，當然能吸引許多年輕知識份子的參與，這些人當中，從事於新文學創作者，即為臺灣新文學的第一代作者。但除了新文學運動外，當時的古典文學仍在島上佔有相當份量，詩社活動與報紙雜誌仍多半以日文或古典文學為主幹，所以 1920 年起雖然是新文學運動積極開展的時代，但古典文學仍不能忽視。以下筆者將就這一臺灣社會轉型時期的文人類型作一劃分，以勾勒出當時整個臺灣文學發展的面貌。

（一）傳統社會下的舊文人（第四代）

　　1920 年時那些曾經接受過傳統中國士人養成教育而必須適應日治時期新

〔註35〕赴國外者當然也包括許多臺籍菁英，只是在臺灣因為高等教育名額有限，所以許多「遺珠」就必須各憑本事出國深造，否則最終只有被埋沒一途。

〔註36〕亦即對於文學產生強烈的政治企圖，當時許多新文學的支持者其實便是將文學視為一種抗日、提倡民族運動的手段。

〔註37〕新的文化環境也造就了新的書寫方式，包括「白話文」與「日文」等。

〔註38〕黃得時：〈臺灣新文學運動概觀〉，《臺北文物》第四卷第二期，頁 104～120。

社會的第四代臺灣文人,如生員或私塾學徒正好步入了中壯年時期。至於曾經在傳統中國社會下獲取功名的臺灣仕紳,則多半已亡故,否則也不可能活躍於臺灣文壇了。筆者於上文已言,這些人的數量大抵不超過揚文會時所統計的 864 人的人數。而「揚文會」迄 1920 年,又經過了 20 幾年,在老成凋謝後繼乏人的情況下,可以想見整個古典詩壇,發展的窘境。這時期堅持古典文學者可見「附表」,他們雖然可能為了適應環境,所以多半也能閱讀或使用日語,但他們終究是臺灣在新舊文學交替時,古典文學領域的代言者。代表人物與社團如北部的瀛社,有洪以南和由臺南遷居到北部的謝汝銓、黃植亭、蔡佩香、林湘沅等,新竹則有張純甫、葉文樞等,中部則可以「櫟社」的第一代諸同仁如林資修、賴紹堯、傅錫祺、林朝崧、施梅樵等與彰化洪棄生、吳德功等人為代表,南部則以「南社」及連橫、趙鐘麒等人較為活躍。

(二)國民社會下專力古典文學者(第五代)

當古典文學逐漸隨政權的移轉而失去其光環時,在日治時期出生,而真正致力 [註39] 於古典文學創作的第五代臺灣文人數量顯然銳減了許多,畢竟這是一個現實的問題,因為在殖民政府的統治下,在私塾學習漢文絕對不如在公學校學習日文及相關現代新知來的有實用目的,這也直接影響到他們未來的社經地位 [註40]。其實一個人的社經地位若是不高,必然得終日為謀生餬口而努力,且不容易得到社會大眾的關注與追隨。縱使有心於古典文學創作,且身居社會中上層,較有餘閒,也可能因基礎薄弱而難有成就。所以在日治前後不久出生的這些第五代臺灣文人中,我們可以發現,他們當中接受過公學校以上的教育,而專力於古典文學且有專集或大量作品行事者只是少數,這是因為整個社會的教育與文學主流已經逐漸移轉的關係。

所以「附表」中許多出身背景不完整的第五代文人,可以想見多半應是沒有接受到足夠的新式教育導致社經地位不夠高,或是社經地位高,但沒有足夠的漢學基礎以至於在古典文學的創作上難有所成者,而無法引起較大注目的古典文學喜好者。 [註41]

〔註39〕亦即專力於古典詩歌創作而有所成就者,非偶而即興參與者。

〔註40〕見陳維慶口述,陳長城筆記:〈日據時期佃農與私塾生活追憶〉,《臺北文獻》直字 106 期(1993 年 12 月),頁 135。當中口述者即言,當初是因為塾師阻止他們到公學校學日語才錯失在社會階層中提昇的機會,語氣頗為悵然,由此可見當時讀公學校學日語,確實已取代傳統的學習漢詩文而成為主流。

〔註41〕我們由現存的《臺灣擊缽詩選》(臺北:詩文之友社,1969 年)中可見日治末

（三）支持新文學運動者（第五代）

1920 年，「櫟社」第一代成員如蔡振豐、林朝崧、賴紹堯等多半已經亡故，連橫也已離開「櫟社」在臺南等地發展，所以當 1911 年梁啓超來華並寓居霧峰萊園，給予林獻堂及「櫟社」第二代成員乃至於許多臺灣知識份子以民族運動的啓蒙觀念後，臺灣的新知識份子已經開始爲臺灣謀劃新出路，其中又以原本即具有濃厚反日、堅守民族氣節之色彩的「櫟社」最爲積極。1919 年中國發生五四運動，影響了 1920 年「臺灣文化協會」的創立，正是以櫟社成員爲主，其他臺灣的新知識份子爲輔，共同建立的。但他們雖然支持新文學運動，卻有不少接受過漢文化的教育，亦工古典詩者，其中又以當時曾任「臺灣文化協會協理」〔註42〕的林幼春可爲代表，他幾乎沒有新文學作品。其餘支持「新文化運動」而有「新文學作品」，或是在新文學創作上有所成就的臺灣文人，試分列如下：

1、新舊文學兼工者

在支持新文學運動的文人中，同時在新舊文學領域都有所成就者，如賴和、陳逢源、陳虛谷、楊守愚、周定山、王敏川、葉榮鐘等皆可爲代表。至於吳濁流爲大新吟社社員，著有《濁流千草集》，其新文學作品則完全以日文來呈現，是與賴和等人不同之處。但他們都同樣曾受過漢私塾與新式教育的雙重洗禮，所以能夠在兩個領域都有所成就。而值得注意的是，這些文人對於文體的選擇都已跳出了文學本身的考量。例如葉榮鐘、王敏川、吳濁流等是在未接觸新文學前而以古典詩文爲寫作之文體的，接觸新文化與文學運動之後，則積極地採用新文學體式〔註43〕。

賴和、陳虛谷、楊守愚、周定山、陳逢源等則是在「嘗試新文學創作一段時日後，再重新思索爲延續漢詩命脈的路向遂主張將新時代的思想內容，放入傳統的文學體式中，……漢詩對於這群新世代的知識份子而言，是一種自然而熟悉的文體，故而當心新文學創作遇上瓶頸時，以及當日本統治者嚴禁漢文寫作新文學時，回到傳統詩文裡吐露眞情，表達意念，似乎是這群知

期到光復初期仍有大量喜好古典詩的作者，但這些人多半已經是沒沒無名的民間詩人，爲全國所矚目的人物已屬罕見，由此可見古典詩壇在當時已經褪去主流地位。

〔註42〕葉榮鐘：《日據下臺灣政治社會運動史》（臺中：晨星，2000 年），頁 366。

〔註43〕葉榮鐘一直都有古典詩的寫作，使用新文學體式顯然是爲了呼應當時的文學運動。

識份子的共同選擇。」〔註44〕

由此可見，第五代臺灣文人在新舊文學交替下，面臨著相當複雜的情緒與選擇，而很明顯的是，他們採用新文學體式有著強烈的政治目的，也就是希望以實際的行動來支持臺灣的新文化及文學運動，由此可見當時的臺灣新文學運動對於這些臺灣的新知識份子而言，確實有相當大的吸引力。

2、純新文學創作者

除了在新舊文學方面都有建樹的第五代臺灣文人外，有更多是專力於中文或日文書寫現代文學的作者。因為在新國民社會的體制下，接受新式教育，也就是由小學校、公學校到高等或實業學校，進一步入師範或專門學校以及臺北帝國大學甚至赴國外留學，才是所謂的「正途」。清代以「科舉功名」為教育之「正途」的時代早已遠去。

在這樣的教育體制下，能否接受到足夠的漢文學薰陶，以作為創作古典文學乃至於中文白話文的基礎，便多少需要一些機緣了。這一批1890到1910年前後出生，以接受新式教育為主的第五代臺灣知識份子，除了本身接受的教育內容所致外，他們年紀輕、富熱情，受教育程度高，所以眼界也廣，能瞭解臺灣在殖民社會下的困境，所以許多人都積極的呼應臺灣的新文化運動，並且以其熟悉的方式來創作新文學作品。

在中文的新文學作家方面，如張我軍、蔡秋洞、朱點人、郭秋生、楊華、王錦江、林越峰、張深切、黃得時等，都頗有成就。

在日文的新文學作家方面，有巫永福、吳天賞、王白淵、楊逵、郭水潭、翁鬧、張文環、呂赫若、龍瑛宗、吳新榮、陳火泉、王昶雄等。

他們都是在新的「正途」教育下產生的新知識份子，也是作家，由於沒有像賴和等人一樣，曾經接受過足夠的漢文學之薰陶，所以自然只能以自己熟悉的方式來表達。

總括而言，這些新文學運動的支持者，都是臺灣新文學的第一代開創者，也因為曾受過新式教育，所以是新國民社會下的新領導者，過去在地主與士人階級間培養出的古典文學也隨著新階級制度的出現而逐漸被取代。

六、古典文學環境的逐漸凋零

經過了兩百多年的耕耘，古典文學曾經開花結果，但文學與社會的關係

〔註44〕吳毓琪：《南社研究》，頁61～62。

密不可分，新社會的到來，不可避免的會造成文學內容的改革。以下筆者將古典文學在新時代與社會下的遭遇，分類討論如下，以便能清楚的說明古典文學在臺灣的主流地位被新文學所取代的原因。

（一）日本殖民政府的兩手策略

古典文學在臺灣的衰敗，最首要的因素便是日本殖民政府的兩手策略成功。由於清朝的地主與士人階級是臺灣社會的領導者，自然會被日本新政府所忌諱。而「古典文學」可說是這些臺灣社會領導者的溝通工具與基本素養。為了有效達到懷柔與籠絡臺灣仕紳的目的，日本政府便以古典文學作為打入臺灣仕紳社會的切入點。這點在上文已經提過，而雖然因為如此使得古典文學活動始終都受到日本政府所支持，〔註45〕但也使臺灣的古典文學活動成為新文學運動開始之後的箭靶。

在另一方面，日本殖民政府所建立的教育又是採取逐步壓縮私塾教育〔註46〕，同時使新式教育成為臺灣人觀念中的「正途」的方式，如此一來，在臺灣具有足夠漢文基礎者便逐漸減少，堅持只接受漢文化者的結果便落得無法擠身上流階層的下場，在社會地位低落且教育內容堪慮的雙重負面條件影響下，自然較難受到矚目，而且也不容易將古典文學的價值發揮到淋漓盡致，此點筆者已於上文提及。

如此持續發展的結果便是跨越清日兩政權的臺灣古典文人逐漸衰老，後繼無人，例如《臺灣日日新報》在署名為小扣生的〈楊花點點〉〔註47〕之專欄，有文曰：

臺北文士陳淑程氏，於大昨晚病逝。……老成人之漢學家，飄零無

〔註45〕由《風月報》與《詩報》在戰時仍刊印可為證。
〔註46〕此點可於1907年的《漢文臺灣日日新報》之內容得到佐證。當時各地之私塾實受到該地公學校校長的管轄與節制，是否能辦學，端看送交公學校之「申請書」是否能批准，所以私塾之發展不但在教育內容上逐漸喪失競爭力，根本上連辦學的自由的沒有。故2月21日就有樹林頭與新竹公學校分別召集私塾老師的新聞記錄，大抵是要求私塾老師提出申請並且宣讀規則與教育程度。2月28日報載標題「私校觀望」，由於公學校遲遲不給予認可，私塾老師又擔心私下開班將遭遇麻煩而不敢開學，以致於連學生也對於入學抱持觀望態度，故報紙以「學界為之一沈默云」作結。至3月16日報載標題「私校將危之運命」，內容是公學校校長打算刪減私校，並言明縱使有提出申請也未必能通過，令私塾老師無所適從，分感前途堪憂。由此可見日本政府對於私塾不但操有生殺大權而且抱持著打壓的態度非常明顯。
〔註47〕收錄於《漢文臺灣日日新報》，明治1910年2月10日。

多，而新學界依然以國語學校為最高學府，青黃不接，可謂寒心。

由此可見當時臺灣舊詩人凋零的現況。連橫於〈臺灣詩社記〉〔註48〕也有社友殞落之說。

> 始丙午冬，余以社友零落，復謀振起，乃與瘦痕邀趙雲石、謝籟軒、
> 郁小奇、楊宜綠等改創南社，凡十餘人。迨己酉間，入社者多至數
> 十，奉蔡玉屏先生為長。嗣玉屏逝，改奉雲石。辛亥春，開大會於
> 兩廣會館，全臺之士至者百人。鯤身、鹿耳間。聞風而起者以百數。
> 斐亭鐘聲，今繼響矣。……己酉，余居大墩，癡仙邀入社，得與諸
> 君子晉接，以道義文章相切劇。顧自設社以來，二十有二載矣，癡
> 仙、紹堯、厚庵、啓運、滄玉雖前後徂逝，而林灌園繼起，鶴亭、
> 南強、槐庭俱健在，建碑刊集，以紹癡仙之志；櫟社之興，猶未艾
> 也。

另外這種世代凋零之景況還添加有世代隔閡的問題（1915 年）南社青年社員洪坤益、王芷香、陳逢源、吳子宏等另立「春鶯吟社」，別樹旗幟，大正十二年南社耆舊凋零，青年社員另立「桐侶吟社」同樣以春鶯吟社社員為基礎。這除了顯示出老成凋謝的事實外，新社員不願歸附於原屬詩社下，也突顯出兩代古典文學創作者的觀念已有明顯隔閡。畢竟這兩代古典文人的生成背景差異頗大，所以激起世代的衝突是在所難免的，這當然也對原已分崩離析的古典詩壇造成莫大的損傷，而這一切都是源於時代演進、政權的交替、現代興的衝突，所帶來的社會變遷。

這種狀況也表現在 1927 年臺北「全島詩人大會」〔註49〕的衝突上，當時大會結束尚有資金，謝汝銓乃至「江山樓」續開吟會，因為拒若干少壯詩人於門外，又加以冷潮熱諷，導致曾笑雲、任雪崖等大為不滿，終而糾合「天籟」、「淡北」、「聚奎」、「萃英」、「鷗」五社，另組「五社聯吟會」與之分道揚鑣亦為一明顯之實例。

簡言之，日人的兩手策略，使得許多第四代文人得到優渥的環境與發表的舞臺，但因為缺乏制衡與篩選，於是許多內容便逐漸流於空洞與氾濫。這點可於謝汝銓身上得到應證。他的態度親日，在《臺灣日日新報》任職，生活優渥，文章詩歌除了應酬、詠物外，也有許多涉及妓女、酒樓者，這顯然

〔註48〕收錄於《臺灣詩薈》第 2 號，1924 年 3 月。
〔註49〕見廖漢臣：〈臺灣文學年表〉，頁 274。

並不能反應文學的真價值。其他當時態度親日的臺灣文人也多因此大幅改善了生活。上文已言，當時的公學校教師，待遇不低於醫師。而事實上要進公學校教書基本上即是認同於日本的政權，由此可見依附於日本政府，對於當時的臺灣知識份子而言，的確相當具有吸引力，但這也可能是讓文學腐敗的關鍵。

　　至於第五代文人則因為社會結構改變，逐漸成為弱勢。〔註50〕又因為生長背景的差異逐漸與第四代文人產生差距，文學基礎又因為新式教育取代傳統教育而便得較為薄弱，自然難成氣候。

（二）新文學運動乃時勢所趨

　　1920 年開始的新文學運動，由於是新文化運動的一支，具有政治性、革命性。這對於當時以接受新式教育的青年知識份子而言極具吸引力。遂成為一股潮流，投入其中並嘗試新文學的創作，逐漸成為風尚。當時從事新文學創作者也許質與量都還待商榷，但對於已經進入發展瓶頸的古典文學而言，的確造成了催枯拉朽的效應。尤其古典文學本身被有心人士援為依附日本政權的象徵，自然成為反對日本殖民政權者的箭靶。所以對於這些接受新式教育的知識份子而言，攻擊古典文學，是一種責無旁貸的政治責任。

　　尤其這些接受新式教育的知識份子在當時已經逐漸進入社會的領導階層，他們的號召力顯然高於沈溺於優渥環境的第四代古典文人和普遍沒有高學歷的第五代古典文人許多，所以新文學運動終於崛起，而成為新式教育下知識份子的第一選擇實是時勢之所趨。1909 年 1 月 1 日《漢文臺灣日日新報》「文人」一文中即點出此一新世代崛起之現象，其云：

> 現時之學術，分為兩途，一曰「舊學派」，二曰「新學派」，舊學則
> 漢文也，大抵中年以上者，現多隱於僻處山麓，為安身計。又有就
> 商者，亦有就農者，然以不嫺營業故失敗者多，滿腹牢騷，藉筆墨
> 為吐氣者，不乏其人。新學則異是，或受雇於官衙，或就職於學校，
> 餘則為辯護通譯，頗有相當收入，故多意氣洋洋，自鳴得意者，新

〔註50〕筆者的考量立場是，第四代文人與第三代文人都可以靠著古典文學的素養謀生，並且得到當政者之重視。但第五代的古典文人多半不能靠文學謀生，他們必須接受新式教育。但人的生命具有有限性，除非天才否則學習事物自然必須抉擇，若選擇專力於古典文學則可能不易靠自身的其他能力提昇社會地位。若以接受新式教育為重，古典文學的基礎自然不若三、四代的文人穩固。

舊學派，如冰炭之不相容。〔註51〕

至於連橫〔註52〕等古典文人的改革漢詩，櫟社及許多詩人藉擊鉢吟以保住漢文化與氣節的理念〔註53〕，因為在當時並未被新文學運動者所認同或注意，所以後人檢視文學歷史雖然肯定了他們的價值，但在當時並未影響新文學運動者對於古典文學的態度，只能與問題叢生的古典文學集團包裹在一起，接受新文學運動者的韃伐。這更顯現出新文學運動在當時的確是時勢所趨，所以連當時古典文學具有價值的部份也一併被抹殺了。

第三節　臺灣文學的發展與詩話的開出

在概述臺灣文學的發展情況後，以下則要探討同屬古典文學範疇的「詩話」產出的因素與新社會環境的影響。筆者曾撰有〈論日治時期臺灣詩話發展之現象〉〔註54〕，將臺灣詩話大量出現於日治時期歸因於「文學發展之必然結果」與「新文化傳播媒體的影響」兩類，以下筆者將加入探討「時代環境的影響」同時伴隨本文所提及的世代的觀念，以進一步加以闡論。

一、時代環境之影響

大凡一文學現象之產生，必是諸多因素造成，臺灣文學史上「詩話」這

〔註51〕見《漢文臺灣日日新報》1 月 1 日。而由此亦可見，1920 年以後新舊學派產生的衝突，除了「政治理念」外（新學派批評部份舊學派靠攏日本政府），其實在 1909 年已經存在著利益衝突，而且反而是舊學派對於新學派不滿。但必須弄清楚的是，1909 年的新舊學派是「日文」與「古典漢文」之別，1920 年以後則是「新文學」（包括中、日文）與「古典文學」之別。

〔註52〕鄭喜夫：《連雅堂先生年譜》（南投市：臺灣省文獻會，1992 年），頁 47 頁。其云：「先生在臺南新報發表〈臺灣詩界革新論〉反對非詩之擊鉢吟，以其為一種遊戲，朋舊聚首，鬥捷爭工，藉資消遣，然可偶為之而不可數，數則詩必滑，一遇大題，不能結構。且使詩格自卑，雖工藻繢，亦不過土苴。又謂作詩當於大處著筆，而後可歌可誦。」由此可見，連橫也希望以詩歌的真精神來改革當時發展的流弊。

〔註53〕例如林獻堂在《無悶草堂詩存》序言中云：「回憶三十年前，兄嘗以擊鉢吟號召，遂令此風靡於全島。有疑難之者，兄慨然曰：『吾故知雕蟲小技，去詩尚遠，特藉是為讀書識字之楔子耳。』嗟乎！……」由此可見，許多具有氣節的文人並非不知道「擊鉢吟」無助於詩的正常發展，但為了繼續推廣漢文教育，只好勉為其難。

〔註54〕見謝崇耀：〈論日治時期臺灣詩話發展之現象〉，《第二十五屆中區九校中文所研究生論文發表會》，2003 年，頁 90。

一類「文本」（text）的大舉問世，必然也有其值得探討之處。

筆者以爲這又可從兩方面來說：

（一）時代的刺激

臺灣傳統文人，經歷時代滄桑之憾，因爲功名路斷，故多有「退而著書立說之舉」，這種動機筆者在下文中進一步歸納、探討，這顯然是造成「文本」產出的重要因素。而爲何「詩話」成爲一大類呢？這又必須從文學發展的近程關係來說明，下段「文學發展之必然結果」即是在探討此問題。只是筆者以爲「時代的刺激」在此扮演極爲關鍵的角色，所以是可以獨立提出作爲一「因素」來加以說明的。總言之，臺灣在 1895 年之後的局勢變遷，絕對是造成「詩話」乃至於諸多古典文學創作興盛的重要因素。

（二）環境的啟發

文學活動的仿效作用有時猶如風行草偃，歐陽修作「詩話」同時代繼起者不知凡幾，臺灣文人雖然過去對「詩話」並不陌生，創作詩話對於中國文學史而言亦非創舉，但當時代環境使身在臺灣的傳統文人不得不退隱林泉，加以臺灣詩學環境的成熟與豐富使文人不得不正視，開始將創作詩話的靈感與臺灣豐富的詩學內涵相接軌時，便催化了王松《臺陽詩話》的出現。而 1905 年王松完成《臺陽詩話》後，媒體多次的報導〔註55〕所產生的鼓勵效應，以及幾乎同時的《漢文臺灣日日新報》之「詩話」欄中開始出現《拾碎錦囊》之連載，筆者以爲這對於接續在報刊出現之「詩話」以及洪棄生、吳德功〔註56〕等顯然有閱讀《臺灣日日新報》之作者，難免都會出現起而效之的現象。故筆者以爲這種文學創作環境所產生的啟發作用，實亦爲臺灣詩話大量出現的重要因素之一。

〔註55〕有關媒體之報導除可見「書影」外，可見下文第三章。

〔註56〕如吳德功在《瑞桃齋詩話》中有言其與李秉鈞有一面之緣，後來多次在《臺灣日日新報》看過他的詩作。見《瑞桃齋詩話》，頁 229。而洪棄生亦曾針對《漢文臺灣日日新報》載王松完成《臺陽詩話》後，其曾經寄金表示報酬的報導深感不滿而在〈與王箴君〉言：「昨見臺北報文內有「食文字報」一條（報爲箴所作，蓋欲游揚其兄也），將僕與蔡紈褲並列，未免蹧蹋人甚。因令兄惠來「詩話」數部，又頻道近日窘況；以友誼，故特與諸君共爲微薄之贈。報中何以單指僕一人？味其意，若以爲有酬於友竹者；然實未嘗付詩往也。況前話於僕，謂「各體精工」，亦是常語；實則僕平日虛聲尚不止如所云。」見《寄鶴齋選集》（臺北：臺灣銀行，1972 年）頁 203。

　　總言之，兼具了時代之刺激與環境之啓發，臺灣的詩話文本大量出現乃有其根源，而且另一方面，我們可以發現，1899 年以前的《臺灣新報》及以後的《臺灣日日新報》都是以日人爲主要編輯，詩話之作闕如，直至 1905 年《漢文臺灣日日新報》獨立於《臺灣日日新報》（日文版）後，乃有「詩話」之欄位連載《拾碎錦囊》，並三度介紹王松所完成的《臺陽詩話》產生啓發作用，1906 年起有〈讀酒樓詩話〉問世，而同時期之《臺灣日日新報》（日文版）雖然繼續刊登漢詩，但始終未見一篇「詩話」出現，也未曾對《臺陽詩話》有所介紹，更何況，時代之變遷受影響與刺激最大的也是臺灣文人，需要「退而著書立說者」恐怕少有當道得志之日本人。總言之，日治下臺灣的詩話是臺灣文人特有的產物，不論是從歷史證據與時代淵源來看，也都是不容置疑的。

二、文學發展之必然結果

　　在檢視文本後，我們可以發現，現存臺灣「詩話」文本的作者，除〈咳珠樓詩話〉的作者「白水」爲日本人尾崎秀眞外〔註 57〕，其餘作者幾乎全都是屬於臺籍之第四代、第五代文人，且集中於日治時期，尤其是其中幾本頗負盛名者，如《寄鶴齋詩話》、《瑞桃齋詩話》、《臺陽詩話》、《大冶一爐詩話》等，作者皆屬於第四代，這充分符合了臺灣古典文學發展的趨勢。因爲臺灣古典文學到第四代可說是發展到極致，也是由盛而衰的關鍵，這一代的文人都已接受相當程度的傳統士人養成教育，漢文化基礎紮實，人數也多，在清領時期多是青年才俊，頭角崢嶸的詩人，只待考取功名以光宗耀祖，到了日治時期後，不論親日或反日，只要留在臺灣者，都選擇以詩歌作爲唱酬餘興或抒發情懷的工具，更使得日治初期古典詩學活動頗爲蓬勃。

　　而古典詩學發展的趨勢有「詩話興而詩亡。」〔註 58〕之說，我們可以發現「詩話」是一地詩創作發展至成熟之後的產物。所以我們若將「臺灣」視爲一個獨立發展的文學場域〔註 59〕，那麼「清領時期」到「日治時期」的臺

〔註 57〕尾崎秀眞（1894～1948），原在臺灣任職報社記者，後兼任總督府囑託，私立臺北中學校長。見許雪姬等，《臺灣歷史辭典》（臺北：遠流，2004 年），頁 367。見楊碧川，《臺灣歷史辭典》，（臺北：前衛，2000 年），頁 318。

〔註 58〕見劉德重、張寅彭：《詩話概說》（臺北：學海出版社，1993 年），頁 17

〔註 59〕此處並不否認其與中國文化的臍帶關係，但必須承認在歷史與地理的區別下，「臺灣」有其獨特的文化發展方式與結果。

灣詩學發展，似乎也展現了如此的進程關係。因爲「清領時期」的臺灣詩學已發展了兩百餘年，而臺灣現存所有的詩話皆產生於「日治時期」，由清末起臺灣詩創作已發展到極緻與成熟，日治時期起陸續有「詩話」的產出確實是一種很合理的結果。總言之，縱使不論上一段所言的「時代環境之影響」由文學發展的角度來觀察，臺灣「詩話」的產出確有其理論的正當性，由此亦可間接說明臺灣詩學發展至日治時期已達成熟的階段，第四代臺灣文人也是在此成熟的基礎上孕育出幾本詩話專著的。

三、新文化傳播媒體的影響

　　受到西方文化影響，十九世紀末的中國與臺灣出現了大量的「報章雜誌」，這種原先不存在的文化傳播方式，對於中國與日本統治下的臺灣都產生了新刺激〔註60〕。在中國方面，例如著名的小說《老殘遊記》、《官場現形記》等都是先在《繡像小說半月刊》連載之後才單獨成書的。因爲「報章雜誌」大量出現的關係，光是晚清便產出了約 1500 種小說。〔註61〕由此可見，報章雜誌等新文化傳播媒體的出現，對於文學作品的產出而言，顯然是有正面鼓勵乃至於加速其發展之影響力的。而同樣在中國，「詩話」文本的產出顯然也受到其影響。例如先後創辦《指南報》、《遊戲報》、《世界繁華報》與《繡像小說半月刊》的李寶嘉〔註62〕，便曾在其所辦的報紙中連載過《莊諧詩話》。而晚清著名詩人陳衍所著的《石遺室詩話》全文加上《續編》，「總共四十二卷，篇幅之浩繁，堪稱中國歷代詩話之冠。」而此一長篇鉅著的完成，同樣也是作者先後在《庸言雜誌》、《東方雜誌》與《青鶴雜誌》連載的結果。由此可見，報刊雜誌的出現，對於當時中國詩話的產生，確實是有其正面鼓勵作用的。

　　「報章雜誌」等新文化傳播媒體的出現，既然爲文人提供了一個發揮的園地，同時由於「報章雜誌」本身必須考量到讀者的需求與喜好，所以內容

〔註60〕　中華書局編輯組：《中國文學發達史》（臺北：臺灣中華書局，1978 年，臺 9版），頁 1091。引《涵芬樓新書分類目錄》談到清末二十年，小說能造成空前繁榮的局面，其原因有三。除了是表現出知識份子受西方文學思想影響開始重視小說，以及清末政局腐敗，文人開始藉小說以諷刺時政外，「印刷事業的發達」也是原因之一，且列爲第一個原因。

〔註61〕　見王孝廉編：《晚清小說──總序》（臺北：廣雅出版社，1984 年），頁 16。

〔註62〕　見蔡鎮楚：《中國詩話史》（湖南：湖南文藝出版社，2001 年），頁 347。

與性質也多少會受到一定影響。在「詩話」方面亦然，陳衍的《石遺室詩話》並未因通俗性的需求而影響其內容〔註63〕，而李寶嘉的《莊諧詩話》則顯然受到了通俗性需求的影響，所以在文本中便增添了許多「嘲笑諷刺」與「詼諧有趣」的內容，有時在滑稽詼諧的過份了，還有些卑鄙無聊的內容，這雖是文學性上的缺點，但也正突顯出寄生媒體之文本必須配合「載體」之屬性與需求而在內容上做出調整以爲因應（非出自作者自主性）的特性〔註64〕。中國有此狀況，臺灣亦然。

簡言之，十九世紀末到二十世紀初，具現代性的「報章雜誌」之出現對於文學文本的產出，確有其正面的助益，這在中國文學發展的現象上，已得到證實。而同處於十九世紀末到二十世紀初的臺灣，正是日治時期，在日本文明建設的帶動下，也和中國一樣，大量的出現了許多的報章雜誌，光是漢文或具有漢文內容者便有新聞類如《漢文臺灣日日新報》〔註65〕、《臺南新報》、《臺東新報》、《臺灣新聞》與《臺灣民報》等，文藝雜誌在古典文學方面，就有《臺灣文藝叢誌》、《臺灣詩報》、《臺灣詩薈》、《三六九小報》、《詩集》、《詩報》、《藻香文藝》、《風月報》等。其發展之蓬勃應不亞於當時的中國之上海等地〔註66〕，而在這些報章雜誌中，同樣出現了許多文學文本，單就以「詩話」標題的文本而言，便有三十多種。其中有第四代也有第五代的文人，第四代文人如連橫作《瑞軒詩話》，胡南溟作《大冶一爐詩話》都是藉《漢文臺灣日日新報》發表，在內容上，他們是繼承臺灣詩學發展成熟之後的產物，新傳播媒體對於這些文本而言有協助推廣與解決獨立出版之困難的意義。

至於這些文本中有許多不聞名或採用筆名且不知作者者，筆者以爲排除

〔註63〕 同前註，頁363，作者認爲《石遺室詩話》是一本「相當嚴肅的詩話之著」。

〔註64〕 同前註，頁351，作者舉該文本中之「糞船尿布」爲例，以爲「如此詩話，讀之僅能使人捧腹，他有何益？」

〔註65〕 其中《漢文臺灣日日新報》在日治初期1905年起（明治38年）開闢了「詩話」欄，開始連載《拾碎錦囊》共300多號，雖然該文未以「詩話」爲名，是故不在本論文探討之範圍，但內容已經接近一般常見之「詩話」文本，且對於日後文人寫作「詩話」確實有正面的啓發與影響性，臺灣第一篇在報紙上刊出以「詩話」爲名的文本〈讀酒樓詩話〉便是在此專欄中發表的。所以「報紙雜誌」是影響「詩話」出現的「外緣因素」，而《漢文臺灣日日新報》開闢的「詩話」欄則是在「外緣因素」中扮演著更直接的啓發與刺激的角色。

〔註66〕 如李寶嘉便是在上海創辦《指南報》、《遊戲報》、《世界繁華報》與《繡像小說半月刊》等刊物的。參見蔡鎮楚：《中國詩話史》，頁347。

《漢文臺灣日日新報》的作者外，他們應該多是第五代文人，他們的作品本身多較缺乏傳統詩話所蘊含的深度與文學性，所以無法被視爲繼承臺灣詩學成熟後的產物，只能視爲一種受新傳播媒體刺激，爲應付傳播媒體通俗性需求，同時滿足文人成名慾望之產物。所以「新傳播媒體」的出現，的確影響著臺灣詩話的出現，因爲他除了讓許多文人可以排除出版的困難，使象徵臺灣詩學發展成熟的產物「詩話」得以用不同的方式來呈現外，「新傳播媒體」本身具有的通俗需求（影響到對文章的選擇）以及讀者群眾多（使有成名慾望者躍躍欲試）等特色也促使著刊載於其上的文本開始質變，而「詩話」既是古典文學的體裁之一，也出現質變的狀況，這尤以第五代文人在撰作時爲主，因爲他們出生當時已無法接受完整的古典文學教育，又多半無法實際參與成熟顛峰時期的臺灣文壇，頂多只能看到日治社會下廣泛而氾濫的詩社，以及多半空洞的擊缽吟會，甚至以文章來謀取禮品獎金、官員青睞的劣習，所以自然無法體會並繼承臺灣詩學發展的成就而將以總結整理成「詩話」，所以同樣是以「詩話」爲名，但在報章雜誌所發表者許多早已質變，其餘內容待以下章節中再一一討論。

第三章 名家專著之詩話

　　筆者於上文中已言,綜觀現今已知之臺灣詩話,若從作家的出生世代來說明,主要作者群多集中於第四代,而若從出版的方式來看,則是獨資付印出版與藉傳播媒體出版兩種形式兼具。而在本章中,筆者試圖以在當時即備受文壇推崇與注目的文人與文本為探究對象〔註1〕,這些文人都是受過完整漢學教育且熱愛漢詩文的第三、四代文人,而他們的作品則未必皆以獨資付印的傳統出版方式來呈現,其中《寄鶴齋詩話》、《大冶一爐詩話》與《臺陽詩話》都是當時頗受注目的作品,《寄鶴齋詩話》曾連載於《臺灣詩薈》,光復後以單行本傳世,《大冶一爐詩話》則長期連載於《漢文臺灣日日新報》,《臺陽詩話》也是以單行本傳世。至於《瑞桃齋詩話》於戰後由臺灣省文獻會加以整理付印,其篇幅與內容都是以完整的文本結構來呈現。至於《鐵峰詩話》曾零星出現在《詩報》、《臺灣文藝叢刊》與《臺灣詩薈》中,另有單行本傳世,《瑞軒詩話》則是於《漢文臺灣日日新報》中連載過,但最後卻未收入《雅堂文集》等連橫遺稿中,筆者以為該文本與作者之文名相符一致,可以單獨提出加以討論,故亦列入本章中加以探討。

第一節　《寄鶴齋詩話》的內容與價值

一、洪棄生之生平與思想

　　洪棄生(1867～1929),譜名攀桂,字月樵,1889 年生員,取學名(官章)

〔註1〕 至於本文為何未採錄連橫的《臺灣詩乘》、《臺灣詩薈餘墨》等書筆者已於第
　　　　一章中作出說明,請參考前文。

爲「一枝」，也曾爲了測試自己的實力，在考試時使用「劉珊瑚」、「洪青雲」等化名，他的詩文制義皆頗受賞識，寄籍彰化之舉人李清琦譽爲「小謫仙」、「小李白」、「海外奇士」，由此可見其文才。臺灣淪陷後，改名繻，字棄生，以誌其身居棄地也。不過日治後在報紙或雜誌上仍可發現時人一般還是以「洪一枝」或「洪月樵」等稱之。而他在戶口登記時卻是登記「洪日堯」，出版《瀛海偕亡記》時又化名爲洪棄父，這則是爲了避免日本政府注意的關係。〔註2〕

　　他世居鹿港，是當地的文壇奇葩，可惜時運不濟，否則在舉業上應該仍大有可爲，而日治後舉業無望，洪棄生除了隱居於家，從事著述，也曾參與過一些詩社活動，但並不積極，這或許與他自命爲亡國棄民而感到失望與無奈有關吧。〔註3〕洪棄生曾歷經清日兩代統治，屬於筆者所定義的「第四代本土文人」，亦即施懿琳教授所言的「一世文人」〔註4〕世代，其一生中最值得人敬仰之事蹟，除了文學成就外，應當就屬其不屈於異族統治的高節風骨了。洪氏在日軍初犯臺時曾參與抗日的籌備活動，直到日本政府在臺確立統治地位，廣爲收編、籠絡臺灣知識份子之際，洪棄生也始終拒絕出來擔任官職或是參加「揚文會」之類的活動，甚至還抵制日人之許多政策，包括不斷髮、不讓小孩到學校學習日文，自己的文章也多有批評日本政府等皆是。程玉鳳在《洪棄生及其作品考述》中說道：

> 棄生對日人充滿強烈的反抗意識，只要有機會可以表達，即使日常生活小節也不放過。他痛恨日本人，凡是日本人所作所爲無不厭惡，日本語文自然也包括在內。他抽鴉片、坐火車、打電報、寄郵件，因爲他認爲這是清朝已有的。但是認爲電燈是日本統治後才有的措施，因此家中絕不裝電燈。

由此可見作者反對日本政府的態度，已經到了狂熱的地步，而也因爲如此，他在晚年因爲兒子積欠信用合作社公款一事，被一向視之爲眼中釘的日本政府抓到了把柄，而入獄服刑一個月。這段時間洪棄生憂憤相激，老邁的身子也已經禁不起折磨，出獄後大病了一場，不久便過世了。〔註5〕他的一生，正

〔註2〕　見程玉鳳：《洪棄生傳》（南投：省文獻會，1998年），頁44～46。

〔註3〕　見施懿琳：《臺灣文學與社會、日據初期臺灣的社會詩人》（臺北市：師大國文系，1997年），頁75，另可見王國璠、邱勝安：〈洪棄生振民族浩氣〉，《三百年來臺灣作家與作品》（高雄鳳山，臺灣時報，1977年），頁200～204。

〔註4〕　見施懿琳：〈從《應社詩薈》看日據中晚期彰化詩人的時代關懷〉，頁14，收錄於《國立臺灣師範大學中國學術年刊》第14期，1993年3月。

〔註5〕　相關事蹟見程玉鳳：《洪棄生及其作品考述》（嘉義縣：中正大學，1995年）

是一個以身抗日、不屈服於現實的臺灣精神典範。而他的文學也承繼了不少他擇善固執、特立獨行的人格特質，表現在文學思想上，是宗於中原文化，而又不失考辯能力的特色，這是一般臺灣文人在面對中國文學批評與思想的研究領域時所難得一見的表現，下文將詳述之。

二、創作動機

本書雖然在日治時代便已完成，但卻礙於各種客觀因素而遲遲無法出版。除了這與洪棄生和日本政府不睦外，光復後臺灣研究不風行亦是原因之一。所以直到民國七十一年，這本書才由成文書版社影印原稿出版。也許是文稿長年跟隨著洪棄生之子奔波，所以一本書應該有的序言散失了，另外也有可能原書完稿時即無序言，所以如今我們已無法由該書之序言來瞭解作者的著作動機，以下筆者試圖由該書之內容來揣測作者著此書的動機。

（一）理想實現的準備、博覽群書之結果

作者曾在考評前人之論述時言：

> 李次青《先正事略》文苑一類，隨聲多而特見少，王蘭泉《湖海詩傳》，交情詳而公論略，張南山《詩人徵略》，採摭寬而指數雜，予思欲將國朝成就之家撰爲一書，其餘子別爲一編，未知有力可及否。

〔註6〕

作者於此已一語道破自身的理想，那就是希望寫出一套具客觀思維的作家列傳，而我們由這七卷詩話的副標題（總述各家、分述各家、專述清代）也可概略看出此一輪廓，所以本書可謂作者希望完成其文學理想的首部曲。只是作者最後是否有實現此一理想則不得而知。

作者既然有此理想，在付諸實現的過程中必然需要博覽群書，大量接收必然會有心得、也需要筆記以釐清思想、整理觀念，也就是必欲思有以言，所以著作此一詩話以闡發思想、整理知識是再自然不過的結果了。我們由下文「本書主要的探究對象」一段即可大略知道作者博覽群書的具體成果有哪些。

中有關其抗日之一章，引文見 74 頁。而這種狀況與賴和被捕繫獄，出獄後不久即亡的狀況非常類似，可見日本政府對於臺灣具有氣節之本土文人的摧殘。

〔註6〕見洪棄生：《寄鶴齋詩話》（南投：臺灣省文獻會，1993 年），頁 66。

（二）文人風骨之強調、文化抗日的手段〔註7〕

洪棄生先生是一位氣骨嶙峋的文人這已是定論，而其抗日之思想自然不會在此「詩話」中平白消音，相反的，作者必然會藉詩話（筆記）靈活的表達形式以展現其氣骨、並喚醒文人的道德意識。我們可由作者在此書中的自述〔註8〕以及對於前人〔註9〕、時人〔註10〕的批評得到證明。

而強調氣骨猶如召喚同胞抗日，我們由其在書中所使用之稱謂即可證明其民族意識，如稱日本為「寇」，清朝為「國朝」福建為「吾閩」皆可為證。再如作者於書中引用日人之詩文者極少，僅齋藤謙、神波即山、橫崛三十六三人〔註11〕。這與其同鄉吳德功於其詩話中專立一卷以記錄日本文人實大相逕庭。蓋吳氏以是否注重古典詩文為認同的標準，而洪棄生卻以民族意識為原則，所以必然會有如此大的差別。而作者在書中反應臺灣人民之痛苦亦可作為作者反抗日本政府的證據之一。所以著書以表明自己的民族意識、揭露殖民統治者之惡〔註12〕，這也正是其創作的動機之一。

至於藉此書以斷歷史之功過、以消遣人生、展現其人生觀〔註13〕等也都

〔註7〕　《洪棄生及其作品考述》中以為其反抗日本的手段是先武裝抗日，後以語文抗日，筆者以為，洪棄生除了以不接受日本教育為手段外，藉代表中國的文學繼續創作且不受日人管轄，亦是文化抗日的一種手段，也是本書產生的動機之一。

〔註8〕　作者在「卷七」中言：「全臺風氣，競尚剪髮，惟余一家，迄今未翦，偶讀易實甫剪髮詩，深喜人有同心，……。」見洪棄生：《寄鶴齋詩話》頁151～152。

〔註9〕　作者視道德為評斷一人之文學成就的條件，這種「文學與道德」的思想自古即有。文中所述者極多，如作者以人品批評陳伯玉、宋之問即是，而對於人品高潔者作者也因之而立文襃之。其云：「元之倪元鎮、張伯雨，亦庶幾郊島流亞，而品尤潔。」同前註，頁27、80。

〔註10〕　作者在文中對於林朝棟有兵、有饗、有戰爭經驗卻棄臺西遁一事，亦有所批評。同前註，頁94。

〔註11〕　同前註，頁77、139。

〔註12〕　作者在評黃遵憲的〈臺灣行〉時便能充分說明作者的好惡。如其云「撫軍棄臺，敵人上岸，臺北、宜蘭、新竹紳士如楊士芳、李望洋輩望風送款，誠狗彘之不若。」是批評。對於徐驤、姜紹祖、吳湯興、許南英、施仁思、施菼等則是大為讚賞。同前註，頁140。
　　　　　至於吳大澂來臺助戰敗北，遭當時之人訕笑，作者亦為之平反云：「彼嘲笑識人不過澆薄敗類之徒，設身處行間，當如勸降王粲投降孟達而已，豈有他哉！予在海外，當日獨弔之云：『武夫不敢迎前敵，相對雲霄一羽毛』。」大有「萬古雲霄一羽毛」之意，由此可見其激賞之心以及對於世俗之不屑。同前註，頁146。

〔註13〕　作者在文中對於乙未割臺時眾人之功與過與一般世俗之解釋不同，其目的在釐清視聽，以辨忠奸，這與作者所強調之風骨也是一脈相承的，因為既然要強調

是本書偶而可見的部份，我們也可視之爲作者在寫作此書時隱含的一些動機因素。雖然成分不多，但亦頗符合常理。

三、內容大要

（一）「卷一」（總述各代）〔註14〕

作者在此卷中展現其博學的一面，將其對於中國詩學史的認識，作了一個精要的敘述且極富思辯性、文字亦相當細緻俐落。全卷以中國韻文之祖《詩經》彰顯源頭，續以《楚辭》、「古詩十九首」乃至於漢魏晉隋唐宋金元明之詩格、名著、名家、代表人物皆有所評論〔註15〕，且作者對於前人之評述、選文之標準亦能有捨有揚，有褒有貶，不隨俗附和，也能從善如流，可見其學識淵博、觀念清晰、主見明確，讀之者亦較有所依循，不會因詩話作者的模稜兩可或一味肯定與褒揚之詞而感到困惑。〔註16〕

風骨，就不能不明白誰可爲典範、誰是負面範例，可參見本文註釋第二十五。而我們由「偶見前人評杜北征，謂後來惟李義山西郊詩可敵其風力，因急檢《玉溪集》再閱讀，至半，不覺笑曰：『此詩筆氣平實，不啻我去年臺灣記哀詩，安得以望北征乎？』」一段話則可看到作者藉檢索、玩味文學以排解時光的生活實錄。見洪棄生：《寄鶴齋詩話》頁 89。至於其言：「《竹坡詩話》引東野下第詩云：『棄置復棄置，情如刀劍傷。』登第詩云：『春風得意馬蹄急，一日看遍長安花。』以爲一第之得失，憂喜至於如此，而退之薦士詩，謂其『杳然粹而精，可以鎮浮躁。』未免過情，不知文人一生辛苦，只借場屋爲吐氣地，宜其不能自己，第不狗鑽蠅營，便是養品，正不必以不求名爲高耳，紫芝論人如此可謂高矣，而自己至以詩媚秦檜，豈特浮躁之類乎？」則可見其人生觀，亦可知爲何作者能放棄科考與名位而安於平淡了。同前註，頁47。

〔註14〕　在「臺灣省文獻會」所編印的「寄鶴齋先生全集」《寄鶴齋詩話》中，各卷未作標題。而在「成文出版社」所編之「洪棄生先生遺書」《卷四、詩話》中，則將此七卷分爲「卷一」總述各代，「卷二」到「卷六」分述各家，「卷七」專述清代。見胥端甫：《洪棄生先生遺書》（臺北：成文，1970 年）。
　　另外，雖然目前所能見之洪棄生所作詩話只至卷七，但由其言：「河豚詩，朱竹垞一首甚佳，余早歲已錄在詩話卷六（據查確有），後又錄梅聖俞作於卷八……。」「唐宋詩可談考，尚有二十餘家，除見於各卷外，當在詳之卷八以下。」可知，本書應有卷八，但今已不復見。同前註，頁 22、24。

〔註15〕　談「古詩十九首」之前的範圍大抵是在闡明各詩體之濫觴，之後則是針對各代的代表作家加以闡論。如魏晉主談阮籍，對南宋則詳論了陸放翁與四靈詩派等，而金朝則主論元好問。有時也概論各代風格與特色，如論隋代其云：「詩調將振而雕鏤尚存。」即是。同前註，頁 13。

〔註16〕　如吳德功之《瑞桃齋詩話》便幾乎沒有否定人之言詞，雖較爲厚道，但有時難免會給人隔靴搔癢之感。

簡言之，作者試圖藉此卷建立一個具有作者個人之理論基礎（史觀）的中國詩學史，並彰明其源頭脈絡、詩風之承襲與拓展等〔註17〕，且胸有定見，能融會各家觀點，駁前人之議，或對於前人精粹的言論加以贊同〔註18〕，淘沙煉金，更顯純粹。至於其價值的呈現，筆者將在下文中更詳細的討論。

（二）「卷二」（分述各家）

本卷的內容仍以作者文學理論之呈現、對於前人文學論點之批駁加上清朝詩人之品評為主，亦不乏論述其他朝代名家者，但多侷限於李白、杜甫、白居易、蘇軾等人，偶雜幾位明代作家，如高青丘、李何、夏存古等人。

> 而作者在卷中云：「李杜蘇三家當為一大宗，韓白陸三家又別為一大宗，袁遺山與吳偉業（梅村）、王漁洋三家，亦堪為一大宗，蘇陸並名千古，陸當遜蘇一籌，後來或以遺山配陸公者，實又遜陸公一籌，若七律、七絕則又不只遜一籌矣。」〔註19〕作者既有此論點，在詩話中以這些文人為主要談論對象便不足為奇了。

至於王士禎、吳偉業、黃景仁（仲則）、吳穀人、張際亮（享甫）、陳恭甫、邵青門、蔣士詮（心餘）等人，作者亦多所評論。對於整個清朝詩壇的概況其亦有所著墨，如其云：

〔註17〕作者此卷頗類似鐘嶸《詩品》定源流之法，似欲藉此以將各代詩風的變化集中收束在同一個脈絡中，以證明中國詩學有其亙古一貫的發展。尤重《詩經》的宗祖地位，如其言「賦比興為三百篇成法，亦為樂府古詩成法，學者當於此會心。」見頁3，而「離騷之出奇無窮，亦不過從賦、比、興三法變化來。」見頁5。再如「『角枕粲兮，錦衣爛兮：予美亡此，誰與獨旦。』此潘岳悼亡詩之祖。」「杜公之北征、出塞等詩，其情較近於變雅，若謫仙古風六十首，其情多近於國風。」類此之論不勝枚舉。同前註，頁2～3。而論各代作家時，作者亦時言：「三曹並有才氣……，觀其雜詩及樂府贈別諸作，大雅之音，悠然不墜。」同前註，頁8。再如漢魏間別成一體的阮籍詩文體甚至下開隋代其云：「陳子昂起，脫離梁陳徐庾痿靡靡餘習，世人遂群推元功，實則僅有嗣宗一體……，去阮籍亦不可以道里許。」再如言清朝吳偉業「梅村悲歌贈吳季子……得離騷之神。」等皆然，同前註，頁13。只是作者之思想，不知是受鐘嶸《詩品》或沈德潛《說詩粹語》等書之內容與觀念的影響。

〔註18〕作者駁議者頗多，如「呂居仁奉山谷以配杜，猶張為奉香山作教主，李洞鑄買（賈）島為詩佛，人之偏見，往往如此，而後人遂因此集矢於山谷，甚無謂也。然莫甚於金人王若虛，專以誚蘇攻黃為能事，彼烏知蘇亦嘗效山谷體，濟南何人，敢伸此喙，此與謗李何者同一謬悠耳。」再如「二晁以七古勝，秦以五古勝，王荊公謂其清新如鮑謝，不虛也。」則是作者對於前人之論的贊同之意。同前註，頁20。

〔註19〕同前註，頁35。

國朝乾隆嘉慶時，予所知者約有三派，沈德潛（歸雲）、夢文子、王鳳喈、盛青嶁、吳企晉、嚴東有，諸人爲一流，吳穀人、趙損之、黃景仁（仲則）、洪蓉菔、吳蘭雪、張紫峴、彭模鷫爲一流，蔣士詮（心餘）、袁子才、張船山、宋芷灣、舒位（鐵雲）、張際亮（享甫）諸人爲一流，三派當中當以歸愚爲正……又馮伯子、錢坤一、翁覃溪、張南山、譚康候、亦成一派，然覃溪、南山窠臼氣甚深，覃溪尤甚，故同時若黃香石即有心以脫袁習氣矣。〔註20〕

其餘考辯前人論點與詩文者甚多，以下只略舉其一，其餘待下文再議。在考辯方面，作者在本卷中針對前人選明人李何之作品未能極臻佳處，感到不滿，因而仔細考究其詩作並加以分類評論，如此力排眾議，又富於實事求是的精神，實是一般詩家所少有，其云：

李夢陽（崆峒）七古選本多登其佳作，獨何景明（大復）七古，各家選本只得其中駟，罕得其上駟，且選出寥寥，余特細閱其全集，則七古可分兩種，其一風神駘宕，藻思天然香，爲其自家本色，如送熊廷振之楚藩云：……，是爲本色詩，集中此種有十餘首。而周儀賓朝天歌，及今昔行、邯鄲行、懷舊吟，亦其尤，其一風骨峭屬，氣力無懈，爲其學杜具體，如盤江行云：……，是爲仿杜詩，集中此種有二十餘種……。〔註21〕

至於詩人品評方面，作者在評論漁洋時採用了「印象式批評」的手法可爲代表。其云：

漁洋五古清超絕俗，尚屬王孟家數，至七言絕，則清遙韻遠，節短音長，如風中之笛，水上之琴，一唱三歎，令人味之不盡，聽之忘倦，雖李青蓮、王龍標、白香山、杜牧之、劉賓客、李君虞集中，亦不能多覯，洵爲三百年來第一家。偶錄數首於此，亦何減「黃河遠上」、「陽關西出」也。〈題寒山寺〉云……『嚴瀨千峰雪際出，武夷九曲鏡中看。』皆高妙，可入唐人摘句圖。」

作者連摘數十句，一氣呵成，可見其對於漁洋之傾服，實有不吐不快之感。

〔註20〕同前註，頁35，另外如頁37「本朝諸名家，自當以吳偉業（梅村）……。」「國朝中葉以後，詩家求其醇古，可與國初諸老並行者，惟有沈德潛（歸雲）、蔣士詮（心餘）耳……。」等皆是。
〔註21〕同前註，頁42～43。

（三）「卷三」（分述各家）

此卷在內容應與「卷二」相同，但此處更加重筆墨於王漁洋和吳偉業（梅村）的比較，則爲「卷二」所無，如其云：「漁洋詩不及梅村之大，而其掩梅村處，在一收明代之終，一開本朝之始，誠兩雄也。」〔註22〕，另外作者又列舉了一些名家並發掘了一些文人，如梁佩蘭、葉鼎、梁煦南、蔣劍人、羅穀臣（曾宦臺）、王韜等皆然。〔註23〕其餘思辯之處亦頗多，評論之語亦頗具水準，待下文再詳論。

（四）「卷四」（分述各家）

此卷在內容上仍然延續著卷二、三的形式。除了繼續推崇王士禎、吳偉業之外，在「國朝中葉以後，欲求才氣如袁才子、蔣士詮（心餘）、趙升之、黃景仁（仲則）者頗難其人，近來唯見一姚燮（梅伯）。姚梅柏各體詩，才情學力俱似心餘，……。」之後，有十餘則是在介紹、品評此人之詩與詩論，占篇幅頗多。另外作者在簡述江南、嶺南至於江西時，先提及來自江西德化的宦臺詩人羅穀臣（上文已提及），接著道出蘇壽祺，並又引其文，條列其詩文考評近十條，亦頗占篇幅。而在臺灣的文士方面，此卷也首度提及，有邱逢甲、林朝棟兩人，一褒一貶，可見作者心之所向，有關林朝棟者可見上文動機一段。

由於作者在「卷二」到「卷六」是採取「分述各家」的方法，所以此卷中仍可見到許多唐宋文士的相關考評，如「初唐詩人，惟張九齡、陳子昂、劉希夷卓然獨傳……。」即是，顯見其詩話並未加以編排。事實上我們由本卷中各條例編排的實例即可發覺此書主要是根據作者所論及之處，依照作者的文學知識隨性拈來的方式而衍生的。如作者在連舉六條有關蔡壽祺之文

〔註22〕同前註，頁56。
〔註23〕名家如梁佩蘭爲「嶺南三大家」之一。較不知名者，如葉鼎，作者云：「偶於施悅秋先輩處，見近人所刻《眉心室悔存稿》，悉香奩詞，其中豔情異韻，錦心繡口，藻思橫溢，直欲突過溫李，不止上掩王次回、王莘田也。駢詞亦穠麗，初不著其姓字，後來查訪，始知爲葉蘭伽所作，蓋亦才士也。有〈治春〉云……。」再如梁煦南，作者云：「梁煦南，字璧珊，廣東香山人，著有《迂齋集》，予初購之，略不介意，置之數年，不復詳閱，今春偶擷一過，覺其古體醞釀深醇，……名不甚彰，深可悲也。特爲錄其可讀者於後……。」「咸豐時，江蘇寶山縣蔣劍人（名敦復，字純甫），著有《嘯古堂集》，時推爲才子，其才氣雖未及舒位（鐵雲）、張際亮（享甫），而雅音過之，生平極坎坷潦倒，歿後，蘇松太道應敏齋爲助刊其集，不久，版籍漶漫。……。」同前註，頁59、65、71。

後，又將他與姚梅柏在文學的成就上作了一個比較批評。既然談到梅柏，作者於是又聯引其相關思想及品評八條（在此卷中，之前已引其文與論六條），而最後一條由梅柏之詩談到「若論蕪詞劣調，則唐宋名家猶不免，不能獨苛復莊。」並由「論蕪詞劣調」談到唐人之作，其云：「孟東野稱韓文公至數，為古今有數之詩人，乃其詩有俚鄙拙俗不可嚮邇者，……然其佳者，精英自在天地，不可磨滅也，僕因此不敢苟近人。」作者接著再提到李杜高岑王孟等人，並言「全體鮮拙句」，而「若韓公、白公雖卓然鉅手，拙處往往不免。」光是講一個「用詞」的問題作者便可由今及古，緊接著作者跳開用詞鄙俚的問題，但仍延續上文的論述主體「李、杜、高、岑、韓」等人，以及「用詞」的探討主題，而言「李杜高岑韓蘇」等人之作讀之猶如《史記》、《漢書》，並又由古及今，談了許多清朝文人的詩文讀如那類小說、史書。如此古今穿梭，層層演論，可說是充滿智慧與思辯性的創作。

　　再如作者由評比元好問（遺山）、吳偉業（梅村），緊接著由同一評比方式來比較蘇軾、黃庭堅與陸游亦然。其云：

　　元好問（遺山）蒼古有餘，沉麗不足，吳偉業（梅村）沉麗有餘，蒼古不足，蒼古沉麗兩兼之者，其惟李夢陽（崆峒）乎！然獨到之處，微遜元吳二家，故祇可與之參立，不能有以過也。

　　蘇黃亦蒼古有餘，沉麗不足，蒼古而兼沉麗者，其惟放翁七古乎！放翁獨到之處，亦微遜蘇黃，若七律則放翁無所不有，其魄力雄厚，非蘇黃所得而比也。」〔註24〕

　　而由同一歲數而終，談到明清兩位詩人，亦是由同一條件，由今推古而生成的演論。其云：

　　予早年讀高青丘七古，極喜其氣調爽朗，……後考其傳，則以為青丘三十九歲而枉死，故其詩格止於如此，及再得何景明（大復）七古讀之，覺其才情遜高之俊逸，而氣格則較高為蒼老，乃和之壽亦三十九，讀高詩如三河少年，何詩則如幽燕老將……。本朝黃景仁（仲則）亦負才名，壽亦三十九，所造又殊不若高之超卓，天之限人如此。明鄭善夫壽亦三十九，詩亦高古，為七古遜耳。〔註25〕

此類範例尚多。由此我們可以很清楚的發現，本書大部份是採取「比類相推」

〔註24〕同前註，頁88。
〔註25〕同前註，頁89。

的跳躍思考方式，所根據的是作者的才學與思路，信手而作，充滿創發性，雖然在結構上較不嚴謹，但正可由此突出詩話創作的本色特質，亦即自由、無拘束、可暢所欲言、一吐才情。

（五）「卷五」（分述各家）

本卷開頭也是採用「比類相推」的聯想手法，先連續論列六條文字以比較李杜之詩，接著以「遺山七古雜言固具杜法，然其筆氣純乎學李。」以爲類推之條件而言及元好問（遺山），而在緊接的九條文字中，便有七條爲有關元好問（遺山）之品評、比較。類比推演的手法與上卷亦如出一轍。其餘尙有許多部份都採用此法。

至於本卷所論及之詩人，與臺灣關係密切者爲流寓詩人梁成丹（子嘉），並可由此卷知作者與當時之太守孫星衍有藉「觀風」以交流詩文的現象〔註26〕。其云：

> 擬古余極不喜，此與擬杜七律、擬杜七古，接應孫太守星衍觀風之作，雖批以『神似杜蘇』，終覺慊然，至批『四言銘詞，似韓公淮西碑、柳氏聖德詩。』更不敢受矣。〔註27〕

其餘在品評中提及者不如卷二到四之多，僅提及王漁洋、吳偉業以及邵子湘等幾人，而作者列舉出以供相質之評論者則尙有王阮亭、沈德潛（歸雲）、紀曉嵐等人。簡言之，本卷除品評外，與前人在觀點、思想上推崇與較勁，並顯現出個人之文學思想的部份也出現了不少。

（六）「卷六」（分述各家）

此卷主要品評的對象仍不脫前幾卷的範圍，如宋朝黃庭堅（山谷）、明朝李夢陽（崆峒）、何景明（大復）、高青邱、清朝蔣士詮（心餘）、袁枚（子才）、黃景仁（仲則）、黎簡（二樵）、舒位（鐵雲）、張際亮（亨甫）、姚燮（梅伯）、吳偉業（梅村）、吳蘭雪王漁洋、朱竹垞垞等皆在其中。但最大的差別是有關臺灣之文士的記錄大爲增加，如曾宦臺之姚瑩、梁鈍菴、易順鼎，寄籍彰化之李清琦，臺人施荧（藻修、悅秋）、施天鶴（梅樵）等，有親見、有耳聞，作者皆有大量之著述。

（七）「卷七」（專述清代）

本卷爲全書最後一章，在內容上與前幾卷大不相同。作者雖言之爲「專

〔註26〕據程玉鳳：《洪棄生傳》，頁44，洪棄生是以「洪青雲」的化名參與。
〔註27〕見洪棄生：《寄鶴齋詩話》，頁103。

述清代」但事實上此卷與吳德功《瑞桃齋詩話》的最後一卷「詩史」在性質上是相當類似的，兩者都是採用「以詩論事」的體裁。只是在語氣上、態度上，兩者卻全然不同。吳氏重「明哲保身」，不敢透露自己的民族意識，對於清朝的潰敗，並未呈現太多的感傷或痛憤之情，描繪的態度多半是客觀的。洪氏不然，對於中國，他能力陳其弊，並以爲當清政府「屈體島夷」（日本以及其他西洋國家）時，則一切已無可救藥了。對於日本，他敢以「寇」〔註28〕視之，並且痛陳日本政府之惡。〔註 29〕對於乙未時文士的作爲，他也能秉筆直書，有批判、有褒揚、有平反〔註30〕。實爲一充滿作者強烈民族意識的「詩史」〔註31〕之陳述。

四、本書主要的探究對象

　　本書在實際批評的方法上相當多元，不論是「摘句批評」、「比較批評」、「作家評論」、「標榜批評」、「印象式批評」或是「後設批評」等皆具備，以下筆者試圖將之分爲「後設批評」〔註 32〕與「其他的評論」兩類，並統整出其藉由批評以展現其博學的前人著作或前人言論有哪些，而其主要的評論對象又有哪些。而我們由此即可知作者生平所涉獵的書籍大約有哪些，同時也可瞭解作者對於各時代作家的好惡爲何了。

　　在「後設批評方面」作者書中所提及涉及文學思想與評論的著作有《玉臺新詠》等共 37 本〔註 33〕。

〔註28〕同前註，頁 144。作者言「甲午寇起」，顯然是針對日本。
〔註29〕如其云：「日本詩人橫堀三子六有句云：『憲章難改憐商鞅，墳典將焚笑李斯。』讀之不禁憮然，嘆東洋之尚有人也，然彼爲日本言之耳，若在臺灣，則又有百倍於商鞅、李斯者矣。」同前註，頁 139。
　　　「日本之陷臺，臺民之冤酷，自有兆眾口碑在，無事多贅。」同前註，頁 140。
　　　『半夜淒風哭新鬼，一城焦土換新樓。』則直爲今之臺灣寫照矣……。」同前註，頁 143。
〔註30〕同註 12。
〔註31〕施懿琳教授曾言，洪棄生之作被稱爲「臺灣詩史」，已是公論。見《彰化縣文學發展史》，頁 96。
〔註32〕作者在熟讀前人之詩話或前人之品評語言後，往往也會對其內容提出質疑、建議或贊同的看法，這種對詩文之理論的考辯，類似讀書心得的文字，即所謂「批評的批評」，亦稱「後設批評」。
〔註33〕相關書目詳見謝崇耀：〈洪棄生寄鶴齋詩話初探〉，《古今藝文》第 29 卷第 2 期（2003 年 2 月），頁 32。

　　至於其他作者未提及書名而引用其論點以作爲思辯之對象者尙有韓愈等18 人〔註34〕，但基本上以清朝之作家作品最多，顯見作者在時代橫切面上與清朝的緊密接合是高於歷史縱切面的。〔註35〕

　　在其他批評的方式中所見者也相當多，在漢以前的批評對象有《左傳》、《詩經》、《離騷》、「古詩十九首」、司馬相如等作品與文人，其中又以《詩經》所論及者最多。魏晉南北朝則有「三曹」、阮籍、劉琨、陳琳、孔融、謝靈運、鮑照、玄暉、江文通等，其中又以阮籍所言最多。唐宋除宋之問、李白、王維、杜甫、白居易、韓愈、王無功、張道濟、李商隱（以上爲唐）、蘇軾、黃庭堅、陸游等人，其中尤以李白、杜甫、白居易的相互比較以及與其他朝代之比較者出現最多。

　　至於金元兩朝，有元遺山、劉無黨、趙閑閑、黨世傑、李長源、李屛山、麻知幾、趙愚軒、王子端、王從之、王子正、蔡松年父子、酈元輿（以上爲金）〔註36〕、虞集、楊載、揭奚斯、薩天賜、張仲舉、酒易之、周伯溫、傅與礪、黃晉卿、趙子昂、程文海、楊廉夫、吳立夫、倪元鎭、張伯雨等，其中於金朝，作者最推尊元好問（遺山），且一再於各卷中引用其言，而以李長源爲「一代高才」，其餘亦多所評論，元朝則推尊楊廉夫、倪元鎭、張伯雨等人，不過推尊之理由在於其人品，反而不重其詩。

　　明代作家有，吳中四傑（高啓、楊基、張羽、徐賁）弘正四傑（李夢陽、何景明、邊貢、徐禎卿）張來儀、徐幼文、高子業、徐昌穀、劉基、貝瓊、張以寧、林鴻、李東陽、楊愼、李攀龍、王士貞、謝榛、陳子龍。其中高啓、李夢陽、何景明等人作者提及次數最多，其中如「明代如李崆峒洵屬一代作手，較高啓迪不啻過之，與同時何大復、本朝王朱皆屹然先正典型。」〔註37〕

〔註34〕相關人名詳見謝崇耀：〈洪棄生寄鶴齋詩話初探〉，《古今藝文》第 29 卷第 2 期（2003 年 2 月），頁 32。

〔註35〕作者此舉正可與作者之動機遙相呼應。因爲作者在動機中所希望完成的兩本作家列傳，一本是泛含各代，一本是專論清代。

〔註36〕關於金朝作家的部份，據作者言，是參考《中洲集》、《河汾詩》兩書，所以其言「惜余上皆於各選本見其詩，未見其集，故不敢論定，若虞詩，予尙以名實而不稱爲疑。」我們由此可推斷，既然作者不能全覽其作便不敢定論，而以上所列之人作者多有定論，顯見作者所閱覽之文集數量必然相當可觀。見《寄鶴齋詩話》頁 24。
　　　　有關《中洲集》，可見丁放：〈《中洲集》的詩學與史學價值〉，《金元明清詩詞理論史》（安徽：安徽大學出版社、2000 年）。

〔註37〕同前註，頁 120。

一語正可爲證。而其中又以李夢陽最受作者青睞，作者曾多次推舉其詩並與元好問、王士禎、吳偉業等名家並舉，由此可見。〔註38〕

　　至於清代作家，所論人數最多，但較之元明，並無絕對的數量差距。只是在引文的次數上，清代作家與唐宋幾位名家被徵引的次數顯然高於其他朝代許多，作者既生於清代，對於當代之文學耳濡目染，影響必然最深，而唐宋爲詩學發展的巔峰，傳世著作也最多，所以作者以此兩個時期爲引述、評論的重心亦是極爲自然之事。

　　大抵上論及較多者有王士禎、吳偉業、蔣士詮、沈德潛、黃景仁（仲則）、黎簡（二樵）、舒位（鐵雲）、姚燮（梅伯）、袁枚、張際亮（亨甫）等，其餘如陳子龍（臥子）、朱彝尊（竹垞）、嶺南三大家梁佩蘭、屈大軍、陳恭伊（濁漉）〔註39〕以及隸屬於性靈詩派的宋湘（芷灣）〔註40〕等亦有所著墨。以下筆者試就作者之評論分析出由王士禎到姚燮（梅伯）此十人在作者心中之高下：

　　在此書中，作者善於由比較以論其優劣，且皆能有褒有貶，思辯力強，不至於流於一味追尋古人，但也有特別尊崇者，作者最推崇王士禎與吳偉業。並以爲其爲清朝八大家之首，也高於嶺南三大家〔註41〕。

　　先論王士禎，其云：「王漁洋推爲本朝一大宗，其學未必博於同時諸老，其才未必過於後來諸賢，而洗伐之功既深，含咀之味之永，氣度雍容，格局純正，不肯輕快下筆，不肯率易使才，故古詩樂府律詩斷句，種種皆有雅音，雖規行矩步，字斟句酌稍乏獨往獨來之致，其不及古人處在此，而其可以追逐古人處亦在於此。」「本朝稱仙才者，若王漁洋庶乎其可，蓋吐納清虛。不墮凡近，秀骨迥初人寰也。至黃仲則亦有以仙稱之者，然未離塵相，可謂煙

〔註38〕其云「明代七言古詩家，高青丘、何信陽俱名高一代，後世望若斗山，高尤鮮有異言，究究並有秀而不盡實處：若當時之李崆峒、本朝之王漁洋沈著老到，乃可與古作者齊驅，其醞釀深也，……」「元遺山蒼古有餘，沉麗不足，吳梅村沉麗有餘，蒼古不足，蒼古、沉麗兩兼之者，其惟李崆峒乎！然獨到之處，微遜元吳二家，故祇可與之參立，不能有以過也。」同前註，頁88、128。

〔註39〕略歷見霍有明：《清代詩歌發展史》（臺北：文津，1994年），頁82～94。

〔註40〕詳見朱則杰：《清詩史》（江蘇，江蘇古籍出版社，2000年），頁284～292、。

〔註41〕如其云：「本朝諸名家，自當以吳梅村、陳獨漉、王漁洋、屈翁山、朱竹垞、梁藥亭、查初白、沈歸愚爲八大家，其詩於博大之中，能具古人高致，遠非乾隆以後諸才人可及，八家之中，尤當以吳王維稱首。」「梅村、漁洋詩全集，無一拙處，陳、屈、梁三家，卻有拙處。」見洪棄生：《寄鶴齋詩話》頁37、56。

火肉仙。」等皆是。雖然作者對其之論點有些微詞，如其云：「摩詰息嬀怨云：
『……』王阮亭賞其不著議論，以為高妙，早時深不滿之，後閱唐人本事，
載寧王取餅師婦既久，命與餅詩拜見，婦淚涔涔，王令座客傳詠，而王維詩
成，此特借題寫照，知之始覺其佳，阮亭先生之見，不免捉雲挐月。」這是
對其批評之眼光的質疑。但其又云：「漁洋論詩之微，為古今第一高妙，予偶
有異同，各伸所見耳，非故與為難也。」〔註42〕由此可見作者對於王士禎的
愛戴，已經超越其嚴謹、客觀的批判力了。

至於吳偉業，作者對其「梅村體」的琦麗雖稍有微詞，但並無太多貶低
處，反而頻頻取之與王士禎比較，且云：「漁洋詩不及梅村之大，而其掩梅村
處，在一收明代之終，一開本朝之始，誠兩雄也。」〔註43〕至於其他頌揚者
尚多，此處不贅言。

王士禎、吳偉業以下〔註44〕，作者雖言：「國朝中葉以後，欲求才氣如袁
子才、蔣心餘、趙升之、黃仲則者，頗難其人，近來惟見一姚燮（梅伯）。」
〔註45〕但仍有其高下，此四人中作者首推蔣士銓、沈德潛，且多相提而論，
如其云：「乾嘉時造詣老成者，惟沈歸愚、蔣心餘兩家耳。」至於黃景仁、姚
燮（梅伯）則等而下之。我們由作者言：「國朝中葉以後，詩家求其醇古，可
與國初諸老並行者，唯有沈歸愚、蔣心餘兩家耳，若黃仲則筆極靈圓，而理
涉淺近，姚燮（梅伯）思甚高邁，而格落繁雜，黃仲則太不求古，姚燮（梅
伯）欲求古而又滯於奇古之字，抑非大方已。」〔註46〕可為證。

至於黎簡，作者曾言：「沈蔣二公之外，可拔戟自成一隊者，當數黎二樵，
二樵之才雖不能勝同時諸賢，而每多創格入古，若書鐵雲之才雖美，而格殊

〔註42〕同前註，頁80。而作者又在頁75中對於漁洋的《古詩選》書中選入了一些「盲
　　　詞」，卻只言「此則漁洋之偶疏矣。」，「偶疏」兩字相當值得玩味。

〔註43〕同前註，頁56。另外如「於七古全用雕鏤功夫者，唐宋元明以來名家，惟見吳
　　　梅村、王漁洋，梅村之雕鏤在聲色上，漁洋之雕鏤在意格上，梅村雕鏤得妍妙，
　　　漁洋雕鏤得高妙，雖遜唐宋名家一籌，究亦可稱獨開一面。」亦然。頁75。

〔註44〕作者在書中比較各家文學成就與特色時，幾乎不將王士禎、吳偉業與蔣士銓、
　　　沈德潛、黃景仁（仲則）、黎簡、姚燮（梅伯）、袁枚等人相比，這除了因這
　　　些人有時代先後之別外，似乎有獨高其地位不可相提並論之意。故筆者以為
　　　在作者的觀念裡，王、吳兩家顯然是高過其他清朝諸家的。

〔註45〕見洪棄生：《寄鶴齋詩話》頁76。

〔註46〕同前註，頁37。另作者亦云：「本朝仙才推王阮亭，或有舉黃仲則以比之者，
　　　予謂阮停兼有老成典型，不止以其才傳，若仲則之詩，則純以才傳而已，何
　　　能追阮停。」見120頁。

卑，所詣不如吾閩張亨甫也。」作者並將他與黃景仁相提並論，其云：「黎二
樵詩才，實不及黃仲則、吳蘭雪之圓美，然其戛戛獨造，自成一格，殊非黃
吳二子所及。」〔註47〕由此可知在作者心中此二人的才幹是各有特長，且緊
追於蔣、沈之後者的〔註48〕，相較於沈蔣之成就並不遠。

至於袁枚，作者時常取之與蔣心餘相比，但顯然蔣高於袁，如其云：「心
餘之詩，氣格深穩，神思清沉，而才調有時畏子才，然子才詩入世太深，去
古愈遠，屎若心餘之近也，予謂取當世之譽，蔣不如袁，傳身後之名，袁不
如蔣。」〔註49〕

由此可知，在作者心中，王、吳之下，當屬蔣、沈，其次才爲黎、黃、
姚、袁、舒、張。至於此六人又以黎、黃高於其他四人。我們由作者言：「近
代詩家，高才當屬黃仲則，高格當屬黎二樵。此外，若燕之舒鐵雲、閩之張
亨甫、浙之姚燮（梅伯），亦庶幾之。惜乎！三人皆有多才之累。」（姚、舒、
張）以及「黃仲則詩以古體勝，古體以七古勝，其才氣降伏一世無異詞，然
尚多信手遊戲之作，流於滑腔俗調，時時有之，惟天品甚超，雖偶而涉凡，
不至如袁子才、趙雲菘之墮落外道也。」〔註50〕（袁）可爲證。

至於姚、袁、舒、張四人，已不可再詳分高下，如姚、袁兩人作者便將
之並列，評其缺點爲一有「做到不達處。」、一有「做到不堪處。」之缺點。
另外，被作者評爲「福建詩人之第一」〔註51〕的張亨甫，雖被評爲「格」高
於舒鐵雲（見上），但作者又言：「舒鐵雲之才氣，實不可一世，求之近今作
者，惟道光時吾閩張亨甫可以批匹之，餘子皆不可及，故其詩格可議，詩才
實不可議。」〔註52〕由此可見，張亨甫與舒鐵雲在作者心中也是各有所長，
難分軒至的。

總結此十人在作者心中之地位，蓋以王士禎、吳偉業爲最，蔣心餘、沈

〔註47〕同前註，頁122。
〔註48〕「黃仲則若不早亡，成就當不減心餘。」同前註，頁34。
〔註49〕同前註，頁69。作者另有言曰：「乾喜（疑「嘉」誤字。）時袁蔣趙並稱，然
　　　　蔣詩性情醞釀，氣格深醇，非袁趙兩公信筆揮灑、油腔雜出所可比也。……
　　　　蔣詩惓惓民物，循循禮法，則其爲人也亦決不似子才之風流放浪。」《雨村
　　　　詩話》謂趙不及袁，而勝于蔣，玄黃倒置，非視者味矣。」等比比皆是。見
　　　　35、65頁。另外，作者對於袁枚論詩批評也是很多的。
〔註50〕同前註，頁120、124。
〔註51〕作者言：「本朝福建詩人當以張亨甫爲第一。」同前註，頁34。
〔註52〕同前註，頁85、122。

德潛緊接其後，其次爲黎簡、黃景仁，再其次爲袁枚、舒位、張亨甫、姚燮
（梅伯）。其中大抵上皆與時論差距不大，最大之不同爲袁枚被貶至極低的地
位，這大概與作者要求文人必須兼有道德之修養有關，因爲袁枚不論在詩歌
或感情上皆講究解放，頗爲風流，恐不爲作者所喜〔註 53〕。另外，浙江出身
的姚燮與福建的張亨甫則比較沒有全國的知名度，屬於地方的詩壇領袖，而
作者將之與其他全國性詩人相比，正可突顯出作者本人的視野。福建是作者
心中的故鄉（作者貫以「吾閩」稱之。）而浙江離臺灣頗近，又爲詩學重鎮，
當時宦臺者頗多浙江人，故作者提出一浙江人姚燮也是相當自然之事。〔註 54〕

　　而由上可知，作者涉獵極爲廣博，此應是得助於時局的巧合。因爲作者
在日本領臺後，並未依附日本政府、參加一些酬庸性質的文會，反而閉門讀
書，涉獵必然日益廣博。另一方面，他既然已放棄舉業，所讀之書不必侷限
於應試之書，而能選擇作者自己之所好，專心致力於其中，其文學素養與見
解也必然非一般專力於舉業者所能及。

五、價值呈現

（一）文學史料方面

1、有關臺灣之文人

　　本書提及臺灣之文士的內容實質上並不多。在宦遊文人方面，除了未曾
謀面之姚瑩，以及同時代但由書中推斷恐皆只聞其名而錄之的易順鼎外，孫
星衍、羅大祐都曾爲作者之考官，但本書中未錄其詩，只錄其對作者之評。
其中臺南知府羅大祐（穀臣）曾將洪棄生評取爲第一，是洪棄生最懷念的清
宦之一。〔註 55〕

　　至於流寓文人方面有梁成丹，作者對其生平略歷與文章皆有詳細之敘
述，而由內容可知，作者對其人品（主要指抗日的行爲）也相當崇仰。

〔註 53〕吳東晟於碩士論文《洪棄生《寄鶴齋詩話》研究》中認爲袁枚選詩的標準形
　　　　成一種「懶人文學」，這是當時臺灣文學界也同步呈現的弊病，所以洪棄生對
　　　　於袁枚雖有認同之處，但也有批評，此說亦頗有道理。見該書頁 127〜128。
〔註 54〕浙江爲詩學重鎮乃根據霍有明：《清代詩歌發展史》作者霍有明之論點。而由
　　　　李容福：〈清代遊宦臺灣之浙江人士〉，《臺灣文獻》二十三卷第四期，言：「臺
　　　　灣與浙江一海之隔，相距匪遠，因地緣關係，浙人之遊宦此土者，僅次於福
　　　　建，而較其他各省爲多。」可證筆者之言。
〔註 55〕見程玉鳳：《洪棄生傳》，頁 60〜62。

寄籍臺灣者有李清琦（石鶴），李清琦曾以「海外奇士」贈洪棄生，洪棄生亦頗敬仰之。

另外，臺灣文士有施炎、施梅樵、邱逢甲、林朝棟等人。其中根據《洪棄生及其作品考述》中的〈洪棄生交遊狀況表〉可知，施炎與施梅樵為其好友，皆有詩錄。其中施炎長於洪棄生，由上文注 24 可知，作者有許多文學知識的來源應該是由施炎（悅秋）而來〔註 56〕。而作者之墓碑乃由施梅樵所題，由此亦可見兩人之交情匪淺。

至於邱逢甲，〈洪棄生交遊狀況表〉並未提及兩人之交往。但由作者云：「吾郡邱進士仙根，詩才出群，駢體亦工麗。」「仙根早時見余七古，許為查初白：遂出示所作大甲溪詩，瑰瑋奇特，……。」可見兩人確曾有文章之交流，且互為讚賞。

另書中所提及之林朝棟，主要是針對其棄臺而逃之事。作者乃藉其子子佩前來索詩的機會贈與其「負負將軍復何門，避秦今以失雲山。」〔註 57〕之句。由於作者曾為霧峰林家坐上賓與林朝崧、林資修又有交流，故應與林朝棟亦有所認識，但在〈洪棄生交遊狀況表〉中並未提及林朝棟，而作者於書中亦未提及其文學成就，故筆者僅錄於此以備查考。

2、當代文學現象

作者在書中也有頗多對於當時一些文學現象的記錄，雖不僅限於臺灣，筆者仍試錄之。

首先是針對科考取士與作詩的關係。作者對於時人通學籍之後才開始學詩，強求表現但缺乏自我體察是否有詩才的現象，便說道：「近日士大夫於通籍後，始效作詩，正如五十許老孃，始欲出嫁，塗脂傅粉，羞澀難堪。」

至於清朝詩壇的唐宋之爭，作者亦言：「今人作詩恆分兩派，學宋者駁唐派為優孟，學唐者駁宋派為庸奴，皆未學到猛悟處……。」只是不知此處所指之今人是指大陸或單指臺灣，故不能確定臺灣當時詩壇是否有類似之狀況。

而作者又言：「今人足涉歐美，目眩新異，多有解衣入裸國之思，況夫脫網遠颺，借彼族為逋逃藪者，更不免與之水乳交融，獨仲發矯矯不群……有

〔註 56〕施炎與施梅樵之父施家珍曾為了避施九緞事件的牽連而逃至大陸，可見施炎是施梅樵的父執輩，而施梅樵與洪棄生為同輩，可見施炎為洪棄生之長輩無誤。見施懿琳：《彰化縣文學發展史》，頁 103～105。

〔註 57〕見洪棄生：《寄鶴齋詩話》，頁 93、94。

不肯隨波逐流之氣，又不僅詩人吐囑也。」此段是對於「足涉歐美」者的批評，只是作者是針對何人、何種文學內容則未明說，也許是指維新運動逃至日本的梁啓超等人，而與之「水乳交融」者則是「新民體」之類的文體。這由其云：「維新之輩夾雜其間，而詩壇摩語又除之不能盡矣。」或可暗通。同時亦顯見作者對於新事物的排斥心理是頗深的，這與其反對日本政府的思想是具有貫通性的。

而其云：「近人七律，有聲光之作，多涉叫囂。」〔註58〕同樣是對於當時詩壇的不滿。總之，作者於此所批評與描述的現象並不僅止於臺灣而且多為批評，這是古典詩壇發展到晚期必然的現象。因為文學不斷變遷，古典詩也在變，負面、墮落的狀況也逐漸產生，而除了批評外，要如何應對，其實作者也有自己因應的意見，待下文詳述之。

（二）文學主張方面

作者在本書中充分的表達了其許多文學思想，雖然追本溯源多有來路可循，但也非一意奉承前人之論。試析如下：

1、派別宗法上

作者在書中，最大的特色即是「以古為宗」的基調。作者在書中由《詩經》論起，在批評時也時時以「古、老」為判別詩歌水準高低的標準，其尊古之思想是很明顯的，如其云：「古詩十九首，自是國風嫡傳，後世名家大家，只能就之，以資變化開拓，而神韻則不能有加。」就是對於前人成就的肯定，且有難以再開創之意。再如論作長篇之事，作者亦云：「今人無古人氣力，強拓邊幅，宜令人見之，懨懨欲睡也。」作者於書中之品評，常有此類之言語出現。

但作者也非一味摹古之流，如其云：「余言詩，不主宗派，不立宗旨，惟一意以古時之詞，寫今時之事，以今人之情，入古人之格，唐以前多含蓄，而不能盡事情，則取唐以後之法發揮之，宋以下專發洩而不能涵風韻，則取宋以上之格約束之，求其可古可今而不可俗而已。」即是一重要的論述。所以其亦言：「古人之名尊於近人，亦因流傳既久，遂以嘖嘖人口，其實古人所作有反淺於近人者。」〔註59〕由此可見作者並非事事拳拳於古者，而是以古為宗，但富有反省意識者。與當時「宗唐」、「宗宋」的文學思路皆有所不同，

〔註58〕同其註，頁 52、58、70、129、134。
〔註59〕同其註，頁 7、11、30、38、45。

可說是獨樹一幟，也足可見其強烈的自信。〔註60〕

2、文學進化觀

在作者對於文學本體的認識上，我們可以發現，由於作者重視由古至今一脈相傳的文學成就，但又具有思辯力，不完全停滯於古，所以「文學進化觀」的產生便是很自然的事了。其云：「唐初四傑兼有六朝麗藻，然四傑詩自徐庾衍出，實未成格，四傑一派，經白香山鍛鍊，其格始成，經吳梅村醖醸，其格始深，始終蓋千有餘年矣，亦難矣哉，此後恐當別名『梅村體』，而不當仍名『長慶體』。」這段文字不以古為絕對標準，即具有很深的文學發展與進化之概念。〔註61〕其餘作者評為「不畏有古人在前」〔註62〕者不勝枚舉。〔註63〕

3、學習論

此處是指作者將有關於自身學習的經驗加以提煉之後而建立起的理論。有關於學習的方法、效果、要訣等都屬於此類。

（1）才與學

文人創作的能力有時並非但靠學習可以養成的，有時又關乎自身的才能秉性，這是曹丕論文時即建立起的觀點，而在作者的觀念中，學習與才性又是誰清誰重，如何拿捏呢？基本上作者也是承認，人類的確存在有無法由後天養成的才能，故其言：「古今學選體者，多學謝，鮮學鮑，蓋兩謝之人工可學，鮑之天機不可學也。」但學習的根柢仍然很重要，如其於評王士禛時即認為王士禛成就不亞於王維，這對於尊崇古人的作者而言其實已經等於將王士禛置於王維之上了，而作者認為兩者的差別即是王維「天分七分，人力三分。」，王士禛「天分七分，人力亦七分。」由此可見作者對於學習的重視，也只有透過學習方能超越前人。再如其論「元白」、「溫李」時，若按照一般文學史的觀點而言，元稹成就不如白居易，溫庭筠也不如李商隱，那麼其言：

〔註60〕根據施懿琳：《清代臺灣詩所反應的漢人社會》，臺灣師大博士論文，1991年，頁44～50，中的臺灣詩人「詩風表」言：「鹿港洪棄生不主宗派。」與其他文人的皆有所屬，可以得證。

〔註61〕所謂「梅村體」是吳偉業的詩歌專名，此體承襲元白的樂府歌行，但較具有華藻，且好用典故。參見霍有明：《清代詩歌發展史》頁54，朱則杰：《清詩史》頁65～66。

〔註62〕同其註，頁55。

〔註63〕作者將主要的批評集中在離作者年代較近之清朝之文人，或與此有關。

「元白齊名，元之才不減白，而學力不及白。溫李齊名，溫之才不減李，而學歷不及李。」則兩者之間成就的高下不就是在於學力與否了！再如：「白公以全力學詩，故能備眾體，韓公以餘事攻詩，故獨具一體，其才亦難分軒輕。」之語，亦然，由此可證，學力與才力在作者的心中是前重後輕的。其餘類似的論點於書中出現相當多。

另一方面，作者既言才不可學而人力可學，故其又言：「子美詩雖出人力，不及太白天工，然恰成周公制作，可爲後人模範，若太白起止無端，正如伏羲觀圖畫八卦、黃帝騎龍上九天，雖神奇，難爲人間法物。」〔註64〕所以就學習模仿的觀點而論，人力比天工還有價值。此即是作者心中對於「才與學」的看法。

（2）仿效前人的要訣

學習論既然是作者對於有關詩學的學習提出自己的經驗與要求，而仿效前人之作品又是學習中的一大主項，故作者也提出了有關仿效作品時應該掌握的學習角度以及容易犯的錯誤。如其云：「韓詩有兩種，一種寓雄肆於順適之中，一種出險怪於奇闢之外，學其奇闢，當去其怪澀，學其順適，當去其直拙。」即是針對學韓詩提出應該如何拿捏角度，已避免怪澀與直拙之類的毛病。而「自漢迄今兩千年，成就之大，而獨包孕千古者，惟李杜蘇三家耳，然不善學之，皆有流弊，學李而剽，學杜而木，學蘇而俚，皆學之者不能自得師也。」之言，則提出了學李杜蘇三家詩所易犯的錯誤，也是經驗之談。

（3）當明地理

「文學與現實」的問題亦即針對客觀現實認識能力之問題，它可作爲批評論的議題，但也可概括於「學習論」中。作者顯然是重視客觀現實認識對於文學創作之影響，所以在創作之前的準備方法（學習論爲其中之一）中，特別提到此。其云：「輿地之學，不獨經濟家宜明習，即詩文家亦不能不明習，多視鳥獸草木之名，猶其末耳，文之關於輿地固多，未遑枚舉，⋯⋯若不明地理之所在，亦何從措詞，李杜韓蘇足跡半天下，地理固其所明，即王摩詰送魏郡李太守赴任詩云：「⋯⋯」自長安赴相州，一路山川，朗如列眉，惟睢陽路非其所經，係因李太守兄李桓守睢陽，故用惆悵兩字及之。」即可爲證。

〔註64〕同其註，頁9、38、62、89、90。

（4）學習之正法

此法最攸關實際創作，其云：「詩文學前人有數等，一等偶學此而工，在學此即不能工，此如妻子僦屋而住，一移徙即難返舊居，一等學之此而工，學之彼而不工，此如少有力者，典得一間古屋，不能多購。一等兼收並蓄，無施不宜，此如暴富家買屋，成衢出入裕如，然是因人舊跡，非己所創。一等步武前人，自成己調，此如大富豪購古園林，別加修造，遂覺改觀，蓋元明以來諸名家多如此也，而未若蘇李曹鮑謝李杜高岑韓白蘇陸之獨開門戶，隨地樓臺為大量力也。」由此可知，作者最推崇獨樹一幟者，但此類之人難尋，而其次為能有效的學習，靈活的運用者。亦即將前人之作了然於胸，然後再賦予其自身之情與性。這除了可以再次證明作者雖重古，但絕非一味仿古，而且也下開「實際創作論」之探討。

4、實際創作的要訣

（1）高格之求

「格」即詩歌體製上的合乎規格，而能在作詩時遵循一定的體式要求方為合格。所謂的「高格」，即是指作詩能達到最高之典範成就（但標準隨每個文人之審美標準不同而有所差異）。我們由上文之「學習論」可知，作者對於創作達到高格的理論，是按照王士禛「根柢源於學問，興會發於性情。」之說而展開的。也就是說，在前人所累積的學問成就之中沈潛、醞釀、耳濡目染既久，當「興會」之事出現，自然而然便有一富真性情與藝術質感的作品出現了。作者於卷一中言：「學三百篇，學離騷，皆當寢饋於平時，而下筆時則不容絲毫著意，當以無心自然得之，乃能有合。」「樂府之日出東南隅一首、相逢挾路間一首、天上何所有一首、翩翩當前燕一首，及辛延年之羽林郎、宋子侯之董嬌嬈，皆熟讀，久之天籟自出。」皆然。再如卷二云：「或問入格之道當如何，余謂此不可以言詞形容也，當自取漢魏晉宋及初唐盛堂諸名家詩習之，習之既久，唐以前各名家精神懸於心目，則自無不入格之作，彼時在瀏覽宋元明及國朝諸家，則萬象在旁，唐以上、唐以下之人皆入我鑪錘，又庶幾到矣。」說的更是明白。

入格之作到此，那如何才能達到高格呢？前後七子單純以尊唐貶宋為高格、正格，而作者顯然跳脫了此一框架，除了上文中要求融入「唐以上、唐以下」之外，更言：「作詩必骨氣、意味、神韻三者俱備，乃為高格，乃足名家，所就之高下，所詣之淺深，則關學力。」可見作者是融入了沈德潛、王

士禎、以及鐘嶸、司空圖等人之說而以爲「高格」之達成，必須以「骨氣」、「意味」、「神韻」加上「才力」與「學力」方能達到。〔註65〕而作者於「卷五」中又詳細的加以說明，其言：「作詩取氣於李，取骨於杜，取力於韓，取意於蘇，再加之取味於陶，取音於鮑，取情於曹，取格於兩謝，取色於齊梁人，取神韻於漢魏古詩，而能事備矣。」論高格之理想，至此可謂敘之詳矣。〔註66〕至於格調、神韻之說涉及批評論的部份，容下文再談。

（2）清遠沖淡、反對鋪排

我們由上可知，作者最推崇王士禎，而王士禎主張「神韻說」，作者也有所承襲，如神韻說的審美要求之一，即是「清遠沖淡」，對於「清遠」，作者曾云：「詩文一道，腴之爲厚，人知之，清之爲厚，人鮮知之，蓋不清則不能運數十段如一段，則局不厚。……不清則不能融貫數十曲折如一折，則氣不厚。至於字句，亦不能鑄成一片，并詞亦不厚矣。」由此可見，作者是以「清」爲重要創作心法，而能運之數十段即爲「遠」。

至於「沖淡」作者則另有想法，其云：「漁洋論詩，謂王維佛語，李白飛仙語，岑參劍仙語，其意隱寓低昂，不知王維量力，尚遠在岑參之下，何望李白，阮翁因其沖淡，家數與己相同而尊之，非定論也。」可見作者雖認同王士禎，但對於其主張之「沖淡」卻未必完全認同。不過話雖如此，作者非常反對鋪排的傾向仍類似「沖淡」的主張。上文已言，作者極推尊吳偉業，但吳氏唯一被作者批評者，即是在於其詞藻過於華麗〔註67〕。作者又於書中有「予素不喜排律。」「予極不喜排律。」〔註68〕之言，皆可證明作者於創作中的確能秉持一「沖淡」的精神。

〔註65〕 王士禎談「神韻」、沈德潛繼之而談「風格者，本乎氣骨者也，神韻者，流於才思之餘。」氣骨即《文心雕龍》中所稱之風骨，是一種剛健宏放的面貌。「意」即「言有盡而意無窮。」「得意忘言之妙。」「味」則應源於鐘嶸的「滋味說」司空圖「味在酸鹹之外」等說。除了上述的審美與批評標準外，作者還要求詩要能「色香味」具全，「愛香當以生香爲妙」、「玩色當以活色爲趣」而「論香色以花爲貴」，宜取之「奇香」與「秀色」，又各有適當的代表花卉。「味」則必須「如百花釀蜜，釀成不見百花。」這可視爲創作論中由「味」而生的衍論，「百花釀蜜，釀成不見百花。」之說其實頗得「神韻說」之眞意，正符合其「含蓄蘊藉」（不淺白見花）、「自然天成、清遠沖淡」（花化猶如清澈無物自然成趣，而嘗之卻有興味。）的要求。

〔註66〕 以上論點可參見《清代文學批評史》，頁312～324，443～448。引文詳見洪棄生：《寄鶴齋詩話》頁6、7、33、103。

〔註67〕 作者云：「梅村全集以五古五律到家，七古七律，俱嫌太綺。」同前註，頁61。

〔註68〕 同其註，第68、100頁。

（3）出人意表的拿捏

杜甫嘗謂「爲學性癖耽佳句，語不驚人死不休。」這是說作詩要能有出乎意料的感嘆。但作者以爲，作詩雖應如此，但卻不可失了風雅。其云：「『語不驚人死不休』自是杜公一生得力處，拈出示人，然學之亦當有所分寸，斷斷不可專心於驚人，夫驚人者當如神仙之驚人，不可如魁魅之驚人，……，唐劉叉、宋杜默、明徐渭、近今徐位，非風雅也。」這的確是創作時不可不注意的要項。

（4）用字要新

作者生於近代，對於新的文字如何融入古典詩中也有其定見。作者以爲唯有「詞新」才能「意新」進而才能「格新」，才能與古人爭長短。〔註69〕新詞既然最重要，那麼何種詞才是合乎標準的呢？作者提出了「以陳爲新」、「推陳出新」。這與作者以古爲宗，一脈相承的思想是相互呼應的。也就是要能造新詞而不失根源，避免浮濫的造詞卻沒有文意的基礎，簡而言之就是在訓詁其意時有根源脈絡可循。所以作者云：「格不新，不足與古人爭長，乃善爲新，善爲新者如神醫處方，同此藥品，可以回生：大庖治餕，同此肉味，能以致饞。不然如時下以「國魂」、「熱血」、「方針」、「焦點」、「電吸」、「潮流」等字，謂爲革新，不獨癡人說夢，直是魔魅現形。」

（5）天才與創作

上文已論「才與學」的關係，此處則是論才性在創作時應該如何拿捏的問題。作者言：「子才詩每欲作到不堪處，梅伯詩每欲作到不達處，有才者不可不引以爲戒。」正是在說明作詩當量才而爲，逾越自身的才力，反不能產生好作品。再如其云：「詩人致功，往往有自溺所好，用違其才者，如吳梅村健筆凌雲，其七古倘壹意李杜，當無負其才學，偏耽於元白一流，致損其格：黃莘田（任）秀氣如絲，其七古倘取徑元白，當不窘其舉止偏貌。」〔註70〕此處同樣是主張作詩者不能不先明白自身之文才主要擅長於哪一方面，否則便無法依據自身之長，參考學習才性風格類似的古人之作品，而達到「相乘」的效果，否則所學與所長不能互補，反不如不學。

其他如「然梅盦詩格較梅伯爲醇，梅伯才氣多，習氣亦多，梅盦才氣小，

〔註69〕此點正符合作者的「文學進化觀」。
〔註70〕以上各段引文可見洪棄生：《寄鶴齋詩話》，頁 12、30、68、84、103、104、117。

習氣亦少矣。」以及「多才之累」〔註71〕等說，都是作者認為才氣當謹慎採用的主張，否則非但無益反而有害，作者對於才氣與創作之闡論實極為精闢。

5、批評論

（1）承繼前人的審美標準

作者在此書的實際批評中主要承繼了司空圖的「味在酸鹹之外」、「不著一字，盡得風流。」之說、嚴羽的「妙悟說」〔註72〕、王士禎的「神韻說」以及沈德潛的「格調說」〔註73〕等。

司空圖「味在酸鹹之外」與王士禎神韻說的「清遠沖淡」相呼應，「不著一字，盡得風流。」則與其「含蓄醞藉」之說相通。「妙悟說」是說一種「得意而忘言之妙」，讀之可意會而得詩中奧妙，產生興味、趣味。作者在評高啟〈憶昨行〉時云：「此篇氣味神色，無不入妙，興到時，全無漢唐宋人在胸中。」。以及評吳偉業「神來興到，筆筆入妙，超出長慶體外。」及其他多處以「妙」為批評語者，皆可視為承襲自前人批評理論者。

再如「神韻說」，可細分為「含蓄醞藉」、「清遠沖淡」、「自然天成」等。作者有直接以「神韻」作為判別標準者，如評陳元孝與吳偉業，陳氏「有其筆力，遜其深韻。」，再如評鮑照「興會無端，神味無盡。」〔註74〕評蘇軾之〈金山夢中作〉「神韻如唐」等皆是。至於「含蓄醞藉」即是詩意的「不即不離」，也就是不要太淺白，但也不要太油滑。前者淪於「作實」後者則「俗套」皆不可取。作者於評人用「滑」字時即顯露出此一思想。如其云：「楊誠齋詩才誠高，惜學太白而滑，至失高古之度。」「油腔而多俚者，趙為甚。」「袁以手滑失眞，趙以口滑入俗，故作詩不足與蔣鼎立耳。」等皆然。作者於「清遠沖淡」之論已見上文，至於「自然天成」的審美標準，作者也於書中有所使用。如「陶詩之元氣，行所無事，純任自然矣。」以及「高之老氣不如李，老格不如何，而天然之趣則勝李何。」評杜甫則云：「規矩方圓之至，格韻神情，無不自然。」等皆是。而自然天成的進一步闡發就是前文所言的「反對綺麗」之說，上文已言，此不贅論。

〔註71〕同其註，68、84 頁。

〔註72〕除了妙悟說直開神韻說，兩者本有密切關係外，作者於書中亦提到多次嚴羽之語，所以採用「妙悟說」的審美標準也是很自然的。

〔註73〕作者推崇王士禎上文已明。而本書以詩三百篇開頭，「詩教」的意謂鮮明，這正是沈德潛的主要主張，也可作為作者於理論上承襲自沈德潛的證據。

〔註74〕見洪棄生：《寄鶴齋詩話》56、58、110 頁。

而「格調說」，作者於書中以「格」、「格調」以及相關的「氣骨」〔註75〕等為評語者最多，上文所舉已略可知曉，再如其評宋延清「極得永明人格調」、評陳元孝「音節氣骨尤蒼老。」、評漁洋「骨格甚重。」、施愚山「氣格之高。」等不勝枚舉。〔註76〕

（2）觀詩知人

此論前人多有論述，作者此處卻提出了例外之例，由此可見作者的思辯精神，其云：「北宋石徂徠、徐仲車，皆氣節士，而皆能詩，徂徠為人峭直，詩亦光芒不可迫視，肖其為人，仲車為人拘謹篤厚，諡曰節孝，而詩乃凌厲無前，則不肖其為人。」由詩可知「觀詩之人」之論雖有其經驗法則累積下的基礎，但也不可能完全一致。

（3）文學與環境（物色）

《文心雕龍》在「物色」一篇說道，文人在創作時，四周的氛圍、感覺勢必是會影響到創作之內容的。作者亦承襲此一思想，如其於評張道濟時云：「張詩未離排比，然篇什倍富，謫岳州，尤得江山之助，可與射洪、曲江為鼎三家。」〔註77〕即是從被評者的生命歷程與生活環境來評其文學風格特色的變化。

而除了自然環境的影響外，人的閱歷與詩境之間也是有所關連的。所謂「詩窮而後工」的理論即是由此而來，這也是一種經驗之談。而作者同樣提出一例外之例以言之，如其評黃山谷《詩編內外集》時云：「任淵註本，因內集多晚境之作，原目之下拔語，謂為精妙之極，具在內集，竊謂不然，蓋外集雖多少作，然其佳者筆鋒岭岭，且欲突過內集，正不能以閱歷之淺深，定詩境之高下耳。」〔註78〕由此可見，閱歷對於文人的影響有時並不是那麼絕對的。這就好像人的生理年齡與心理年齡也非正相關的。所以文學批評時除了使用前人已累積的經驗法則外，也不能不細審之。

（4）文學與道德（程器）

《文心雕龍》同樣已經討論過文學作家的文學成就與品德之間的關係。雖然就純粹的美學而言，加入作家本身品德的條件因素是不必要的，但這卻

〔註75〕「氣骨說」是「格調說」的內涵之一，參見註釋59。
〔註76〕見洪棄生：《寄鶴齋詩話》，12、14、22、44、45、56、57、59、83頁。
〔註77〕同其註，10。
〔註78〕同其註，117。

是中國批評理論的大宗,尤其是洪棄生本人即是一位富有強烈文人風骨、重視節操之人,故作者於本書中以品德來評人也是很自然的事。作者於本書中以「程器」來評人者約有八條,上文已有言及。如其評宋之問即寫得痛快淋漓。其云:「宋之問諂附張易之兄弟,至為躬奉溺器,創千古文士所未有之猥賤,此種人若為李太白脫靴,終當被踢卻鸚鵡洲外耳;而最壞天良者,尤莫如上變告張仲之一事,負心負德賣友賣國,真狗彘之不若,予每讀其登歇馬嶺遙望伏牛山一詩,輒閉目不敢終篇,蓋恐其以佳詩移我嫉惡夙心也。」此段即是很明顯的例子。可見作者對於文學與道德態度是「以人廢言」的,不管其文章寫得再好,只要人品不合格便都沒有閱讀的意義。

(5)「古」、「老」的審美要求:醇雅能得古人法度

作者在本書品評時,經常以「古」、「老」作為批評之判別語。筆者以為此可分為兩種意涵:其一為「能追法古人之詩意」,一為此作者已經過長期寫作的歷練,經驗老到之意。

先論前者,筆者在上文「出人意表的拿捏」一段已言,作者認為寫作不能失了風雅,而「神韻說」也主張要能含蓄蘊藉。而此處所謂能追法古人應該也是指能效其「醇雅」、「餘味」等優點。如其評張曲江云:「皆古雅,有正始、元嘉遺音。」評清朝中葉詩人:「詩家求其醇古,可與國朝諸老並行者,唯有沈歸愚、蔣新餘耳。」皆可為證。

至於作者於評張純甫與王士禎兩處時皆言其「具有老成典型」,而評明朝夏存古「宛如五十歲老手。」〔註 79〕皆可證作者以「老」為審美標準,除了要追隨前人外,更需要自身在實作上努力不懈的學習與精進,這正可與上文作者強調學習之論搖相呼應。

(三)形式結構所生之美學價值方面

就一部詩話的藝術成就而言,本書的成就是高的。因為他的內容豐富包羅古今,有大陸的部份也不忘臺灣,文學思想有承襲有創新,理路一貫、不淪為說教或抄書的工具。而傳統詩話中常見的批評方式,不論是「標榜式批評」、「摘句評選」、「比較批評」等都應有具有。既然內容豐富、理論紮實、方法又兼備,與傳統中國詩話相比實不遜色,故筆者認為,本書就詩話的藝術成就而言是頗高的。

〔註79〕同其註,頁 34、36、120。

而雖然本書資閒談的部份不多，談人生之處自然較少，是故讀之較不能如讀人生小品，但本文卻突顯出作者個人強烈的文人節操，若先明瞭其生命歷程，讀之必會覺得慷慨激昂又有惋惜之情，這是一般以輕鬆筆調寫人生之詩話所缺乏的特殊藝術成就。

由上文可知，本書採用「比類相推」之法，全書侃侃而談，細說從頭，沒有太多剪貼的痕跡，加以作者涵養豐富，舉例能廣博，文字也不呆板，因而在整體結構上有不同於以嚴謹分類方法而成書之詩話的緊密感，剔除其錯字，其可讀性也是非常高的。

六、文本特色

本書最大的特色是能在批評時展現強烈的獨立思辯性。而這可由兩方面觀之：一是由作者對於各代批評家與作品的再批評方面表現。這方面的論述在本書中佔有極大的份量。我們由上文所羅列之書名與人名之多即可為證。而作者除了能承襲上述批評家與作品的思想精華外〔註80〕，更能針對這些思想加以反駁、修正，即使如清朝大家袁枚的許多批評也都遭到作者的批判。〔註81〕再如王夫之批評「李何與鍾譚為僞體」，作者亦能不畏其赫赫名聲而批評其「玄黃不分」，又針對其批評「曹子建遠不如子桓、蘇東坡為野狐禪，滅裂詩文。」而批曰「不知份量，無足與辯。」即使連作者最推崇之王士禛，作者批評處也不少。如對於王士禛「以笨譏達夫五古」作者即言：「達夫堅實之氣，實不減杜公，漁洋不能以笨譏杜公，能譏達夫乎？」至於沈德潛，作者亦云：「沈德潛先生選唐詩、《明詩別裁》，尚得古人眞面目，選國朝詩則采擷不眞。」

而對於前人的批評之修正，作者亦多有論及。如嚴羽《滄浪詩話》云：「『少陵詩法如孫吳，太白詩法如李廣。』吾謂太白詩法如黃石公兵書，不能測其來處。老杜詩如藏蛟，深沈可畏，太白詩如游龍，出沒不測。」

除了反駁、修正他人之論外，作者也能認同前人之說如其云：「紹興施

〔註80〕我們在上文本書的思想價值方面，即可發現作者承襲了許多前人的文學思想，尤以清代為最。

〔註81〕由於袁枚上承袁宏道等人「獨發性靈，不拘格套。」的思想，與主張「追求高格」的作者恰恰針鋒相對，所以作者除了在批評其作品時將之貶至名家之末流外，更在書中針對其思想提出許多質疑。

望雲著《薑露齋筆記》，推尊李何，辯駁一切詆諆之語，所見即與余合。」
〔註82〕可見作者除了有學者風骨，也有學者風度。不會一味批評他人，也
不會折服於大家之下。

　　另外，我們也可以從作者善於發掘較無名之詩人而得知他是一位不隨聲
附和之人。「葉鼎」、「梁煦南」、「蔣劍人」以及「邵子湘」〔註83〕等皆是。另
外，上文所論作者較常論述之十人中，唯姚燮（梅伯）、張際亮（亨甫）非全
國性知名詩人，而屬於福建、浙江的區域性詩人，作者能將之與幾位全國性
詩人並論，而不受到世俗定見所左右，客觀的按照作品的好壞，自己發掘人
才，其思想之獨立性由此可見。

第二節　《瑞桃齋詩話》的內容與價值

一、吳德功生平與思想

　　吳德功（1850～1924），字汝能，號立軒。祖籍福建同安，世居彰化，爲
地方之望族。他曾師事過陳肇興、蔡醒甫等名家，在文學、史學與地方社會
工作等方面都有相當的建樹。

　　吳氏一生，經歷了臺灣政權的轉移的變動，也遭遇了新舊文學交替下所
產生的衝突。在文學方面，他始終堅持以古典文學爲創作工具。但在政治與
國家的態度上，卻有些撲朔迷離。以下筆者由其一生的歷程，推測其思想態
度的轉折。

　　吳氏曾是清朝的秀才，早年也曾七次入闈趕考。這時他的意識型態非常
單純，那就是如同一般清朝讀書人般，視功名取士爲事業〔註84〕，視清朝爲
宗主國。但七次入闈皆失利，也種下了他退居鄉里、尋求自適生活的心態。
筆者以爲，當時乙未割臺，臺灣爲日本所有，吳氏若仍醉心於功名，何以不
西渡大陸而選擇留下？顯見其必然已經對功名失去信心與興趣，而臺灣才是

〔註82〕見洪棄生：《寄鶴齋詩話》頁 62、79、81。
〔註83〕同前註，頁 115。
〔註84〕吳德功：《瑞桃齋詩話》（南投：臺灣省文獻會，1992 年），頁 119，於沈應奎
　　　　於中法戰爭來臺辦理軍務時言：「蛟龍得雲雨，終非池中物也。飄飄然有南陽
　　　　之風度。……惜予十赴秋闈報罷，僅在鄉辦理節孝，以及育嬰救孩五千餘口
　　　　諸事，不克副方伯之譽，錄此以誌知己之感云。」可見吳氏年壯時亦頗有用
　　　　世之心。

他所認定的眞正家園，這是一種鄉土意識的呈現。

日本領臺後，吳氏的內心必有許多挣扎。但他既爲地方大老，必然是日本政府籠絡的對象。而他最爲人所詬病之處便是他與日本政府後來所保持的親密關係。筆者以爲，吳氏會靠攏日本，其原因有三：

（一）文化意識〔註85〕的催發

吳氏與連橫堪稱是日治後臺灣古典文學的兩大支柱。吳氏既爲古典詩人，又見到日本政府在 1898 年啓用時稱「政界惑星」的後藤新平任民政長官結束混亂統治〔註86〕，開始採用懷柔政策，並重視古典詩文後（雖然背後有其政治目的），日本文人也有這麼多騷人墨客來臺，連國學大師章太炎也曾來臺參與日本政府所舉辦的「揚文會」以及任職古典詩主要發表園地的「臺灣日日新報」之主編，他豈不心動。所以吳氏自然會成爲時人眼中向日本人屈服與靠攏的文人。只是他的舉動是單純爲延續文學香火，還是王松眼中的那些戀戀不忘惜時功名的人〔註87〕，便不得而知了〔註88〕。但文學的興趣相投，肯定是他投向日本的重要原因。

畢竟，站在中國文化的立場來看，文化意識原本就是凌駕在政治意識之上的，所以吳德功展現出超越清廷與日本之間的政治恩怨，而表現出孟子所言的：「何事非君？何使非民？」以及元好問所言的：「出處殊途聽所安，山林何得賤衣冠？」這種柔軟而不失其儒家用世精神的身段，其實就是因爲其強烈的文化意識所使然的。所以吳德功也許已經承認了日本政權的正當性，但卻是在日本先認同漢文化爲前提下所作出的決定。

（二）維護鄉里的手段

近人曾爲帶領日人入臺北城因而顯赫至今的辜顯榮家族是忠是奸產生極大的論辯。事實上，當時臺北城早已混亂不堪，分不清楚強盜與土匪，「堅守民族意識」對於人民而言自然遠不如「安定」重要，所以辜顯榮之舉在現今

〔註85〕 這種文化意識超越種族與政治藩籬的思想即使是重視民族氣節的霧峰林家成員也深受影響，例如林資銓（仲衡）對於當時以「揚文會」等各種文教事業收攏臺灣知識份子的臺灣總督兒玉源太郎也有所歌頌，詩云：「統治三臺政化施，甘棠遺愛繫人思。祇今南菜園邊路，過客猶談墮淚碑。」由此可見。見《仲衡詩集》（臺北：龍文，2001 年），頁 199。

〔註86〕 見王詩琅等：《臺灣史》，頁 495。

〔註87〕 見王松：《臺陽詩話》（南投：臺灣省文獻會，1992 年），頁 61。

〔註88〕 上文已言，吳氏應該在日本人來後就已有不再有功名取士的覺悟，所以筆者以爲，他與當時一般的落拓文人實有差別。

看來似乎缺乏風骨，但對於人民而言又有實質的意義。同樣的，吳德功雖然親近日本，但他也為地方作了許多的貢獻〔註89〕，這難道是與日本政府敵對者所能辦到的嗎？所以吳氏能接受日本政府是事實〔註90〕，只是若一味的視之為「賣臺」一流則有待商榷。畢竟他也的確為了自己的鄉里貢獻了許多的心力。例如，他在清領時期籌辦「育嬰堂」收留孤兒，日治後籌辦「彰化商業銀行」所得全用於救濟鰥寡孤獨，皆是明證。〔註91〕

（三）「明哲保身」的觀念

施懿琳教授曾舉吳德功的〈放鷹〉詩之內容為例說明其人生之哲學乃是謹守「明哲保身」之道，因此與日本政府的關係相當的密切。筆者以為這也是原因之一。畢竟攸關生死禍福，而且甚至會危及一個家族的盛衰，若以「家」為重者，自然會有這樣的作法，尤其是移民社會下的人民往往如此，加上吳氏不若霧峰林家與清政府關係密切，因此在日本領臺後，對應之法自然就大相逕庭了。相信吳氏的鄉土性格與不得志於清的仕途經歷，也是吳氏靠攏日本政府而不投向清政府的重要原因。但這裡仍必須強調，吳氏對於日本政府的態度，是一種文化意識與現實壓力下不得不的選擇，這與辜顯榮：「寧為太平犬，不為亂世民。」的格調是截然不同的。

總括而言，吳氏一生經歷臺灣政權與文學的大變動且又不能置身度外，加以輕重之即又與當今社會輿論恰恰相反〔註92〕，褒貶自然皆難避免，只是吳氏終究在文壇上是有其不可抹滅之地位的。

二、創作動機

有關《瑞桃齋詩話》的創作動機，可由其自序的內容與各卷的編排與內

〔註89〕吳氏在清領時期即相當重視社會福利事業，而日據後的記錄稍嫌不足。若按〈吳德功全集序〉言：「日人據臺，先生以門望資歷，為當局所重，被徵為參事，而先生仍本昔日益鄉里者力為之倡，且輒為民請命，有聲於時。」則可作為佐證。

〔註90〕吳氏在《詩話》中屢屢使用了「臺灣歸東」、「帝國」等詞彙，並稱日本本土為「內地」，其主權意識已相當清楚了。且其在本書「卷五」頁215中引一六之評云：「中國群芳譜稱牡丹為花王，不知有櫻花駕乎其上焉。」亦可見其民族意識。

〔註91〕見王國璠、邱勝安：《三百年來臺灣作家與作品》，頁92。

〔註92〕當今現代文學當道，吳氏卻重古典文學而反對之。臺灣主權意識為主流，而吳氏卻無明確的民族意識。

容來闡論。筆者加以整理後大抵可分四點來論說：

（一）只為傳習文化，不重獨發創新

《瑞》書序言開首即言明「禹域〔註93〕詩話甚多，內地嵩山堂所刊螢窓詩話數十種，可以無庸再作矣。」中國從歐陽修創詩話體開始，先後出現的詩話何止千百，吳氏大概是認為螢窓詩話乃集大成典範者，所以以此為標的而言「可以無庸再作矣。」但這句話同時也顯示，作者縱使有以文字留名的念頭，但他在心態上是謙卑而不敢超越前人的。所以這本書在理論方面多半只是沿襲前人觀點，獨創是很少的。我們再由其言「當日曾揖詩法一編集名人諸言條錄古近體歌行諸法並采禹域各省名人諸作以示生徒。」更可確知，作者成此書的重要目的是在於「教育」，既然作者所重是在於教育，對於傳承與交流文化的用心定然是高於創新與發明新論了。

（二）旨在記錄實況，期望增補文史

我們由作者將全書分為六卷的各卷概述可以發現，除了第一卷有理論的彰示外，各卷都是著重在一些文學或史事的記錄，而且縱使是卷一，其後半段也大量的記錄了當代中國的名家。卷二記錄的是清朝帝王與人臣的詩歌唱和。第三卷則以臺灣本島的詩文為記錄基調，作者有古人、時人，遍及本島人與流寓者。卷四記錄了當時的文學結社、集團現象，有臺灣的也有大陸的記錄，卷五更以「詩史」名篇，卷六則為「詩錄」。〔註94〕其中作者親眼所見的部份價值自然是較高的，他對於臺灣古典文學的歷史建構有較大的助益，至於傳寫大陸的部份則只有傳承文教之功，畢竟這多半只是「二手傳播」而已，價值遠低於當時大陸名家本身的詩話作品。

作者在序言後段明言：「詩之一道，雖曰『雕蟲小技』然古人所云：『吟成一個字，燃斷數枝鬚。』況佳句非可易得，縱文章本天成，亦需妙手偶得

〔註93〕應該是指稱中國。

〔註94〕不過卷五與卷六的序言之介紹與實際內容不符。卷五在頁二的序言是指「甲申法國寇臺及戊戌清廷政變其詩以記時事，是謂詩史。」但實際上在頁209頁的內文標題卻改成「詩史，清國有關國事者及日本」而其內容事實上全以日本作家在臺每月刊行的作品為主，可謂題文不合。再如卷六在頁二的序言是「臺灣初入帝國版圖，明治三十年內地諸名宿來遊臺北，每日報紙刊詩數十首，僕之大為激賞，錄之為第六卷。」但頁249的內文標題卻改成「詩錄，內地詩章及新聞摘錄」而其內容事實上都是記載中法戰爭以及臺灣民主國的部份詩史。這顯然才是序言中卷五的內容。

之。此篇雖所采無多，吉光片羽足以流傳不朽。」由此亦可知，作者的用心是重在記載文史已不言而喻。

（三）緬懷前人軌跡，以求重振詩學

此一動機可以在卷二「清國君唱和及各詩家」中顯現。作者因身處於新舊文學交錯的時代，對於古典詩學的發揚不遺餘力的他，自會尋找一些足以振古典詩推動者之心的題材來加以述寫。而著力於描寫清國文人受天子寵召，與天子唱和，並得以安享天年，享盡榮華的內容，必然相當足以令讀此書之文人嚮往，即使作者撰寫此文是在日治之後，亦有緬懷前人光輝歲月的作用，所以筆者以為這是本卷產生的重要動機因素之一。

（四）追憶昔時光景，聊為人生註記

我們在卷三、卷四中，可以看到許多作者親身經歷之文學實況，也可看到許多作者自身所寫的詩文在其間出現。蓋「詩話」之作本即一文學之創作方式，創作本有心靈寄託之目的隱含在其中。古今詩話作者亦常藉詩話之作以發抒感懷，為自己的人生留下註記，作者記錄實況除了可教後學，相信必然也有懷想當年的用意。如其在卷四中，對於辛卯年間與吳澄秋等人參與詩鐘並敦請進士施文波為詩宗的往事有所感道：「一時興淋漓，傳閱者甚眾，迄今追憶前事，或任滿歸里，或相繼物故，足見人生會合無常，遙憶前時剪燭聯吟，勝景不可多得也。」由此可知，對於往昔之風流雅事的追戀，以安垂暮之心，應該也是吳氏寫作此詩話的動機之一。

（五）標榜日人之作，以證詩道不孤

在「前言」中，筆者已言，作者向日本政府靠攏，和日本政府重視古典文學以籠絡臺灣仕紳應有關係。既然作者在意的是「誰重視古典詩的命脈？」，而非「是漢人還是日人？」，所以在「卷五」中專門評述日本人之古典詩作就不令人意外了。同時，在古典詩面臨式微與挑戰的關頭，吳氏彰顯在臺日人的創作，事實上應該亦有證明古典文學並非遲暮文學，強調古典文學仍有龐大創作人口與生機的用意存在。

不論吳氏之堅持是否合理，是否真正考量到時勢的變遷，是否注意到自己可能已被統治者利用，我們唯一可以確定的是，他是堅決支持與提倡古典文學的，所以在撰寫詩話時，自然會注意到除了自己外，還有哪些族群重視古典詩創作，進而產生彰顯該族群的動機，便是相當合理的了。

（六）強調詩之價值，務求理論實現

我們由《詩話》一書中各卷的內容可知〔註95〕，吳氏最推崇的便是「杜詩」。杜甫以詩爲史，務求反映社會眞實現況，揭露政治的腐敗與時局的衰亂。而吳氏在撰寫《詩話》時，必然也是立基於杜甫以詩爲史的精神，固有「詩史」一卷的產生。所以，吳氏撰寫「詩史」一卷，不但可以證明其宗奉杜詩的文學主張，想必亦有藉實踐杜詩理論以號召同道者、教化學詩者，並證明其所主張者並未因時勢推移而失去存在價值的動機存在。

總括而言，作者最主要的創作動機是傳習與教化，所以它和中國詩話中「以資閑談」類的作品不同，他有清楚的編目與內容大要，但也因爲出發點在於此，所以它在文學史料方面的成分必然較重，而「文學美學」與「理論創發」的表現較少。同時，因爲作者心中總是有著對於古典詩的眷戀加上當時古典詩學逐漸沒落，爲了證明古典詩仍有持續之生命力，他也顧不得其他人的觀感而以一整卷之筆墨來介紹日本文人在臺之創作了。另一方面，對於詩學的沒落，作者藉由介紹詩學昔日受盡帝王重視的黃金時期以爲緬懷之用亦是在所難免。加上吳氏自身崇奉杜詩，所以秉持此一精神，自然會對當時的政治社會之時局有所著墨，這也是其他「詩話」著作少有的編排與內容。受到以上各種動機的影響，吳氏之詩話也呈現著相當多元的內容，以下筆者將循此基調接續論說。

三、內容大要

本書可分爲六卷，以下分別試論之：

（一）卷一「詩法」（五六七言歌行各家名論）

此卷可分爲兩部份，其一，筆者稱之爲「詩學漫談」，它是全書唯一涉及文學理論的部份。其二，可稱爲「名家簡介」，作者於此介紹了許多重要的清朝作家有文學交流之功。大抵順序是先「漫談」再「簡介」，但卷末卻又參雜了「漫談」的內容兩則，稍嫌雜亂，一爲有關河洛女神的仙雅之事，一爲記載清末李鶴年在泉洲的題詩的雅事。後者尙可歸爲「名家簡介」之屬，但前者顯然於此處出現相當不搭調。〔註96〕

〔註95〕全書提及杜甫詩者頗多，見下文有論。
〔註96〕在「以資閑談」的詩話中，內容的呈現本來就較無理序，但本書既已預先加以編排分類，如此作便較失當。

　　首先論「詩學漫談」的部份，此部份有介紹唐代重要作家詩風者（屬文學史）、有引用前人主張與文學創作論者、亦有部份作者對文學的看法，（作者的主張部份在下文中筆者再統而論之）。而文末穿插了日人淺野哲夫的〈論古詩音韻書〉則屬於「詩格」作品，詳述了作詩的格律音節，這種沿襲自唐代到了清朝又大爲盛行的作品體例在此出現亦有增色之效。

　　大抵而言，它的內容顯然如自序所言，是用來給學子接觸詩學的讀物，有關於古詩、樂府、近體之淵源、作法、形式聲律等皆有論及。在引用前人言論的部份共約有十五家，部份作家身份不詳，已知者有明前後七子時代的王世貞、徐禎卿、何良俊（元朗）與皇甫汸等，再如宋朝的姜白石、元朝的范鍏、楊載（仲宏）、清朝的王漁洋等皆在其中。

　　由於前後七子、王漁洋等人的詩學主張都是以唐詩爲宗的，所以作者引用的主張中除了作詩的方法以及有關文學發展史的內容外，大部份皆著眼於對唐詩風格的學習，韓愈、李白、杜甫自然是楷模人物，對於唐代詩人的風格、派別也有論及〔註 97〕，雖然篇幅不長，但未錄其他時代之詩學發展，由此可見其所宗者爲唐代無誤。

　　至於「名家簡介」的部份，作者在此處扮演著中臺文化交流的角色，將清朝重要的詩家作了簡要的介紹，由廣東到山右、吳縣、無錫、浙江、閩中、湖南、江右等地主要的文人作者都有概括式的提及，但限於篇幅並未深論，同時因爲其目的應該是在使學子能對當時清朝詩壇與整體發展史有一個入門式的認識，所以他並未特別強調某些宗派的作家，而是力求全面性的介紹。我們若拿近人霍有明的《清代詩歌發展史》來作參照，便可發現，吳氏雖生在百年前，但大抵上與該書所介紹的作家並無大差異，只是沒有詳細的講述罷了，由此可見其內容的概括性。至於吳氏對清朝詩學的認識由何而來？首推王世禎的《漁洋詩話》，因爲書中有許多部份與《漁洋詩話》的內容相似〔註 98〕，甚至相同。另外吳德功師從蔡醒甫，其作有《龍江詩話》，

〔註 97〕可見吳德功：《瑞桃齋詩話》，頁 14 與 16 兩部份。
〔註 98〕同前註，第 30 頁云：「越處女與句踐論劍術」一段便與《漁洋詩話》卷上第八十一條相同。詳見王夫之等：《清詩話》（上海，上海古籍出版社，1999 年），頁 180。再如吳德功：《瑞桃齋詩話》，頁 31，吳氏論廣東三大家，便引用了王漁洋的評語。吳德功：《瑞桃齋詩話》，頁 34 提到吳天章爲「仙才」一段，《漁洋詩話》亦有提及，可見該書卷上第十九條，頁 168。再如吳德功：《瑞桃齋詩話》，頁 36，亦引用王漁洋之評語，其於該段所提之「南施北宋」亦於《漁洋詩話》頁 174 中有所提及。而王氏的言論也是唯一在各家名論中出現的清朝人。

雖然此書目前不知去向〔註99〕，但由《瑞桃齋詩話》中所引的《龍江詩話》之言可知，該書對於當時清朝詩壇也是有所著墨的，所以吳氏的知識有許多應該也源自其師以及其著作中。另外吳氏為了科舉也到過中國數次與當時旅居彰化一帶的中國流寓文人都有交往，加上其他書籍的涉獵，對於清朝詩壇的認識自然是不淺的。而且霍有明在其著作中亦言，清朝詩壇起源與發展皆在浙江、東南沿海一帶〔註100〕，從有清以來，宦臺的官員本就是以這一代的人為大宗，加上移民與科考的文化交流等因素，臺灣在當時事實上也處於清詩壇最活躍的區域附近，既然距離不遠，有心人想要認識清朝詩壇的發展概況也就不難了。

（二）卷二「佳話」（清國君臣唱和和各詩家）〔註101〕

筆者在前文中已談到，吳氏是前清秀才，也即是清朝政府的儲備人才，他曾經嚮往功名〔註102〕，只是屢試不第，日本領臺後，他便只能徒留「蒙天子榮寵」的遺憾，但既曾嚮往，將所嚮往、著重之事，形之於筆墨便不令人意外。加上前文亦言，作者似有藉此卷之內容導誘文人士子專力於古典詩創作的動機。兩方面背景條件的搓和，便有此卷以清國文人因詩歌而受極榮寵等相關史料為內容的章節產生了。

本篇內容全為二手傳播之資料，僅作者之品評部份尚具「文學批評」的價值，在史料價值方面則屬「次等」。大抵是列舉清朝名詩人與國君所唱和之詩歌以及其所受之寵幸為內容。篇幅雖長，但價值卻不高。

（三）卷三「詩遺」（摘錄流寓及本島諸作）

本篇是純以「臺灣」為描繪主體的文學記錄，其目的應是在傳承文史記錄，此卷記錄了相當多臺灣本地以及宦遊之大陸人士的詩文。〔註103〕時間則

〔註99〕《龍江詩話》雖存錄於《重修臺灣省通志》之中，但筆者嘗詢問省文獻會人士，並訪查各國家級圖書館，甚至如不提供一般人士閱覽之「傅斯年圖書館」等亦無館藏。筆者以為此書記錄於「通志」應仍有拓本，只是不知存於那位藏書家手中。

〔註100〕參見前註51。

〔註101〕此卷以何素材為藍本，筆者暫未尋得。但清朝國君多半有御製詩文刊行，有心者，尤其是醉心於清國功名者，應多能接觸到此類文章。

〔註102〕我們由本篇中常可見「寵眷異常」、「可謂恩禮始終矣」、「一家之內以及親戚華貴不可勝計」、「其得聖眷如此」、「可知金馬玉堂，真富貴神仙也」之類的字眼，便可明瞭作者曾對於帝國王朝有過無限的憧憬與嚮往。

〔註103〕其中所記之日人僅見「淺野哲夫」，筆者謂其「能文兼工詩，嘗寄詩文以相質，

縱橫百年，內容形式類似連橫之《臺灣詩乘》，只是篇幅濃縮為一卷而已。蓋吳氏既為臺灣人，對其周遭之文學環境必然最為清楚，固筆者以為其中較有價值者為吳氏親身見聞的部份，如彰化知縣朱樹梧、曾多次來臺之進士施文波、以及其師蔡德輝等人，都曾是吳德功以詩文相交的對象，這些文學實況的記錄，能添補文學史料，在此卷中雖未占太大的篇幅，但價值是相對較高的。

（四）卷四「詩鐘」（本島及福州、湖北）

我們由序言可知此卷產生之背景，該序云：「詩鐘之作，湖北易順鼎等及福州文人所作佳句。光緒庚寅臺中設縣府治，各縣老師皆駐彰化，僕與諸友唱和，及蔡醒甫先生荔譜吟社及唐巡撫與名流吟詠佳聯皆錄之。」由此可知此卷所記多為玩弄詩句，詠花弄雪之作，其價值雖不高，但亦可知當時詩壇之風氣。

蓋「詩鐘」乃一文人集會酬唱以較才力高下的文字遊戲。其後唐景崧之「詩畸」之作，以及民間至今仍奉行之「擊缽吟」，事實上皆即是「詩鐘」之活動。由此卷之記載，我們可以概略得知當時文人以詩歌唱和的風氣。全文可分為兩部份。一為作者由其親身經歷，記下當時在彰化的詩社活動。包括其師所開創之「荔譜吟社」的詩鐘活動以及佳作之輯錄。以及作者與當時旅居於彰化任教職的吳澄秋、林世弼、廖克稽、程郁翁和進士施文波等人所進行之詩鐘活動皆有許多著墨。

另一部份為唐景崧《詩畸》所載，用於詩鐘活動之各體格如「籠絡格」、「合詠格」等之實際創作範例。作者似乎為了給讀者對詩鐘活動有一完整的認識與參考學習的範本，還兼引了《錦暇裁餘》、《雪鴻初集》、《詩鐘遺稿》及《壺天笙鶴集》〔註104〕之作的體例與作品以壯其內容。大抵而言，此部份的詩作範例多本於《詩畸》中之作者，包括邱逢甲等人，由此可見當時唐景崧在臺灣南北倡導之詩鐘活動對於中部之文人影響亦頗大。而吳氏對於詩鐘之活動亦頗為用心。

（五）卷五「詩錄」（內地詩章及詩文摘錄。）

本篇與題目與卷六相混。對於卷五與卷六，序言云：

詩古近體數百首，多有雅句，文亦流暢。」其〈論古詩音韻書〉亦被吳氏錄於卷一中，由此可見吳氏與其之友善與推崇。

〔註104〕《壺天笙鶴集》據「臺灣文獻」雜誌編審表示，該書在日據時代是非常常見的書籍。「蘭記」出版社印行，但現已無從查考此書，相當可惜。

甲申法國寇臺及戊戌政變其詩以記時事，是謂詩史。錄之爲第五卷。

臺灣初入帝國版圖，內地諸名士來遊臺北，每日報紙刊詩數十首，

僕見之大爲激賞，錄之爲第六卷。

但由其內容觀之，此章並非詩史，而是以內地來遊臺北之日本文人之詩作的記錄爲主要內容。筆者曾簡單整理了日本人爲何大量來臺的原因如下：

1、開發新土

郭千尺於〈臺灣日人文學觀〉云：「當時有些失意的政客和自由主義的學人，都接踵奔到新天地之臺灣，由於教養相當，容易步上安固的地位，於是和政府官員合流起來，形成社會智識階層。他們多傾向於漢學，槪工詩文，並以此爲文雅，且視文雅爲士子應有的資格。」由此可知，當時曾有一群無法在日本本土發展但卻富有才幹的人，抱著開發新大陸的心態來到臺灣。事實上，這種人才外移的現象在任何已極度發展的社會來說是很普遍的。至於被移民的地域則要抱著良莠差距極大的風險，但身爲殖民地的臺灣又沒有任何否決選。

2、文化鎮壓

龍瑛宗在〈日人文學在臺灣〉中提到：「大家都知道，雖然日本佔領了臺灣，但是抗日志士各地蜂起，使日本大傷腦筋。爲了誇耀他們的文化力量，他們派遣日本著名的漢學家，如水野大路、士居香國、……等來臺。揣料這大概是當時日文未普遍，唯一的文化就是我們的漢學，所以日人諸多不便，一則爲適應環境，二則可以給本省人看一看日人對漢學也造詣至深的。〔註105〕一言以蔽之，就是要裝出支配者的威嚴。」若依照龍瑛宗的看法，當時會有那麼多日本漢學家來臺，實是具有政治目的的文化鎮壓手段。

3、無心插柳

郭水潭在〈日僑與漢詩〉〔註106〕中云：「日據初時，百政伊始，著手建設，一時人才輩到，其中文人墨客，亦多參與。如水野大路、士居香國……等於詩於文，皆爲其時之錚錚者。」這是對於同一批來臺日人漢學家的另一

〔註105〕王文顏：《臺灣詩社研究》（臺北：政大中文研究所碩士論文，1979 年），頁113，中曾引中村櫻溪〈上兒玉總督乞留紅山衣洲〉書曰：「漢土自古尊崇文辭，。臺灣人士素襲其餘習，故文辭之不美，不足以服其心。」

〔註106〕以上三篇論文詳見《臺北文物》三卷三期（郭千尺、龍瑛宗）、四卷四期（郭水潭）。

種詮釋。也就是視此一日本文人大舉來臺的現象為一機緣巧合，而認為此一現象具有其他意圖。

4、政治目的

除了以上三點，一般人對當時何以有大量日本詩人來臺的現象作詮釋時，往往歸諸於政治因素。也就是日本政府為了籠絡臺灣知識份子，抓緊了許多文人醉心於科舉的心態，而提倡他們所認同的古典詩，並加以獎勵。這些日本文人則是日方的代表，以使臺灣文人相信日本政府是真心重視古典詩的發展。諸如「揚文會」、「玉山吟社」皆是日本政府所成立，而其中都同時有日本文人與臺灣文人出席，如此才能真正達到籠絡臺灣文人的目的。

筆者以為，卷五中所記錄的日本文人來臺之原因，不能侷限的歸類為上文所舉的某幾類，大抵而言這些日人應該多半是在日本本土已失去文化主流的地位，而恰巧臺灣的殖民政府又需要精通漢詩文的人才，所以他們才來到臺灣。但值得注意的是，此卷前半部所舉之日本文人未曾來臺，所以事實上也不符合作者在序中的定義。由卷頭云：「明治五年，倡興西學，蟹文橫行，鳥跡漸少，東京人森魯直，號春濤髯史，獨守舊業，徵近著者於諸友，集成新文詩二十餘集……。」〔註107〕開始至「其嗜好可知足見日東文教振興，講究音律，所以此翻來臺兵士，多能吟詠，知其平居揚迄於詩教深矣。」〔註108〕為止。不論由其內容、時間或作者姓名的線索來推斷，都顯然可否定這些文人來臺的可能〔註109〕。至於其他的日本文人，如士居香國、水野大路等，作者於卷五中亦有記錄，這些人毫無疑問的的確曾在臺灣文壇活躍過。由此可見卷五除了對於來臺之日本文人有翔實的記錄外，其實也提到了一些未曾來臺之日人。

而日本文人大量來臺既是事實，他們的發表園地除了獨自成書外，亦有〈臺灣日日新報〉等的「漢文欄」。我們除了可在吳氏於序中所言的：「每日

〔註107〕筆者以為其中之西學、蟹文即代表著當時日本新文學的興起以及古典漢學的沒落。作者引用這些文人的詩作入書中，與上文「標榜日人之作，以證詩道不孤」的動機正好可以相互呼應。因為當時臺灣古典文學的處境與之非常類似。

〔註108〕森魯直即「春濤髯史」，在日本創「茉莉吟社」，子森槐南。見丁策譯：《日本漢文學史》（臺北：正中，1967年），頁210。

〔註109〕在時間上，明治五年日本政府尚未統治臺灣，裡頭多提到的文人筆者也完全無法找到其中任何一人曾來臺之記錄。再如書中多處言論也都直指日本本土，如書中云：「東京各處士人，花晨月夕，呼朋嘯侶，分韻聯句，極才人之樂事。」即是，同前註，頁216。

報紙刊詩數十首，僕見之大爲激賞。」外，其於卷中亦有「茲閱新報載……」、「新報中有……」由此亦可見吳氏所根據之素材爲何〔註110〕。

　　大抵而言，全卷前半部是以東京人森魯直（別號「春濤髯史」）所集日本友人之詩章爲藍本，加以重新組合，酌取部份主題編排而成，有時並加以作者或其他詩人的評註，但這些人並未來臺。後半部則記錄了日本人所開之「玉山吟社」，以及日本官員在臺之吟詠，其他在新報發表之詩作，作者亦有所著錄。文中所提之日本詩人有幾十人之譜，亦散見臺人〔註111〕，對於研究日本漢詩在臺灣的發展其實亦大有助益。

　　（六）卷六「詩史」（清國有關於國事者及日本。）

　　上文已言，吳氏作此章，其目的便是在以詩論史，彰顯其理論，故其言：「世稱杜少陵爲詩史，以其胸羅班馬，筆運屈宋，議論時事，以韻語出之。」而就詩話本身發展的因素來說，此卷的形式則是根源於「本事詩」，也就是將詩話「以事說詩，相得益彰。」的傳統，縮小範圍在「以史說詩」上，詳細的介紹某詩歌產生的背景因素。也就是藉由「詩歌」與「史事」的相互輝映，讓讀者既可明白當時中國社會政治上的大變動，包括中法戰爭、臺灣民主國、戊戌變法等事件，亦可由當事人之詩，感受到知識份子對於這些變動所抱持的感情爲何，使讀者在理性的認知外，更能有所感觸。

四、價值呈現

　　本書之價值，可概分爲「史料」、「美學」、「思想」三層面加以論說。

（一）文學史料方面

　　筆者以爲，一本詩話所載之史料可以相當豐富，但卻有高低不等的價值。簡言之，作者親身見聞的一手資料自然最有價值，其次是擷取當時存在而現今已消失之資料者，再其次爲現今仍存在，甚至已經過整理，遠比作者所記更詳細、有系統者。

〔註110〕時序變遷，文人眼界也改變，取材之內容與方向自然會有所不同，這是當時臺灣詩話的一普遍現象，亦可列爲比較研究的子題之一，而李知灝在〈日治初期社會變貌對臺灣詩話的影響——以吳德功《瑞桃齋詩話》記載〉，《第二屆全國研究生文學社會學學術研討會論文集》（嘉義，南華大學，2002 年）中已提出此一論點，故筆者將不在正文中論述此點。

〔註111〕大抵上都是與日本政府較爲親近者。

　　先論最有價值者，在「詩話」中，與作者身處於同一年代之文人與其活動之記錄多集中於「卷三、詩遺」、「卷四、詩鐘」、「卷五、詩錄」、「卷六、詩史」。其中，「卷六」所記多為大陸詩人之作，故與吳德功所屬之生活圈無交集。「卷三」中之文人雖有古有今，但經過整理，仍能找出不少與吳氏同一時代在臺灣吟詠的文士，只是不能確定皆與吳氏有往來。尤以在彰化地區活動的文人為主要記錄對象。「卷四」則可讓我們明瞭當時文人聚會的方式，同樣以中部為主。「卷五」所記多為日本文人，由內容可知，吳氏寫作此篇，多是參考當時的報紙、書籍。僅少部份是來自作者的親身見聞，亦是日人來彰化時，吳氏所作的記錄。所以閱讀這些篇章，除了可以瞭解吳氏的生活與交遊範圍，對於彰化地區文史亦頗有貢獻。試論於下：

1、吳氏所及之文士

　　在「詩話」中，吳氏所記載，與其同時的臺灣文士，本地者有邱逢甲、陳肇興等共20多人〔註112〕。其中，卷五所記之文人及其詩，據作者言，都是得自「新報」，除李秉鈞曾與吳氏乘過同一艘船到福州考試外〔註113〕，其餘應與吳氏並無交通。卷四所記除張綱不能確定外〔註114〕，其餘皆是作者之文友。卷三中，前四者可由文中記載確定與作者有交往，蔡子廷、施采生曾與作者同由福州（應是為科考），蔡子廷有〈洪烈女詩〉存於卷三，施采生無詩存，蔡子廷亦在卷四出現，其與吳氏友善可見一斑。至於作者之師陳肇興，在本卷中亦無詩存，不知是否與其《陶村詩稿》付梓有關，作者在此卷中是引用其對於彰化林大喜、洪士暉、蔡崔慶等三位前輩之評語。〔註115〕黃鑑亭則是載其雅事。〔註116〕至於其餘之文士，與吳德功是否有交通則不可知，其相關記錄亦可補為史料。

〔註112〕見謝崇耀：〈瑞桃齋詩話初探〉，《臺灣文學評論》第 3 卷第 1 期（2003 年 1 月），頁 87。

〔註113〕見吳德功：《瑞桃齋詩話》，頁 229。

〔註114〕張綱未「荔譜吟社」賦下第一篇詩，當時作者雖知，但不知是否與會。

〔註115〕作者引陳肇興語，評此三人為「磺溪高學士」。連橫於《臺灣詩乘》，頁 148，語其為「磺溪三學士」且對於此三人之描繪反不如本書清楚，對於林先生只言其：「不知何許人也，事載通史。」彰化目前仍有「林先生廟」，即為「磺溪三學士」之一。根據彰化當地人周益忠師的說法，即使是當地之縣志、鄉志也沒有記載林先生之本名，由此可見《瑞桃齋詩話》是目前所知為一點出林先生之名者，可見吳德功身為彰化耆老，所知的史料卻有過人之處。見吳德功：《瑞桃齋詩話》，頁 156。

〔註116〕同前註，頁 120。

至於來自中國與日本的流寓之人，與其同時者有朱樹悟、高橋籐梧等共13人〔註117〕。其中彰化知縣朱樹悟與吳氏因「育嬰堂」等社會事業而有所往來，於卷三中並有留別相贈之詩。施文波爲進士，多次渡臺皆寓於白沙書院，吳氏亦有與其交遊之詩存。沈應奎與丁壽泉，前者爲中法戰爭來臺灣辦理軍務，宿於白沙書院，丁氏則爲白沙書院山長（校長），但作者僅記其言談，無詩存。蔡醒甫爲其師，作者所記頗多，除了其詩，我們甚至可知蔡氏有吸芙蓉膏（鴉片煙）的習慣。另外，（兵部侍郎）沈源深、（學政）陳寶琛、謝龍言、王元樨三人，僅王元樨曾來臺任臺中府學教授，其餘未來臺。作者記之，乃因沈源深逝世，其他人祭以詩文之故，想必吳氏應頗推崇沈氏。至於周長庚於光緒十四、十五來臺任彰化教諭，因彰化施九緞起事遭牽連，吳氏著有《施案紀略》，但不知與其是否有交通。至於章炳麟，作者亦存有其詩，但恐爲由新報所得，作者應與其未曾謀面。

至於淺野哲夫，作者在卷一中亦載錄其文，而由卷三所載，可知其與淺野頗爲友善。其云：「愛知縣淺野哲夫，能文兼工詩，嘗寄詩文相質，……，大正元年登東京風雅報，僕批語亦刻在內。」〔註118〕

高橋籐梧爲駐防彰化城第一分隊長，由文可知與作者交從頗密，作者除了嘆其有「儒將」之風外，亦評其書法「古勁」，評其詩「極嫻雅」、「極慷慨悲壯」、「音節蒼古」。而白子澄來到彰化與吳開東唱和，吳氏似乎沒有參與，亦錄有其詩。

2、吳氏所與之詩會

在「卷三」、「卷四」中，可知吳氏所參與之詩會有四，一屬於考試性質的「觀風試」〔註119〕錄於卷三，參與者還有邱逢甲、呂汝修等。主試者爲唐景崧。其云：「邱工部逢甲，少即能文工詩賦，與呂孝廉賡年，皆與予交密，未通籍以前，每秋間作會文送予，評閱數年，多是兩人首選。……」〔註120〕

至於「卷四」中，首先提到的是其師蔡醒甫所創之「荔譜吟社」，作者並

〔註117〕見謝崇耀：〈瑞桃齋詩話初探〉，《臺灣文學評論》第 3 卷第 1 期（2003 年 1 月），頁 87。

〔註118〕同前註，頁 154。

〔註119〕「觀風」是官員瞭解一地之文風的主要方式。藉由集合當地士子並命題創作，由此評判水準，便可知該地整體文教水平，亦有成冊者，如夏之芳的《海天玉尺篇》、張琰的《海東試牘》、徐宗幹的《虹玉樓試帖選》等皆是。

〔註120〕見吳德功：《瑞桃齋詩話》，頁 112。

未在一開始即參加，其云：「荔譜吟社開設數年，予皆未暇及此，即有投卷亦稀少，至庚寅年，予始終聯詠，甚有興致。」〔註121〕

作者還曾與彰化之臺籍老師唱合，其云：「辛卯之秋，臺中各縣老師皆寓彰邑，彰學鑑亭黃君如許，臺學世弼林君鵬宵與敝友宗澄秋逢清（黃如許、林鵬宵、吳澄秋），此三人皆新竹名貢生，前皆與予同在臺南保結，而澄秋與予同案兼之同宗，與予交甚密，擬題分詠繕呈，請予評定，予因彼三位皆現任老師，辭之，雖與共相詠和，每題以元眼花定甲乙……。」〔註122〕而由其內容可知，尚有廖克稽、程郁翁等人。

同樣是辛卯之秋，另有吳澄秋倡「拈字鬮詩」，除作者外，參與者有廖克稽、周維恒、施子芹、蔡子廷、蔡壽石、蔡滋其等，由進士施文波擔任評判。此卷亦載有大量當時吟詠之詩。

以上所採，作者直接參與歷史現場的記錄，是本書最具史料價值的部份，另外「當時存在而現今已消失之資料者」較能確定者有二：一為其轉錄自《龍江詩話》的部份。根據筆者訪查，此書目前尋無完稿。在「詩話」中所見之處有二：一「考蔡醒甫詩龍江詩話載公漳州府前佛寺改建考棚聯文云：……」二「龍江詩話載，廣東吟芳社，擬一聯云：……」〔註123〕。內容雖少但若本書確已消失，其價值便相對非常高了。另外吳德功點明「磺溪三學士」之一的林先生本名林大喜，也為目前所知的史料當中記錄唯一能點出其名者，若考證無誤，也可進一步證實其史料價值不斐。另外部份當時來彰化遊歷之臺灣以及日本文人所留下的記錄，也多有一定之價值與意義。至於其他史料多半為轉錄自報紙或《詩畸》等書，此處不再贅言。

（二）文學主張方面

1、派別宗法

（1）在創作內容方面

吳氏以杜詩「以詩為史」的觀念為宗是非常明顯的。其證據如，作者本身的詩歌創作就頗能反映社會實況。施懿琳教授即云：「吳德功實為一充滿人道主義的文人，不僅關懷勞農、村婦，對孤苦無依的嬰孩亦極關切。」而作者曾師事陳肇興，陳氏的《陶村詩稿》又以能反映社會著名，施懿琳教授亦

〔註121〕同前註，頁160。
〔註122〕同前註，頁165。
〔註123〕同前註，頁116、185。

曾云：「陳氏深受杜詩的影響。」〔註124〕

　　另外，如作者在卷五錄日本文人之漢詩中，參雜了臺人黃茂清詠臺北蝗害之作，並言「觀此足見臺民辛苦萬狀。」由此可見其亦重詩之爲史。而卷六「詩史」更是明顯的反映出吳氏之所重，否則何以另立一篇章，而該卷首尾接引杜詩相關之語，其心已昭然若揭。

　　（2）在創作形式方面

　　吳氏在形式上同樣重視以杜詩之理論爲宗，這恐怕與師承陳肇興有關，因爲陳氏亦重杜詩句法。作者在卷一中即多次提及杜甫與相關唐朝文人之言。如引朱飲山言，作詩當以杜少陵〈北征〉爲楷模標準即是。

　　再如卷五亦言：「多讀杜甫、李白名作，所謂取法乎上也。近新聞報中刻列臺北駐臺員并〈吁嗟行〉三章，音節合拍、句法韻韻轉變，無一律句，無一弱筆，其體自少陵七歌脫出。」其重杜詩句法有此可見。〔註125〕

　　2、本體論

　　探討詩之本體，最主要的一環就是「詩之爲用」。上文雖亦言吳氏以詩爲史，但受到功名影響，他卻也有「以詩邀利」、「以詩邀名」的文學觀。如在卷二中，作者談論清朝功勳卓著之文人梁文莊公，因受皇帝賜字，故其云：「可謂極文人之榮矣。」作者不以其詩作是否受大眾接受、肯定爲標準，而是以皇帝賞識爲唯一標準，這也反映了讀書人追求功名、恩寵的普遍心態，有時換了皇帝，即使是日本天皇，只要能得到恩寵，他們也是願意卑躬屈膝的。再如談張文瑞公父子，「一家之內，親戚華貴，不可勝計。」或言河間紀文達公因位高權重，所以：「可謂極文人之樂事矣。」如此之例「卷二」中尚有許多。

　　而在卷三中，作者不但列出自己於觀風試之作，還特別言「予亦同蒙列超等。」之類的句子，再如引用淺野哲夫之句，最後還特別強調「僕批語亦刻在內。」，似乎都有過度抬高自己文名之嫌，其實一人之文學成就應該由讀者、批評家與時間、歷史共同來鑄造，作者過度重名、重詩所帶來之利，不但於人品有虧，在文學觀的顯現上顯然亦不妥。〔註126〕

〔註124〕以上可見施懿琳：《彰化地區文學發展史》頁 79、83，彰化、彰化縣立文化
　　　　中心，民國 86 年。亦可見論文〈咸同時期臺灣社會面相的顯影——以陳肇興
　　　　《陶村詩稿》爲分析對象〉詳見《臺灣文學與社會》，臺北市、師大國文系，
　　　　民國 86 年。
〔註125〕見吳德功：《瑞桃齋詩話》頁 226。
〔註126〕作者參加「揚文會」等組織尚可稱其有維護鄉里的目的，但此處之言，筆者

3、實際創作之要訣

在實際創作上，作者第一個主張是「讀書到神化，不必規矩。」事實上這即是杜甫「讀書破萬卷，下筆如有神。」之主張。〔註127〕

而作者在「卷一」中對於各體詩皆有所主張。如對於「五古」其便以為當「用筆矯健，最忌軟俗。」而關鍵在於聲調句法的使用當「參差用之。」不得全然對偶，否則與律詩相亂。韻可轉，可不轉，不論平仄，因人而異。〔註128〕

對於「樂府」作者也主張樂府句數多樣，要以詞氣貫通之，使其局陣整齊。並言：「作歌意不怕常詞、不怕俚，須隨事生情，隨題佈局，即眼前景、家常話，卻寫來自有沈雄悲壯之趣。」作者接著並以杜甫〈茅屋為秋風所破〉一歌為例。〔註129〕另外對於「古風」，其亦主張，音節有三：「關捩」、「拯音」、「變換」。〔註130〕由此可知其對於各類文體的看法，並可發現，「音律」是吳氏認為詩歌創作最要緊之處。〔註131〕

4、批評論

作者在卷一中言：「句中無餘字，篇中無長語，非善之善也。句中有餘味，篇中有餘句，意善之善者也。」〔註132〕明確的點出判別詩歌好壞的標準，也是極佳的批評之論，只是卷一頗多引用前人之語，如此語即是引自姜夔《白石道人詩說》之語。

另外，作者顯然亦有「觀詩知人」之文學觀，如其在「卷五」評伊藤博文云：「詩筆清潔，全無戀佐之意。瀟瀟灑灑，磊落出群，觀其詩可以知公之為人矣。」〔註133〕即是。以上大抵可見作者的文學觀念與思想。

（三）形式結構所生之美學價值方面

筆者以為，論文本身亦有其文學美學的價值，詩話充滿了個人化的色彩，自然亦具有文學價值，而取決的標準在 1 思想內容是否精妙、富創意、或留

已無可辯護。
〔註127〕以上觀點可見吳德功：《瑞桃齋詩話》頁 5。
〔註128〕同前註，頁 1。
〔註129〕同前註，頁 5。
〔註130〕同前註，頁 24。
〔註131〕此處是論創作此應該注意的事項，而非論一體裁之風格，所以不屬於文體論。
〔註132〕見吳德功：《瑞桃齋詩話》頁 30。
〔註133〕同前註，頁 246。

有足以品味的空間與感情等。2 語言是否優美、貼切、富巧思、具有精確性等。
3 整體結構安排是否妥當，可讀性是否高，會不會造成閱讀困難的問題等。

1、「整體結構部份」

單就「思想內容」而言，當詩話本身的結構越嚴謹，束縛越多，有時能表現作者之思想、感情的空間反而越窄，讀者能體會的美感能產生的共鳴便越少，反之，詩話本身的理論與史料陳述越少，「資閑談」的成分越重，越能如同小品散文般，提高其文學價值。

吳氏之詩話在形式上是屬於結構嚴謹者，內容也較少流露情感，雖然在書中常可見作者之身影（作者賦詩），但卻難得見到作者情感的波動，或許這與吳氏老成持重、不隨便表現情感的人格特質有關。在動機中筆者已略舉作者因時光流逝而產生人事全非之嘆，相類似者尚有其緬懷其師蔡醒甫的部份。其於「卷四」中云：「是年各友即有興致，未幾秋後，蔡先生先逝，回思當日情景，不勝慨然。」〔註134〕至於卷六「詩史」的部份，作者論清朝政治之得失，亦頗有感觸，如其云：「淋漓痛哭，一字一淚，令人不堪卒讀。」。但能見真情意，令人讀之動容者在比例上終究不高。總括而言，吳氏「詩話」，究其內容而論，在文學價值上，成就並不如史料價值的部份。

而筆者認為是此書最大的缺失，本書編排甚為混亂，讀之令人頗為痛苦。其原因除了與該書仍只有手書之版本外，且標點不清外，整本書之編排序中有亂，也是相當令人頭疼的原因。除了在上文中已提到，卷五、卷六的混淆之外，卷一中第三十三頁末尾「姜白石詩說云，僻事實用、熟事，虛用、虛用學有餘而……」本應接下一頁，但下頁中卻無承接此文。且該卷先論詩學、繼而論各家、再繼而論詩學，並參雜了淺野哲夫〈論古詩音韻書〉於其中，最後又補上「巫山雲雨」、「泉州洛陽橋」之事，可說是極無頭緒。

再如卷三，論流寓及本島諸作，也未詳細區分綱領，人物時今時古，未用心編排，又加上了一些文人交遊之事，如吳氏與蔡子廷、施采生赴福建遊左宗棠祠之事，還有當時到彰化辦理軍物的沈應奎、與臺籍士子鄭茂松、白沙書院山長丁體澄等交往之事等，頗有混亂題旨之嫌。且時以人物為主題，時以事物為主題，如「臺中產檳榔」的相關詩人吟詠等，讀之頗為唐突，亦為敗筆。

〔註134〕同前註，頁164。

　　另外在卷五中除了人名的錯植外，如 231 頁「寺崎秋蘋」，232 頁卻成了「秋蘋寺崎」〔註135〕，原本寫在臺日本文人的單元，後半部卻以「新報」與「玉山吟社」的相關作者為主體，所以臺人如王松、李石樵等皆在此篇出現，亦頗為突兀。且最後一頁寫臺南開元寺之僧人寶山與邱逢甲之詩作，更是與此卷毫不相關。

　　卷六亦有同樣情形，原本寫的是「詩史」，但最後卻是寫「伊藤春畝〈次三洲詩〉……」以及「《新詩綜》有〈撫松水〉詩……」等與主題亦毫不相干。幸好經江寶釵、李知灝等人的校定後，《瑞桃齋詩話》在版本上已經有所修正，後人讀之，閱讀困難定然減低不少。

2、「語言技巧」方面

　　此處針對其批評語言。筆者曾言，〔註136〕「印象」或「標榜」式批評所產生的文字本身亦有其藝術價值，有時甚至可以隨著該人或時代流傳千古。例如我們想到「王維」，就會直覺的想到蘇軾「詩中有畫，畫中有詩。」這個極精妙的句子。再如中國文人如元好問等所採用的「論詩絕句」一類的論詩模式，既是詩，也是論，可說是結合了形式韻律之美與思想智慧的結晶。這可說是中國文學批評在美學價值上的最高境界。雖然一般詩話中的品評不易達此一境界，但我們亦絕不能忽略這些品評之語。所以總言之，詩話中此類批評文字越多、越精確、越富於美感或巧思，也可相對增添其文學美學的價值。

　　而在吳氏詩話中，其品評詩人與作品的語言大抵上是中規中矩且比較簡要的，如「皆警句也」、「辭意凝鍊」、「多有雅句」等皆是。只有少部份使用了較多的譬喻與描繪之語，雖不甚具巧思，但仍值得一提，如其在卷三評章炳麟之詩云：「綽有古音，其筆得風詩比興之體，句中有眼一篇，牢騷之氣直欲擊碎唾壺。」卷五評小田愛涯之詩云：「英雄落拓多遭白眼，不圖此老，猶有憐才之心，借物抒寫，猶得風人忠厚之遺。」卷六評許莘田之詩云：「詩思沈痛，幽激驚飆，如行大江迅雷，出窮澤而不失敦厚之旨。」〔註137〕。吳氏亦有引用前人之評語者，但此處則不論之。

〔註135〕在《臺灣新報》中，「寺崎秋萍」寫成「秋萍寺崎」的情況的確存在，相類者尚有許多，因為姓名倒置往往整個「文苑」欄都相同，應非筆誤，但作者轉錄也應該審查其中變化，不能一味抄襲。

〔註136〕見拙著〈傳統詩話的沿革及其研究價值與方法〉，未發表。

〔註137〕見吳德功：《瑞桃齋詩話》，頁 153、242、268。

　　總言之，吳德功之《瑞桃齋詩話》，在內容上雖非全無可採，有心者卻必須費許多心思才能讀完此書，這是時代的缺憾，但我們仍不能否定其保存文獻之功。

五、文本特色

　　《瑞桃齋詩話》一書之價值，以「史料」價值最高，但文學主張並不突出，以承襲前說、保存文化為主，不以獨創開新為要，尤以「卷二」為最。行文筆調有時亦顯拖沓，批判性不高，篇章時多不整，使原本即因無高妙內容或精巧文筆而較不易引起讀者喜愛的該書，吸引讀者的影響力大為降低。筆者以為，全書最需要斟酌的部分即在因襲、脫誤太多、獨立性與批判性太少，究其原因這與作者之性格老成，凡事求圓通，不喜對人加諸負面批評有關，但反而因此過於浮泛，加上寫作時年事較高（約完成於明治時期），易失少年剛銳之氣，忌諱與考量太多，時而媚日、時而嚮往大清，反覆不定。總括而言，全書內容非不可取，但若稍加修訂，成就當不僅於此。

第三節　《臺陽詩話》的內容與價值

一、王松的生平與思想

　　王松（1866～1930），字友竹，號寄生，自署滄海遺民，時稱「詩痴」，為「新竹三痴」之一〔註138〕，居新竹北門大街，《拾碎錦囊》127 號云：「潦倒有節概，性情真摯，孝慈尤篤，為當地搢紳鄭香谷先生父子所延賞，青睞頻邀，素能詩，牛耳騷壇，特隆一席。」〔註139〕，其詩有《四香樓餘力草》、《如此江山樓詩存》、《友竹行窩遺稿》，詩話著作為《臺陽詩話》這是當時文人專著詩話中最早受到時人矚目者，根據報紙記載，該文本最早是由「臺灣新報社」刊印〔註140〕，而該文本也比報紙上最早以詩話為名的作品〈讀酒樓

〔註138〕另兩人為書痴李逸樵，管弦痴洪季秋，事見《漢文臺灣日日新報》1905 年 12月 5 日「新竹三痴」。

〔註139〕事見《漢文臺灣日日新報》1905 年 12 月 15 日「詩話欄」。

〔註140〕《漢文臺灣日日新報》1905 年 12 月 5 日「新竹三痴」中有記載其得公債券百餘金，乃用以付「臺灣新報社」刊印《臺陽詩話》兩卷的刊刻費，共 160圓，而當時《臺灣通史》一套定價 12 圓，可作為比較。

詩話〉早。〔註141〕

其一生著作甚富，爲介於第三、四代之間，曾接受完整的傳統士人養成教育者，而本文主要探討的內容是其《臺陽詩話》。筆者以爲，王松的一生可以簡約的用「詩酒相伴度一生，心隨境轉巧結局。」兩句話來概括。因爲不論王松一生的經歷與心態有幾次轉變，「詩」與「酒」一直伴隨在他身旁，成爲他慰藉的工具。因此他曾有「不醉愁難遣，無詩俗莫醫。」以及「衣因沽酒典，債爲買書添。」〔註142〕之句。另外，他的詩中經常出現酒，一生心力都投注於詩學中，正可作爲最佳的例證。而儘管作者的漫漫人生路上有許多波折，但他卻得以善終，人生的盡頭可說收束的既自然，又無太多遺憾。以下先略論其思想與性格。

王松的個性，年輕時狂妄、自命不凡、也不容易屈就於體制之中，我們由他年輕時曾燒盡自著之詩文，也曾自命「棟梁才有餘」而見其狂態，但也因此難免不能爲時所用，所以他也曾因此而感嘆道：「顚狂原不合時宜，自別王城樂莫支。」〔註143〕而狂者總是不願屈尊於人下的，所以年輕時的他便不急於追求功名，並頗有淡泊名利之志，我們由他曾寫下「吾志無營欲，日結詩酒緣。」「人生貴適意，富貴良悠悠。」之類的話，便可爲證。只是王松也非全然不欲出世之人，只是比較被動而已。在「乙未割臺」，臺灣時局動亂時，王松欲參與世事的心志便被逼出來了。故其於〈請纓〉中云：

> 請纓無路痛何如！且讀人間有用書。莫笑朝端多肉食，求才從不到
> 茅廬。

此詩頗有埋怨當局不能發掘賢才（王松自己）之意。因此王松的態度便更加消極了。〔註144〕

王松三十歲，臺灣遭逢鉅變後，他的心情也由原本的狂傲，轉而爲悔恨

〔註141〕見龔顯宗：〈論王松詩的狂狷意識與佛道思想〉，《臺灣文學研究》（臺北：五南，1998 年），頁 105。

〔註142〕見王松：《滄海遺民賸稿》（南投：臺灣省文獻會，1994 年），頁 48。

〔註143〕同前註，頁 26。

〔註144〕同前註，頁 15，王松於〈海上望臺灣〉詩中又云：「乘桴何用頻回首，懶學長沙論「過秦」。」可見其消極失望之情。另外其〈偶感〉詩亦可見其有心於世事，最後因失望而消極應對的心理反應。其云：「學書學劍廿餘年，不意瘡痍滿眼前！報國豈宜論在位，當途更少力回天。隱憂恰爲梁甌缺，守節應如趙璧全！從此瘖聾無一事，免教洗耳累清泉。」見頁 16、20。另外我們由王松在〈如此江山樓詩序〉中云：「干世之心已絕，無日不飲，飲必醉，醉必有作。」亦可見其心跡。

與悲憤,加上染患疾病〔註145〕,心情更加低沈。對於日本當局,他不願與之合作,對於與之合作接受籠絡的臺灣人,王松則加以無情的指責。〔註146〕這非常符合其嶙峋傲骨的個性。

人類在內心感到最低沈的歲月裡,往往會尋求宗教信仰以尋求精神的避風港,加以作者母親虔誠信佛,以及其於四十歲一次瀕臨死亡的大病,造成了他人格極大的轉變。〔註147〕他除了從此後篤信佛教,其妻爲他祈禱折壽不久之後亡故,他也因此不再續絃。(其行頗類「詩佛」王維。)在宗教思想的浸淫下,他的詩風中矛盾與感傷、悲憤的詩便逐漸消失了,取而代之的是清淡而富理緒的詩句。

如其〈五十初度〉云:

爭名圖利總成空,學佛求仙亦不工。

老我山林知是福,看人鐘鼎愧無功!

寫憂每藉文三上,遣興惟憑酒一中。

今日不禁身世感,頭銜自署信天翁。

子而今願隱綿,貉丘何必辨愚賢!

種瓜種豆空身後,呼馬呼牛任目前。

〔註145〕王松在詩書中經常談到病況,如其於〈乙未生日感作〉云:「我今三十乃如此,便到百年已可知!孤憤惜無青史分,不才閒過黑頭時。太平得壽方爲福,離亂全生祇賞詩。此日豈惟毛義感,涓埃未報負男兒!」同前註,頁20。他在詩話中採錄時人著作亦曾因擔心自己將亡而有先就所知採錄之舉,其云:「臺南離竹城頗遠。庚子春,擬往遊竹溪寺諸勝,藉采諸名人佳句,以光拙著。奈貧病交攻,致未能如願。近得羅蔚村孝廉(秀惠)、蔡玉屏孝廉(國琳)見寄二絕,故采登之以誌神交,竊恐非其得意之作;欲遲以待之,又恐人事靡常,後悔莫及,故暫錄之。」由此可見他對於病況的憂心。見王松:《臺陽詩話》(南投,臺灣省文獻會,1994年),頁18。

〔註146〕王松無意透過日本政府以求功名可見其〈代柬謝當道〉詩:「天生性癖本粗豪,左手持杯右手螯。往事悠悠腸欲斷,壯心耿耿首空搔!誰知賤子趨時懶,不是山人索價高。恥學橫行累兒女,明公漫笑許由逃!」見王松:《滄海遺民賸稿》,頁30,對於臺灣親日派的指責可見下文(注157)。

〔註147〕我們由作者於詩話中言其母親「先慈吳太孺人性喜布施,奉佛兼通書史。余少讀書,受閨中之教居多。又喜談因果事以勸人;每逢年節朔望,必延知名士設壇宣講聖諭、感應篇等書。陳子潛廣文贈聯云:『繡佛焚香,有鳳生慧;課兒畫荻,爲女中師』。余因得句云:『放吟妻作友,督課母爲師』;蓋紀實,非誇語也(臺灣通誌稿中,先父母俱有傳)。」以及〈論王松詩的狂狷意識與佛道思想〉引〈重見天日感言〉曰:其母「篤信因果,常誨以先哲恆言,不爽分毫。」皆可略知其母之儀行。

水月本來無我相，風塵到處有人緣。

靜中勘破循環理，墜洇飄茵聽自然。〔註 148〕

而在他死前一年所作的〈極望己巳〉中，我們更可見到他死前毫無悔恨的安寂心境。詩云：

極望空明靜四圍，閒來選石坐苔磯。

遠雲連水疑無動，高鳥乘空似不飛。

一髮中原窮海沒，千程銜尾晚帆歸。

我行未已知何世，濯足長流悵落暉。〔註 149〕

以上是作者生命中思想與性格的轉折，接著再論作者的文學活動與態度，這也是作者另外一個值得探討的部份。

與彰化吳德功、鹿港洪棄生相比，作者的政治意識類似洪棄生而文學態度則類似吳德功。王松曾親身經歷山河破碎之痛，與洪棄生同樣不認同於日本政府，並對於附日之臺灣文人極為鄙視〔註 150〕，但相較之下，洪棄生的民族意識在中國，王松的民族意識則較偏臺灣本體〔註 151〕，也因為如此，王松對於當時臺灣被日本統治的狀況是「悔」多於「恨」，與洪棄生是充滿「漢賊不兩立」的憤怒不同。既然王松對於日本政府不是充滿敵意，只是一種種族之間的排斥，那麼當他發現兩者之間有著「文學」的共通性時，也就不會一併排斥它了。吳德功便是因為文學意識與在臺灣之日本政府相同（都致力於古典詩創作與推廣），因此才會參加「揚文會」，與日本政府友善。而王松與日本人的關係雖不至於如吳德功一般親近，但我們由他的文學活動就可以知道他與日本人的關係是不同於他的民族意識一般嚴格區別的。如他在〈兒玉督爵回任識盛有小引〉中言：

壬寅夏遊南菜園，籾山衣洲先生索和有句云：「王子初來邀笛步，嚴公乍別浣花磯。」偶寫當時情景耳。而先生喜采登報牘，膾炙至今，其時曾將拙著四種呈贈，深蒙推許，特加一敍且面許欲代求督爵評

〔註 148〕見王松：《滄海遺民賸稿》，頁 39。

〔註 149〕見龔顯宗：〈論王松詩的狂狷意識與佛道思想〉，《臺灣文學研究》。頁 117。

〔註 150〕王松批評附和日本政府的臺灣舊文人可見下文。

〔註 151〕我們由洪棄生在《寄鶴齋詩話》中頻頻以「吾閩」稱呼福建一帶詩人，而王松則在《臺陽詩話》中以「吾竹」稱臺灣新竹詩人，以及由選材方向判斷，洪棄生之詩話主要著重於大陸詩人之介紹，王松則以臺灣詩人為主體顯見兩者之家國意識。或許這也與王松避難至大陸時曾遇到搶劫，導致他對於大陸祖居地的幻想破滅有關。

語以光流傳，嗣以公事歷錄先生又宦遊帝里，至難踐約，今督爵功
成回任，適詩話刊竣出版，因而悵觸舊懷綴此寄慨以當遠迎，工拙
非所計，不然余莫茅下士，何許妄干時事云：

奏罷平蠻凱，回臺得好音。陽春欣有腳，捧日遂初心。寇認旌旗避，
民歡戟棨臨。南溟方望治，單父再鳴琴。〔註152〕

由上可見王松對於日本總督的尊敬與殷殷企盼之情，就好像對於清領時期來
自於中國的良吏之敬愛是一般的，這是臺灣人無法超越時代眼界之侷限必然
會產生的情愫，由此亦可見日本政府試圖建構出這種超越種族的文化認同確
實對於當時的臺灣文人而言相當有吸引力。

簡言之，王松的文學活動範圍主要不離新竹，他是「竹梅吟社」的一員，
在全臺有一定之名氣，當日本政府統治臺灣後，曾以臺灣新報的「藝文欄」
來作爲臺日古典文學作家交流的管道，這也是日本政府對臺灣文人的「招安」
策略之一，而王松也曾在此一園地發表詩文，可見他對於日本政府的排斥是
隨著統治權的穩固而逐漸軟化的。我們由作者在日治之後與日本人的交流也
可得到印證。當時新竹知縣櫻井勉便常與其於「潛園」唱和〔註153〕，我們由
作者的〈亂後遊潛園〉詩即可爲證，詩云：

西州更愴神，潛園無復昔時春。忽看石筍鑱爲砌，況說梅花砍作薪。
臨水高樓餘瓦礫，藏山絕業化灰塵。傷心來去堂前燕，悲語如尋舊
主人。

而作者亦有〈贈白井新太郎〉詩，可略見其於日本人交流的概況。詩云：

夫子東瀛秀，相逢一笑中。投囊詩壓白，把盞燭搖紅。情重聯今雨，
交眞有古風。南游陰德厚，年久更思公。〔註154〕

總括而言，王松的一生，年輕時瀟灑、狂妄，以詩酒自娛，壯年後身歷
家國之痛，態度爲之丕變，酒成爲麻醉的工具，詩成爲發洩的工具，王松充
滿了無力與感傷，病痛又頗有奪命之虞，但四、五十歲後作者得力於宗教信

〔註152〕見《漢文臺灣日日新報》藝苑欄，1906年1月7日。
〔註153〕王文顏：《臺灣詩話研究》，頁114云：「新竹縣知事櫻井勉，常與鄭毓臣、王
　　　　友竹、王瑤京、王蔵盤等，分韻敲詩，角逐於潛園。」王松：《臺陽詩話》中
　　　　亦云：「櫻井兒山太守（勉），丁酉來治吾邑，公餘之暇，嘗開詩會於潛園，
　　　　大集文人學士，互相唱和，並以西洋食餉之；文雅風流，近今罕見。別後，
　　　　竹人思之弗衰。昨讀東報，有見其春日到弘法寺五言律一則，蓋曲園所和之
　　　　原韻也。」見74頁。
〔註154〕見王松：《滄海遺民賸稿》，頁21、28。

仰的支持，心靈逐漸獲得安撫，加以病況否極泰來，作者又能參與文學活動，生命多了一份寄託，與日本政府也不至於如洪棄生一般形成敵對的局面，因此他也得以終老一生，晚年的心境更是達到完熟寂靜的程度，生命之火自然而然的熄滅。王松早年雖不算平順，但不平順之中所激出的文學與生命之火光又是如此的光彩奪目，在絢爛後又得以歸於平淡，這正是他不平凡的一生。

二、創作主張與動機

王松撰寫臺陽詩話與一般詩話作家最大的不同是，一般詩話作家多半只在序中偶而談及其創作立場與動機，在內文中則絕少提及，所以對於這些詩話的創作立場與動機便需待後人根據資料加以揣測，而王松雖未作「自序」，卻在書中多次提及其動機與立場，由此可見這是一本在創作時「自覺性」很高的作品，以下筆者乃根據其說法與全書內容闡述如下：

（一）在立場方面

1、選錄標準寬，不重評論高下

作者在書中批評袁枚「有百金以贈，則入詩話。揄揚武將，亦稱詩伯。」的行徑時曾說道：「余之志，在揚善隱惡……蓋就余之所知者，文則敘其政績，武則表其戰功，但取其有徵，不必其能詩，亦不問其相識與否。」由此可見作者錄詩的立場是，不論文臣武將，只要於文學上有所表現者，縱使沒有極高的成就，也可將詩選錄。但也並非有詩即錄，故其又言：「若其不工詩者，而因欲敘其功業援以入詩，稱爲詩伯，此則不能效隨園之故智也。蓋其人果有功業，自足傳於後世，又何必牽連及詩乎？」由此可見「不必其能詩」與「不工詩」不同，雖然選錄的標準寬，但也應以文學成績爲主要考量而非政績。

承上文，作者又言：「而論詩則尺寸不能假借，可則可，否則否。」可見作者錄詩的標準之所以較寬是因爲他並不以「詩話」作爲品評作品高下的工具。換言之，若要以詩作的成就、高下爲採錄與否的標準，則這本詩話中所錄之詩便有許多是可以刪去不錄的了。那作者心中最佳的論詩工具爲何呢？作者於書中有言：「以話論詩，不如以詩論詩。」〔註155〕便是一個能直接了當說明其立場與觀點的話了。

〔註155〕見王松：《臺陽詩話》，頁 21、78。

2、消遣重於細究，詩話不同於詩選

作者在書中曾言：「菽園先生所著《揮塵拾遺》云：『詩話與詩選，皆輯他人詩，其道同而體例則異。詩選遇佳詩必錄，且不妨多篇；首或敘略，評贊與否，均從其便。詩話所重在話，涉及一人必敘及一人之出處，錄及一詩必評及一詩之優劣，苟其詩有與吾話相發明者即錄之，不必定是佳篇；又其詩之過於長者，每爲節省篇幅計，割愛不錄。故詩選可供同好讀，詩話只可供同好觀也。撰詩話者能知此意，則其例較寬』。余愛其言先得我心，故特錄之。」由此可見作者寫作的立場較偏向「以資閒談」的方式，故可「觀」不可「讀」，引文不必重完整，文字也未必是精巧者，只要是思想出現共鳴即可錄之，至於引文作者的出處所以要說明，也是爲了方便閱讀，使人讀之不生澀、也不必查考鑽研他書，失去消遣的趣味。簡言之，作者創作詩話的目的並非爲了學術的目的，而是以提供自我消遣並予人消遣爲主，至於作者雖然以此爲立場，但其著作還有其他動機，待下文論之。

（二）在動機方面

全文提及動機之處除上文已節錄之部分外，尚有多處。筆者於此兼採本書內容的特色，將作者之動機分成以下四點：

1、消遣時光，以避免荒廢光陰

作者曾言：「無聊時學步邯鄲，以遣憂愁，庶免虛度光陰之誚，亦古人所謂『書有一卷傳，可抵公卿貴』之意。……余自少頗負微名，長遭離亂，只可藏拙山中，不堪世用。年來無聊，戲編詩話；遠近知者俱以詩稿囑選，未曾著筆，蜚語橫來，殊可畏也。」這正是在述說作者將撰寫此書視爲消遣時光的娛樂，因爲作者在年輕時便無意仕進，撰寫此書時則年事已長，也未積極入世，人生至此，能爲之事已不多，自然得找一些事做以供作消遣。而由「書有一卷傳，可抵公卿貴」之句則可知作者爲何要選擇以「撰作」爲消遣。一方面是爲了做些有意義的事，以避免浪費時光在無意義的消遣活動中。而著書以留名青史，正是一種避免浪費時光的最佳方法，但此處所欲留之名，則非當世顯貴之名。這可由作者於反駁時人非議其作詩話時之言而得知，其言：「若謂余欲藉此以迎合當道，則聾瞶至此，亦不堪用矣。若謂營利，則三十餘年梅妻鶴子，所需無多；偃鼠飲河，不過滿腹；名利之心，早已淡然置之矣。」〔註156〕顯見作者所貪圖者並非「名利」，相對的作者對於當時一些求

〔註156〕見王松：《臺陽詩話》，頁 21。

名好名者的行徑則大不以爲然,而王松與日本官員間事實上也有不少交流,他應該是認爲若純粹是以漢詩文的交流爲目的,並不算是「求名利」所以言行之間也就不會互相抵觸了,其言:

> 今人之所重者,惟科名而已。世俗混稱科名曰「功名」,甚而捐納、保舉,凡有服官服者,皆以功名中人目之。功名、功名,最足以炫耀於庸耳俗目之場。吾臺改隸,已經十載,國籍雖異,而習氣猶存,寄金捐官者尚不乏其人。故每遇慶賀、祭禮,紅帽、黑靴,漢官之威儀依然如在也。嗚呼!實之不存,名將焉用?〔註157〕

而其最後言:「我能立功、立言,雖布衣下士,其聲名自可傳於後世,何用此泛泛功名爲哉?」正可爲其所求之名作一註腳。

2、添補史料,品評高下留他人

由上文可知,作者雖然以消遣人生爲寫作之立場,但也不無添補史料的目的,其云:「使他日作史者見之,亦足以資考證。」即可爲證。而其於評論葉春波處,即是很明顯的例子,其云:「葉春波明經,家劇貧,好吟詠。有句云:『地靜鳥聲先迓客,風輕花氣欲留人』。身後遺稿散失,此聯見於潛園壁間。固知吾臺孤懸海外,雖有新詩佳句,湮沒居多,余所以有詩話之輯也。」而作者雖有稗益史料的目的,但卻不敢隨意評其高下,其云「詩話之作,古人評論已詳,吾儕小人,何敢妄生訾議。」「若云翕張風雅,軒輊人才,則吾未之有得。」〔註158〕這或許有自謙之意,事實上筆者已於上文言,作者視「以詩論詩」爲品評的最佳途徑,故於本書中自然絕少評論作家高下,這與洪棄生著詩話有相當大的不同,但作者既有「不重評論高下」的立場存在,自然在以「添補史料」爲動機時,仍不願多作評論以留後世了,這也就是所謂「述而不論」的立場。

3、影響世情,傳統現代皆兼顧

在上文中,筆者已引出作者「余之志,在揚善隱惡。」之語,而作者亦言,「余將欲善天下萬世以興起之耳。」可見作者作此書,亦有其傳統道德教化的目的存在,這是無可厚非的。我們由其在書中多次提倡孝道之語即可爲證。如其言孝子翁林之事,因事及詩,多有血淚。再如其懷念家母之事蹟與

〔註157〕同前註,頁 61。
〔註158〕同前註,頁 8、21。

詩句、藉寫遊子之句以道出「人子萬不得已之苦衷也。」皆然。〔註159〕

　　除了傳統的孝道，其實作者希望影響人心思想者尚有現代化、反迷信與民族健康等觀念。這可由兩處得見。其一為寫「閩中新樂府」之事，其云：「閩人林畏廬所撰閩中新樂府，風行海內外，邱菽園觀察為刊行本竟，編入訓蒙叢書。吳人三昧子謂其書有益於國民甚大，不僅為閩一隅而發，改題曰「支那新樂府」，可謂卓識。因摘二首附此，以告我臺人者。檢曆日曰：『檢曆日，檢曆日，婚葬待決日家筆。歐西通國無日家，國強人富操何術？我笑馬遷傳日者，史筆雖高見斯下。日家爭宗鬼谷言，咸池死耗兼喪門。又言葬地有方向，貪狼巨門兼旺相。貪狼巨門此何神？一神能管萬萬人。不管生人偏管死，向人墳墓作風水。向之則吉背則凶，無乃侷仄神心胸？西人事死道近墨，自亡迨葬廿四刻。若使人人待日家，喪堂已被巡捕逼。……』」〔註160〕另外作者在「生髑髏」詩後評曰：「此傷鴉片之流毒也。著實說來，明白如話，足以喚醒世之夢夢者。其於人心世道，裨益不淺；慎勿僅以尋常歌詠目之矣。」其試圖改變民族陋習的意圖已經非常明顯。再如作者對於永井完九寫「觀竹城追疫祭」時針對其中「乩童託言神靈」、「毀傷膚髮」等事，亦於文末言：「吾臺此俗，相傳已久，今地經易主，而遺俗猶有存者，未知改除當在何日？余甚望之。」也是期望藉新政權以改除舊習俗。顯見作者「志在教化」的動機是很明顯的，但同時兼顧「傳統」與「現代」，試圖去蕪存菁，則很容易被忽略而過。〔註161〕

4、追憶人生，生活感觸多註記

　　本書內容的一大特色便是採錄了許多作者的詩作，而且多偏重於人生感懷者，同時也有許多生活的註記之語。如作者常於潛園與詩人唱和，於此書中亦有幾處提及，以下試舉出一例，其云：「余記少時於潛園雲香館壁上見唐六如先生墨梅一幅，上有截詩一首，為林文忠公所題。後二句云：『我本孤山和靖後，愛梅耐向雪中寒』；氣慨高渾，抱負宏深。生長海外，獲見才子名臣手筆，不勝欣幸。錄此以誌不忘。」其餘類此者頗多。作者雖未明白以「追憶人生」為創作動機，但藉文字以排遣生命的感觸，往往是一個創作者寫作

〔註159〕同前註，頁49、59、64。

〔註160〕同前註，頁25。

〔註161〕同前註，頁24、77。龔顯宗於〈臺陽詩話初探〉中對作者之創作動機有「志在教化」一項，但並未點明作者能兼顧傳統與現代的特色。

的基本目的，詩話既然有自由的形式，詩本身又富含感情，加以作者既然已有「消遣時光」的動機存在，除了記錄一些人物與詩作外，回顧人生，何嘗不是一種相當足以「消遣時光」的內容。

而除了個人遣興之外，作者所欲追憶者，亦有家國變遷之感懷，此一動機可見其言：「目擊時艱，胸中所欲言而不敢言、又不得不言者，悉於詩焉發之，亦古人『國家不幸詩家幸，賦到滄桑句便工』之謂也。」此言頗有「詩史」之志，故本書中敘及「乙未割臺」以及其他描述家國慘痛之事者頗多，或因詩即事，或因事即詩者皆有。如作者在談到乙未割臺時鄭澄波的事蹟便屬於「因事及詩」者，其云：「乙未之亂，諸巨室去住維艱。不識時者咸隱匿不出，而各小夫欲乘隙爲亂。鄭澄波明經（如潘）情篤桑梓，與其宗人簡齋廣文（以典）不顧身家，苦勸同人盡心籌畫，全活實多。及事平，閉戶讀書，不干世事。有送友回籍五律云：『梓里烽煙後，親朋散四方。羨君歸故國，愧我困蠻鄉。世事新棋局，人情薄紙張。分身無羽翼，何以得翱翔』？未幾，竟以憂憤終。」另外還有頗多「因詩即事」者，如其云：「『將官欲詐千緡餉，丐子堪當一日兵』；此二語謔而有趣。余嘗聞友人傳誦，忘爲誰氏所作。後讀箋盤了庵雜錄，始知乃其尊岳楊希修茂才（學周）乙未感事而作也。雜錄有曰：『乙未割地議成，唐中丞幕友陳季同獻改民主國之策，爲獨立自守計。時鄉紳某招募民團數十營，皆烏合之眾；一營兵數，報名五百，實不過半。遇統軍檢點，則臨時雇諸途人易軍裝以應之，街上乞兒爲之一空，而營官藉以飽其私囊』云云。希修此聯，實寫當時情景。至今讀之，令人想見官場腐敗之狀，爲之一歎。」即然。〔註162〕

此外亦有許多對朋友之懷念者，此一動機亦可見其云：「且抄錄友朋詩句，又爲水繪同人、漁洋感舊所不廢也。」之語。而實際的例證不勝枚舉，如作者於乙未時避難大陸，遭遇海盜後原本走投無路，幸好得到曾來北郭園任客卿的楊俊臣之協助才得以回到祖居地，後來楊俊臣與其「握手泣別，猶囑寄拙集。」但當王松回到臺灣時，楊氏已亡故，作者因而言：「今生已矣，願結來生。」此段事蹟，正是所謂的「漁洋感舊」。至於「水繪同人」者，即是作者將文友之間的流風餘韻記錄下，以爲紀念，如「陳子潛廣文（朝龍）工詩文，藏書頗富，亦吾鄉竹梅吟社之一詩友也。嘗與林薇臣、劉維圭、蔡啓運詩酒往來，極一時之樂。余記其塞下曲云：『年少將軍新授鉞，殺人多處

〔註162〕同前註，頁 15、26。

是奇功』。……」即是。〔註163〕

三、內容大要

　　全書分上下兩卷，上卷以鄭成功與其相關詩文、作者爲主題，「類比推衍」開展而出。下卷由開臺進士鄭用錫的「北郭園」之介紹爲開端。上下兩卷的開端佈局饒富餘味，「臺陽」既指全臺，以鄭成功爲首而開出，頗能稱此書名之志，而作者既爲新竹人，故下卷以臺灣本土的首位進士，亦爲竹塹鄉賢的鄭用錫爲首，既能顯現作者對於故鄉的熱愛，也合乎人情事理。

　　至於全書的其他內容尚可分爲以下幾類：

　　（一）以人物爲主體，或述其形跡，摹其樣貌，感憶舊事，品評文華，每條例皆有不同，構成全篇文章的主要部份。有親見，有耳聞，有前賢，有時人，不拘泥於名家碩儒，可說極盡蒐羅訪逸之能事，關於此點待下文再詳述。

　　（二）對文學之實況、現象也有許多實錄。本書既爲詩話，自然當以「文學性」爲條列入書的主要考量。除了對於文人之敘寫外，對於文學實況的記錄也是很常見的部份。由時人之見聞以知當時之事，遠較後人妄加揣測來得妥當。此部份亦待下文中再詳述。

　　（三）人生札記，兼及友朋知交，能抒發感懷，故筆觸多情思。我們在上文中已談過作者有此一動機。因此此書除史料與思想的既定價值外，更能展現出一種富含生命之美感的內容。〔註164〕此部份內容之例證上文已多提及，此處在錄其一：

> 稻江，於二十年前赴院試時小住。濱溪一帶，樓閣寥寥。自劉省三巡撫臺島，設爲行省；及乙未改隸後，街市整然，別開生面。前度遊人重來，已不能認識。余因有句云：『半郭樓臺山水窟，萬家燈火管絃場』，及『到眼已無當日物，傷心難遣此時情』。〔註165〕

　　（四）名川勝景、亭臺樓閣，可資雅興者兼錄之。本書部份內容有如觀光導覽，如新竹的「靈泉寺」、「水廉洞」、「潛園」，臺南的「夢蝶園」等，多

〔註163〕同前註，頁8、20、27。
〔註164〕不論這種情感是悲或喜、惋惜、惆悵或喜悅、自得，都因爲有著生命的感情
　　　　而呈現各式各樣的美感價值。
〔註165〕同前註，頁30。

能賦以詩文，於詩話亦有增色之效。此處略舉一例：

> 靈泉寺離竹城不遠，頗有山林之勝；騷人墨客，游詠甚多。惟郭重
> 芙茂才二句云：『人間勢利炎於火，願乞靈泉水一杯』；頗有新意。

〔註166〕

（五）以詩寫史，多抒發山河破碎，社會離亂之痛。由於作者的青壯年正逢臺灣政權交錯，動亂不堪的年代，故心理必然受到許多衝擊。我們在其詩中亦能見到許多類此之感觸。而本書因此也記錄了許多相關於「乙未割臺」的人與事，此部份上文已提及，此處不再贅言，因此之故，作者對於清廷的荒謬亦有所著墨，故其云：

> 林文忠公（則徐）深惡鴉片蠹國害民，故出其全力以過之。不幸天
> 不如其願，轉以召邊釁、失要口，事之不成，論者至今悼之。且因
> 此而謫新疆。維時送行之詩文甚多，有某太史一聯云：『伏波銅柱
> 無慚色（馬援），少保金牌有哭聲（岳飛）』；傳爲壓倒元白之作云。

〔註167〕

（六）觀風問俗，記錄鄉土者亦偶雜之。作者對於地方風土民情頗感興趣，是故書中也有幾處提及此類者。如談及臺灣義民（客家人）鴉片煙、茶葉、迎神驅鬼的活動等內容都是。其述「義民」一段云：

> 臺灣濱海，居民多閩族，內山則皆粵產也。質直好義，耐苦勤耕。
> 地方有事，當道咸賴焉。其報效亦獨力，故著有「義民」之稱。查
> 小白明經（鼎）嘗題旌義祠五古一篇云：『耰鋤服田疇，干戈衛社稷。
> 凌厲氣無前，先驅爭殺賊。制挺撻堅兵，所遇皆顛踣。少壯不策勳，
> 悠悠徒視息。節重一身輕，浩然天地塞。名並諸功臣，精忠同報國。
> 恨未補天南，恩遙承闕北。冰霜碧血凝，金石丹心勒。松楸泣杜鵑，
> 憑弔增淒惻』。讀此爲慨歎久之。」〔註168〕

（七）文學理論，偶有承繼，但無足輕重。本文中提到文學理論、思想的部份相當有限，本書最重要的價值亦不在此。此部份待下文中再行述之。

（八）寫作同時仍不忘闡明動機、立場。筆者已於上文中提到，這是此書較特別之處，由於與一般作法有所不同，故也可列爲主要內容之一。

〔註166〕同前註，頁46。
〔註167〕同前註，頁26。
〔註168〕同前註，頁60。

四、價值呈現

（一）文學史料方面

1、作者所著錄之臺灣文士

作者書中所述及之文人頗多，尤以竹塹文人爲最，至於哪些是作者曾謀面或熟識者，雖然可由書中記錄略知一二，但也未必精確。

詳論之，本書中所談及的文人，根據附錄二，新竹一地者便有 50 餘人，加上北部人士共 81 人，中部人士 32 人，南部人士 7 人，原住民 2 人，日本文人 14 人，中國之宦遊與流寓人士共 26 人，未來臺者 8 人，還有女詩人，詩僧各 3 人。

由此可見，若就地域分，離新竹越遠者敘述越少的情況相當明顯，這也許是王松的不足之處，但若單從新竹一地的史料價值視之，則無可厚非。今分區域、身份各舉一例以爲代表。

（1）淡　北

郭芙卿茂才（鏡蓉），記才敏捷，寓目成誦；胸次曠潔，不作俗儒故態。臺割後，落髮爲僧，雲游鷺江，住錫虎溪兒者數載。日以詩酒自娛，醉則痛擊同侶；群僧患焉，謀逐之。旋里，復歸儒，隱於臺北士林。與余相逢於客次；自誦其劍潭書室偶題云：『古寺藏幽僻，山房靜不譁。談經僧入座，問字客停車。隙地多栽竹，空庭半種花。書聲聽了了，此處是吾家』。詩骨甚清，肖其爲人。

（2）新　竹

外人嘗謂新竹有雙石，蓋指王箴盤（石鵬）、謝介石（愷）是也。介石少穎異，有遠志，文采風流，人多羨之。兩遊東京，與燕人馬紹蘭善。馬君書聯贈之云：『蘭如解語還多事，石本能言更可人』；蓋合兩人而成一聯也。介石本其意，口占七律答之云：『出谷幽蘭不染塵，偏從頑石訂前因。共爲海外談瀛客，竟作天涯知己人。文化期無分畛域，功名豈慕盡麒麟？他時燕北鯤南日，兩地相思遠更親』。隨手湊合，饒有神致。

（3）中　部

彰化三角仔莊呂汝玉、汝修、錫圭昆季，俱茂才；有筱雲軒藏書二萬餘卷。芸閣山人題聯云：『筱環老屋三分水，雲護名山萬卷書』；刊傳一肚皮集，待師之厚，近世無匹。士論賢之，稱爲「海東三鳳」。

（4）南　部

蔡佩香，臺南名下士也；為人慷爽，不立崖岸，能文工詩。其弟婦某氏死於非命，作七絕八則哭之云：『不嫁金吾亦自傷，無端燒卻斷頭香。可憐繡闥狂風浪，折斷雙棲玳瑁梁』。『幽魂一縷赴泉臺，旋逐淒風滾滾來。別有酸心拋未得，居喪幼子不知哀』。……淒清婉約，情見乎詞。

（5）原住民

臺灣番族，原從南洋「巫來由」諸島傳來；故其言語風俗，多與之同。其間分為三種，擺安（排灣）、知本、阿眉（阿美）是也。擺安族最強，餘皆柔順，統稱曰「生番」；歸化者為「熟番」。散處於本島東部，穴居野處，漁獵為生，頗有上古之遺風存焉。熟番歸化後，有指日為姓者，有由官長賜其姓。出與粵人雜居，無相擾。康熙三十四年，始設立熟番社學以教之，俾解文字，易服裝，與漢人同。嗣亦許其應試入學，別為番籍生。有衛華卿茂才（壁奎），番籍中之翹楚也，與余相遇於試院，一見懽若平生，握手論文，頗有特識。丁亥大旱，邑侯方公，竭誠祈禱，雨即沛然。茂才上詩四首，有句云：『使君自具為霖手，難得天人一氣通』；為方公所賞。子朝芳，亦入邑庠。

（6）日　人

水野大路（遵）嘗為吾臺民政長官，有惠政。死之日，臺民慕焉，鳩金鑄像，立於圓山公園。瞻丰采者，莫不肅然起敬。余嘗於報紙讀其送禾原之上海云：『春風吹鬢影，草綠送君歸。短笛一聲遠，輕帆千里飛。碁前防落子，酒後任忘機。船到申江日，言尋白版扉』。清秀之氣，肖其為人。

（7）宦　遊

桐城方樾庭太守（祖蔭）有吏才，來宰吾邑，百廢俱舉。去之日，紳民飲泣。有唱酬詩二卷，號東海鴻泥。其竹城感懷七絕云：『三十年來逐宦場，自憐肝膽照秋霜。胸中別有炎涼意，半是冰心半熱腸』。『捧檄東來宰海濱，一官惟恐負君親。口碑滿地吾翻愧，不信公評竟有人』。高子丹上舍（漢墀）贈云：『春滿訟庭花有韻，琴橫臥閣月無聲』。

（8）流　寓

吳芸閣（子光）孝廉，品學兼優，著有一肚皮集行世。中有小草拾遺一卷，專學晚唐。其寄題延平王廟七律云：『曾讀豐碑渤海東，開疆猶仰大王風。闔門骨肉杯羹底，千里江山錦繡中。明代興亡歸劫數，史家成敗論英雄。似

聞鹿耳鯤身畔，嗚咽潮聲早晚同』。傑句名篇，美不勝錄。呂賡年、邱逢甲諸君皆出其門。

（9）中　國

余於國初諸家著述，最愛隨園。每讀其詩文，輒以未得見其人、遊其地、友其子孫爲憾。偶閱談瀛錄海上竹枝詞，知爲先生元孫翔甫觀察所作；喜而得句云：『明知干我心何事，祇覺爲他喜不眠』。〔註169〕

總言之，《臺陽詩話》除了少數中國的部份外，全文可說是掌握了「屬地主義」的撰寫精神，儘可能的將曾在臺灣島上活動過的各類文人加以記錄，雖然內容因眼界之阻而偏重在北部，但其開創性的價值，實值得後人尊敬。

2、作者所敘及之當時文學現象

（1）日治後文人之反應與磨合

作者身在中日兩政權交會的年代裡，目擊了整個社會的變遷，或許由於身份相同之故，所以在此書中，作者對於當時文人在日本政府來臺之後的反應與作爲便有著詳細的敘述，這對於要瞭解當時的社會環境下，文人之相應作爲者，有著相當重要的參考價值。

在混亂的局勢下，當時逃離臺灣者頗多。如作者王松本人即是。而唐景崧、邱逢甲在臺灣民主國事敗後逃離臺灣之事已是眾所皆知。另外，在作者的記錄中，有官職在身而離臺者有王國瑞，作者言其：「青鞋布襪辭父老以去，至今民多思之。」但若非《臺陽詩話》有所記錄，現今恐早已無人知曉當時新竹有此一官員與事蹟。而當時流寓臺灣後因此而離臺者則有林鶴年，此人與臺灣清末詩壇關係至深，由上可見作者選人記事不侷限於名家之立場。

其餘臺灣人至大陸較有發展者爲鄭家珍，他到福建之後，因爲算術的天分而聲名大噪。作者言其：「自少好讀近世譯本，精於術數之學。乙未，避地入閩，從學者眾，皆游泮而歸；譜弟箴盤亦出其門。在泉有年，造就良多。當道推其算術爲八閩第一。有英儒某氏聞其名，欲往試之，互相運算，竟被所屈。由是名益噪，遐邇莫不知其人者。」同樣到福建的陳朝龍便比較不如意，其於「乙未，避亂入閩，窮居數載，安溪縣令劉威招之入幕，旋以事去。癸卯，卒於福州。」兩相比較，臺人在亂世中飄零之狀，可說深刻的銘印於讀者心中。

〔註169〕同前註，頁34、62、49、68、54、3、28。

　　另外如吳逢清到祖居地晉江，曾與王松會面。同樣到晉江者有王詠裳。到泉州者則有進士施士浩、葉際昌等，這些記錄都可適當補充戰亂下史料之闕失。

　　至於當時留在臺灣者，可分遭遇坎坷與適應良好兩類。遭遇坎坷者如姜紹組，在抗日戰爭中陣亡，同樣參與戰爭的謝道隆則「亡命走江湖。」另外，憂憤而亡者有林維垣，作者言其：「乙未議成讓臺，進退維谷……未幾，以憂時卒。」鄭澄波亦然，作者言其：「不顧身家，苦勸同人盡心籌畫，全活實多。及事平，閉戶讀書，不干世事。……未幾，竟以憂時卒。」另外還有「乙未，欲內渡不果。」的劉景平，雖受日本政府重用，但卻仍「鬱鬱以歿。」以上所舉之人都充分表現了臺灣人耿直、堅貞的個性。筆者以爲，作者大量引用這些人物事蹟，論詩即事的同時，其實也隱約表露了他的傾慕之情吧！

　　而郭鏡蓉在「割臺後，落髮爲僧。」似乎也是另一種抗議的手段，雖不至於坎坷但也未適應當局，則可置於其間。

　　至於適應良好者有楊學周，作者言其：「工書法，爲時所重。改隸後，當道慕其名，聘爲守備隊漢文講師，將校皆稱『楊先生』，不敢字也。」還有黃茂清，「爲臺灣新報社騷壇盟主。」屈於現實，就讀「國語學校」以學習日文者則有莊長命、謝汝銓。其中，作者言謝雪漁爲第一人，謝汝銓畢業後則任「總督府學務科編修員」，上述之人，皆爲日本政府領臺後能有所變通者。至於在日人所主事的文會中活躍者，也可歸爲適應良好者，作者亦有所記，以下蓋論之。〔註170〕

　　當時任新竹廳總務課長的佐佐木忠藏，作者言其「好與賢士遊，一時題詠甚眾。」其中有提到姓名者爲鄭如蘭、王石鵬。而與作者友善的櫻井勉，同樣在新竹一帶結交了許多文士。另外苗栗的橫崛鐵研與蔡啓運爲知交，亦屬於和日人互動良好者。作者並提到土居香國所創的「玉山吟社」，也有許多遷客騷人與會，但未提到詳細的姓名。以上這些人都是能在新環境中適應良好者，有接受其政治體制而任職者，有和日人在文學上的交集而有所交流者，若不論其風骨節操，單就史料價值而言，這些內容都是歷史的見證。〔註171〕

（2）文人交流之管道、活動與盛況、陋習

　　臺灣在光緒年以後到日治時期的詩社活動非常活躍，而這也是文人交流

〔註170〕在書中相關於文人對割臺之反應的記錄可見，同前註，頁 4、11、15、20、26、31、32、33、36、50、51。

〔註171〕有關日人與臺人交流的內容可見，同前註，頁 53、75、78、83。

最主要的管道，除了上文所言與日人相關的文會外，主要還有「潛園吟社」、「竹梅吟社」、「鹿苑吟社」、「海東吟社」等。其中，「潛園吟社」作者並未親身參與〔註172〕，只是受其流風遺跡所感動。而對於「竹梅吟社」，作者言：「吾鄉竹梅吟社之盛，於光緒初年為最。」可以想見在日治後便沒落了。〔註173〕至於當時最鼎盛的詩社，在作者的眼中則是「鹿苑吟社」，作者言：「吾臺近日詩學之盛，遠過昔年。論作家當推鹿苑吟榭，其如道阻且長，諸君子皆未得謀面，實為恨事。僅讀新報所刊詠物、詠史諸作，俱可為山川生色矣。」這是鹿港的許劍漁和苑裡的蔡啓運所共組的詩社。〔註174〕作者另外提及之詩社有「海東擊缽吟會」，並錄有該吟會之作品，除蔡啓運外，還有陳滄玉、鄭長庚、蔡汝修、郭涵光，相信也是當時頗為活躍的文會。〔註175〕

　　除了詩社、吟會外，文人交流的管道中，較俱組織性者還有「徵詩」、「報紙」、「選舉」等。〔註176〕

　　「徵詩」的活動在清領臺時期便非常常見，許多當時的文人都是藉此一管道而留名的。我們由作者在書中曾提及此一活動，可見此風至清末仍未廢〔註177〕。而作者所記之徵詩活動也是由蔡啓運所提倡，作者云：「節孝蕭母

〔註172〕由注十二可知，作者雖與櫻井勉等人於「潛園」聚會，但當時的「潛園吟社」早已不復存。

〔註173〕上文已言陳朝龍為作者在「竹梅吟社」的詩友，但後來卻避亂到大陸。吟詠要角逃到大陸，應該也可作為吟社星散的佐證。在《臺灣詩社研究》中，作者並未詳細說明竹梅吟社解散的時間，而詩社原本就不是非常緊密的組織，故筆者便只能依手上的證據而有此推斷。

〔註174〕我們由作者的記錄可以發現光緒初年，蔡啓運移居新竹，合併了「竹社」與「梅社」所以「竹梅吟社」盛況空前。但後來蔡氏又與許劍漁創的「鹿苑吟社」反而超越了「竹梅吟社」，這是因為蔡氏晚年移居臺中，故有此一結果。由此可見一地文運之盛衰，有時全繫於一人之手。本處可與蘇子建：〈詩社的催生者——蔡啓運〉，《塹城詩薈》（新竹：新竹市立文化中心，1994年）。對照印證。

〔註175〕「海東擊缽吟會」在《臺灣詩社研究》中並未被提及，這是值得再探討的地方。

〔註176〕筆者在這裡欲強調「組織性」，是因為文人私下的交流、書信往來比較繁雜而難以詳述，故只能就有固定形式者論之。本文中便有多處提及作者與其他文人互相交流作品的內容。如其與臺北人王慶忠，作者便云：「余遊圓山公園，到其家，見其兄弟，怡怡有古人風，心甚羨之。索所為詩稿，謂經亂散失，惟記近作五律二句云：『曲徑迷黃葉，亂峰插白雲』。」

〔註177〕作者引用此例的發生時間應該在清領臺時期，因為日治後施士浩便逃離臺灣，理應無發參加此類活動。至於臺灣的「徵詩」活動後來便成為詩社擊缽吟時的主題之一類，如《大新吟社》（新竹：新竹縣文化局，2000年12月版）詩集中便有「新埔大橋徵詩」之題。再如《新竹文獻雜誌》第三期（2000年

陳太君，苗栗人。父沛霖上舍，以文章書畫名一時。弟星郎茂才，以著述世
其家。新竹蔡啓運二尹（見先）爲狀其事，徵當世士夫詩文，用以介太君花
甲之壽。施澐舫進士（士浩）作樂府一篇以詔來者，亦闡幽揚光之意云。」
〔註178〕

另外，報紙也是一個新式的交流管道。王松本人便曾在「臺灣新報」中
發表詩文〔註179〕，作者對於許多文人的認識也是來自於這些刊物。如謝雪漁、
梁子嘉、水野大路等即是。〔註180〕

最後提到選舉，這也是一種新式的交流方式，文人之間藉由投票的方式
選出各地詩人的代表，頗有新意，可惜由作者之言可知，具有投票權者似乎
只有日本人，所以其交流的成效便大打折扣了。其云：「近見日本人所刊新竹
案內一冊中有名士便覽，分門別戶，皆由眾人投票，擇其票數多者而選列之。
所載詩人僅三名，永井完久、波越重之、王箴盤（石鵬）是也。箴盤固未嘗
以詩人自居，而吾竹可稱爲詩人者，亦不僅箴盤一人。究其所以當選之故，
蓋箴盤每對日本人作隸書，即自錄其詩以應之，日本人知其名者既多；他雖
有受選，終不能及其票數也。」〔註181〕

除臺日文人交流、詩吟社的活動與其他有組織的文人交流管道可見當時
臺灣文壇（古典詩）的發展盛況外，作者並言：「吾鄉近來青年能詩者頗多，
如黃潛淵、葉文游、吳淑堂，其尤有可採者也。」由此也可知當時新秀輩出
的局面。但作者在書中也談到了一些文壇的陋習，如「互相攻訐」即是。作
者曾言：「年來無聊，戲編詩話；遠近知者俱以詩稿囑選，未曾著筆，蜚語橫

10月）中也有昭和四年藍華峰等人的「彩鳳橋徵詩」之記錄。

〔註178〕見王松：《臺陽詩話》，頁 30。

〔註179〕見吳德功：《瑞桃齋詩話》，頁 230。

〔註180〕見王松：《臺陽詩話》，頁 48、68、79：「昨讀新報，有梁子嘉大令（成梅）
昔佃新開莊一律云：『……』。何其逼眞少陵？眞令人不忍卒讀也！」「改隸後，
秀才入國語學校者當以謝雪漁（汝銓）爲嚆矢。雪漁年少氣英，汲汲於當世
之學；至於詩，特其餘緒耳，然亦無不可傳者。余從報紙得其曉起散策云：
『……』。清新雅致，步驟井然；如白香山所作，老嫗能解。」「水野大路（遵）
嘗爲吾臺民政長官，有惠政。死之日，臺民慕焉，鳩金鑄像，立於圓山公園。
瞻丰采者，莫不肅然起敬。余嘗於報紙讀其送禾原之上海云：『……』。清秀
之氣，肖其爲人。」另外還有所謂「東報」是在談及櫻井勉時提到，但作者
對於櫻井勉的認識不僅止於報刊，故不列於此。「東報」本身查無相關資料。

〔註181〕以上這些內容可以說都是在新時代下的新素材，時代本是與時推移，自然會
影響到文本的內容，這並不足以爲奇。相關意見可參見註釋102。

來，殊可畏也。」〔註182〕可見時人對於王松作詩話的態度，雖然我們不能斷言是誰之過。（畢竟此書僅是王松一人之言）但若作者所言不假，當時的文壇便的確有問題了。總括而言，王松書中所談及的文學實況雖然有些許黑暗，但也的確帶給我們許多新的視野與知識，這都是非常有價值的部份。

（二）文學主張方面

本書之主要成就並不在其文學思想的表現方面，但作者在書中仍提到幾點，也可作為瞭解作者詩文創作主張的參考依據。

1、「本體論」

此論所要探討者為文學產生的根源以及其目的與價值何在。作者言：「詩之為道，可以知人心之邪正、風俗之厚薄、時政之得失、國家之盛衰，頌揚譏刺，在所不廢；聞之者知儆，言之者無罪，故古有輶軒采風之制。」由此可見，作者認為，詩之所以為文學，其功用猶如一感測器，能探查社會、人心的變化，有心者可以藉此瞭解整個國家的真實狀況，以達到防微杜漸的功效。此一觀念大抵出自《詩經》，雖無新意，但也可知作者寫作之初衷。

2、「學習論」

此論主要是在探討創作前應學習的內容與方向為何，如新語彙的接受與舊詞彙的承襲，應當以何為重？還有它對於語文認識與使用能力的影響等。另外在仿效前人時，應該採用何種方式入手才是正確的，也在學習論的範疇中。

作者在書中有談到「新語彙」是否應該接受的問題。這是身在新舊交替的當時之文人必然要面對的問題，但也是很多文人不願接受甚至逃避的問題。而作者並未迴避此一問題，其言：

> 近十年間，士之負笈航海、遊學於東西洋者，日不乏人。譯書層出，競先遺餉；而又以東京為輸出新智識之孔道。其當轉輸之大任者，則宜首推橫濱新民報社。余見其論說所用新名詞，如「結果」、「起點」、「程度」、「目的」、「間接」、「直接」等字眼，皆取和文而用為漢文也。風氣所推，各處報館又從而仿行之、激揚之；奇詞異語，遂放出今日文學上之大光明，而成為廿世紀變遷之大勢，洋洋乎沛然莫之能禦矣。竟有以新理想發為詩者，如楚北迷新子之新游仙八

〔註182〕同前註，頁57、37。

首云：『乘興清游興倍長，驂鸞駕鶴總尋常。神仙亦愛翻花樣，擬坐輕球謁玉皇』。……『三十六宮敞畫屏，御階仙仗擁娉婷。幾多玉女朝天闕，不佩明璫佩寶星』。

由作者所言可知，其似乎頗有時移世遷之感，但也可見其對於新事物仍有所變通。〔註183〕

至於「師古」方面，這是一般論詩者皆會主張的學習途徑之一。而作者引《樵隱詩話》言：「詩不可不師古，而不可專師古。不由古入則無法。若不欲（法），求其相似，如明七子得李、杜之皮毛，甚無謂也。」可見作者亦採取了比較進步的觀念，也就是不拘泥於「模擬」中，而是需要由「模擬」入手，以「創作」脫出，也就是所謂的「師貌師心」。〔註184〕

3、創作的要訣

顧名思義，也就是在實際創作的時候，應當拿捏住哪些準則才容易創造出好的作品。作者先從《樵隱詩話》引出三點，大抵即是

（1）「參差之道」

也就是在「用意」、「造句」、「用語」時皆能善用交叉錯雜之法，以成分陳錯開、目不暇給之勢。

（2）「以氣為主」

也就是整首詩的氣勢風格是成敗的關鍵，至於文字、用律等形式的問題則是枝微末節的瑣碎小事。遠不如「氣」重要。

（3）「鍊格為上」

也就是在琢磨整首詩章時，必須由大而小下去講究。首先講究「格調」，也就是能使整篇文章在形式、內容、風格上都產生一定之程度、達到一定之講究，進一步再去斟酌其「句」、「字」的使用恰當與否。〔註185〕

〔註183〕作者對於新語彙的接受，正可與動機第三點「傳統現代皆兼顧」相呼應。

〔註184〕作者於書中亦云：「鹿港陳槐庭納寵時，作卻扇詞十二首，情思纏綿，艷麗可愛；置之十研翁香草箋中，殆不易辨。一時寄和紛紛，卒無能出其右者：蓋模擬，終不如實寫之為妙也。」由此可見作者並不認為「模擬」本身的功效或價值有多高。王松：《臺陽詩話》，頁41。

〔註185〕其原文為：「詩律最細，其大旨可一言以蔽之曰：參差不同而已。其押韻也則虛實相間，其用意也則情景相間，其造句也則倒裝、懸針等法相間，其用字也則天文、地理、草木、禽獸等字相間。知參差之道，則於詩學思過半矣。作文之法，亦不外此。不獨詩文為然也，易之為道，生於奇偶錯綜，天下事皆作如

（4）「切忌陋習」

作者又引《秋星閣詩話》而有五種陋習之說，大抵即是「不擇題、限韻、步韻、濫用、犯古人」等。〔註186〕雖然都是引用他人之說，但對於實際創作而言，的確有一定功效。

（5）「詠物之法」

作者云：「前輩嘗言，詠物詩須有寄託，否則猜詩謎何益？余觀五百石洞天揮麈一書有云：『詠物詩有專主理趣者，雖乏寄託，而雕鏤萬狀，如化工肖物，時出其勝以相娛悅，令人精搖目駭，不忍釋置，亦斯文之便娟也。移向畫幅，以相補白，世有好事，其諸亦樂於觀覽哉』！此例較寬，蓋能切題，亦可算爲合作。」此是以爲「詠物」不必定然要在內容上有「物外之趣」，若僅只是雕鏤而能傳神、突出其美感，也算成功之例。而值得注意的是作者所引之言全爲前人之語，由此可見其「述而不作」重在論詩及事，以詩存人的態度，但我們也可由此探求作者之思想與認同。

4、批評論

是指在實際批評時所依據的方法與理論。作者在書中所提出者有二：

（1）「觀詩知人」

此論爲許多中國文人都具有的觀念。對此，作者花了一定之篇幅在敘述此論上，似乎是對此論頗有心得。茲節錄於下：「觀詩知人，斯言也余初未敢深信，今而後知古人之不我欺也。凡詩帶蔬筍氣者，其人必嗇；帶脂粉氣者，其人必淫；帶塵土氣者；其人必俗；不檢點字面者；其人多疏；愛修飾者，其人多詐；無警句者，其人必庸；工鍊句者，其人蘊藉；粗豪者詩亦粗率；

是觀可也。」「詩以氣壯爲上，局勢次之，詞華又次之；對仗雖工，落下乘矣。」「詩貴於鍊。鍊格爲上，鍊句次之，鍊字爲下。不知鍊，則不足言詩矣」

〔註186〕其細節爲：「夫欲作好詩，必先擇好題，方可舉筆；而今人作詩，喜用纖小之題目，或用俗題，或用自撰不穩之題；視其題劣，則詩不覽可知矣。若夫限韻，不過欲以險字窘人耳。不求詩工，只誇韻險，井蛙之見，非大方所取也。步韻尤今日通病。此例宋人作俑，前此未有也。觀唐人唱和之什，不必同韻、同體，況步韻乎。今一詩成，步者紛紛。一韻屢見，如蔗渣重嚼，有何滋味？牽扯湊合，桎梏人才，導人苟簡，貽誤後學，莫此爲甚。濫用者，由於廣聲氣，故索之即應，有以介壽索者，有以哀輓索者，此等甚多；詩既不佳，徒勞神志。或預辦套語，臨時書付；詩名愈廣，詩品愈卑。更有逢人輒贈，用充禮物；詩之不幸，一至於此，大可傷也！偷句最爲鈍賊，詞家深以爲戒。連用三字，便覺索然。偶犯，速改可也。」

沉潛者詩亦沈重；氣吐長虹者，抱負不凡；骨凌秋隼者，志節邁眾；含華佩實、純瑜無疵者，氣節高超；……忠臣孝子，語必平正，情必纏綿；烈士奇勇，志自恢閎，言自慷慨。諸如此類，不可枚舉。持此衡人，百不失一。……觀詩知人，斯言信不誣也。而世人乃以雕蟲小技視之，蓋亦未窺其底蘊也。」〔註187〕而作者在實際的批評上也的確承襲了此一觀念。如其評寓居臺灣的暨南宗畫家〔註188〕謝琯樵曰：「謝工於畫，余曾見其題菊二絕；後一首云：『半生落拓寄人籬，剩得秋心衹自知。莫道管城花事淡，筆頭還有傲霜枝』。觀此，可以知其氣節矣。」即是一例。再如其評陳式金時云：「陳基六茂才（式金），彰化名士也；交情慷慨，韻事風流。工詩賦，著有鐵崖詩鈔。有偶成句云：『日為好吟疏應客，身因多病強參禪』；讀之，亦可想見其襟懷。」也是非常明顯的繼承了此一觀點。

（2）「溫柔敦厚」

此為「詩教」之旨。作者思想受詩經影響，可見上文。而在對於詩歌的批評上，作者亦採用了「詩教」的標準，亦即「溫柔敦厚」之旨。如作者於品評許雪門時便云：「有心世道者，撫時感事，鬱於中必宣於外，時政未嘗不可干也，要在以忠厚蘊藉出之耳。如太顯露，未有不買禍者。楚人許雪門觀察所著雪門詩草，讀之，自道光至同治數十年來國家之治亂、將帥之賢愚、民情之苦樂、中外之情形、軍務之勝敗，歷歷在目。直筆褒貶，語復蘊藉，深得忠厚之旨，且可為他年史料。」再如其評某進士所投之稿時亦云：「癸卯秋，某進士郵寄詩集二卷，並函囑采入詩話。余不惜一日夜之工盡閱之，中多感事之作，指陳時事，污及宮闈，令人一讀聲淚俱下，余不禁為擊節歎賞，欲選入以光拙著；繼思時局至此，誠非臣子所忍言。自抒幽憤，猶宜寄託深婉，況可明載之簡篇乎？」其中的「自抒幽憤，猶宜寄託深婉」事實上也是承繼了「溫柔敦厚」之思想而產生的品評標準，由此可見作者受「詩教」影響之深，絕非僅止於紙上談兵而已，在實際的品評、選文時，也能貫徹此一理論。

（三）形式結構所生之美學價值方面

朱光潛在《談文學》一書中說道：「本來文學之所以為文學，在內容與形式

〔註187〕見王松：《臺陽詩話》，頁15。

〔註188〕見王國璠：〈淡北詩論〉，《臺北文獻》直字第11～12期，頁218。

構成不可分析的和諧的有機整體。」〔註189〕簡而言之，一篇好的文章，或是一本好書，都是必須在「主題內容」、「表達手法」、「語言技巧」等各方面有效的呈現與總體巧妙的結合後才能成為一個美好的文本，內容編排恰當的作品，可使讀者在閱讀時能領會其中內容，而有所收穫的，同時感受到其中的美感，體會其深意，感受並產生共鳴，也就是能產生文學與美學的價值。以下筆者就「詩話」結構中的內容屬性、編排方法與語言精確性等方面，分別論說：

1、在批評形式與語言上

在實際批評的形式方面，作者主要採取「作家概論」的方法，並分別以「印象批評」、「標榜批評」、「觀詩知人」等方法加以細究。如對於林占梅，作者便對其以印象式總評云：「其詩於中晚宋人為近。游覽寫懷，直從性眞流出，空所依傍，自成一家。」而對於邱逢甲等人，作者則採用了「標榜批評」之法，其舉邱菽園之語，稱其「與嘉應王曉滄（恩翔）、番禺潘蘭史（飛聲）、安溪林菼雲（鶴年）並稱四子。」至於「觀詩知人」的實際批評方法，筆者在下文中將另舉例論之。

另外，作者也採用了「摘句」之法以彰顯文人佳句，更有許多進一步加以「印象批評」者。如評施鈺的〈月下香句〉「雅切不浮，非粗心人所能易到。」林豪〈潛園釣月橋〉詩「尚見流動之致。」評邱逢甲〈題潘蘭史說劍堂集七古長篇〉詩「正如子美入秦、劍南入蜀，感喟蒼涼，當不在古人以下也。」由此亦可見其批評之語言在平易中仍帶有巧思，所以不論是批評形式與語言，對於整體文本的構成而言，都有其正面效益。

2、內容與閱讀性上

本書雖然是以臺灣文士的評傳記錄為主，故具有強烈的「史料性格」，但因為在整體的結構方面頗為寬鬆，所以能融入許多作者個人的身世情感，進而引發讀者的共鳴，或使讀者為其充滿戲劇性的人生而有所感觸，所以其「文學性」亦頗高，至於其「思想性」則較低。

總括而言，這是一本結構稍嫌鬆散但可讀性高，語句中規中矩，內容平易，同時富含「知識性」與「文學性」的詩話作品，在知識上偏重於以「臺灣為主體」，在文學上則以人生的感觸最深。而整本書的內容採橫向、平面化的發展，越接近中心點（新竹），內容越豐富，離中心點越遠，內容越淺越淡，作者感情的抒發又是自然而然的，是故斧鑿痕跡不深，全書呈現妥當，堪為

〔註189〕朱光潛《談文學》（臺北：臺灣開明書店，1990年，臺18版），頁34。

傳世之作。

五、《臺陽詩話續編》與《臺陽詩話》文本特色

　　《臺陽詩話》一書蘊含豐富資料，而距離《臺陽詩話》出版後 19 年的 1924 年，在《臺灣詩報》中又出現了新作〔註190〕，其實《臺陽詩話續編》之作早在 1905 年《臺陽詩話》問世之後便履遭提及，且由《拾碎錦囊》127 號言：「行擬橐筆南遊，凡南部勝概名流，遺跡零墨，將盡飽眼福，搜刮之錦囊中以歸，爲續編之準備，來日定有許多材料也。」〔註191〕

　　又〈食文字報〉一篇云：

> 竹之詩人王友竹氏，自臺陽詩話出版後，寄贈於臺南北諸友，甚爲詩界中人所歡迎。由是而寄金報酬者有人，贈物品者有人，寄詩求選者又有人。如臺南蔡佩香，鹿港洪月樵、施梅樵，臺中李祥甫、蔡惠如，羅東鑄腦子，臺北黃藜谷，其尤厚焉。近又有從南清寄來者，如紹安知縣王晉之，南安學堂教習鄭伯嶼，並附以詩稿，請其選定，以備載入續篇，數月來郵書絡繹，寄贈紛紛，幾於應接不暇，聞王君將以所得之金，就此舊曆正月中旬，先爲其長男完婚，餘則留作續篇之刻資云。〔註192〕

　　再由〈詩人南遊〉一篇云：

> 新竹王友竹氏，性好山水，素慕臺南爲本島開風氣之先，前代古蹟甚多，屢欲往遊而不得，近因身體稍健，且所著《臺陽詩話》其初編已出版，行將有續刻二編之舉，此次特橐筆南遊，藉資閱歷，以廣見聞。……〔註193〕

　　由此可見，《臺陽詩話續編》原本即在王松的撰作計畫當中，但問題在於，第一，時間爲何相隔 19 年而且不是專著出版而是藉助報紙雜誌等傳播媒體得以流傳。第二，當時提及之王晉之、鄭伯嶼並未見於「續編」，甚至所謂的南部文人之記錄也盡付之闕如，所以《臺陽詩話》始終都是一部以北部文人爲中心的作品，而不能成爲一部南北呼應的全面性記錄。筆者以爲，既然王松

〔註190〕黃美娥輯，王松著：〈臺陽詩話續編〉，《臺灣詩報》連載，1996 年 9 月 10 日，原稿影印本。
〔註191〕見《漢文臺灣日日新報》詩話欄，1905 年 12 月 15 日。
〔註192〕見《漢文臺灣日日新報》，1906 年 2 月 13 日。
〔註193〕見《漢文臺灣日日新報》，1905 年 11 月 25 日。

確實有南遊之舉，且目的確實是要充實《臺陽詩話》重北輕南的缺憾，但「資金」仍是關鍵，王松將足以「常作煙霞侶矣」〔註194〕的資金拿去刊印《臺陽詩話》，又將文人們寄贈的資金拿來辦婚禮，恐怕最後資金便匱乏而無法出版了，所以在《臺灣詩報》上連載便很合理，至於為何不見「南部文人」入筆中？原因可能也有二，一是王松確實南遊，但並未著手記錄，19年後早已無從記起，但他一直想寫「續編」，所以便完成了這一部不能稱其志的「續編」之作了。二是王松南遊後記錄的手稿經19年的風霜後已失，所以他雖有心補作「續編」，但當初作「續編」的初衷，亦即補南部文人之記錄反而無由得見。至於其他可能，則需要更多史料以供考辯。

總言之，我們由其內容可見，「續編」應該仍是延續《臺陽詩話》以詩存人的手法，但基本上是重複出現以及略歷不清楚的人物佔多處，而非「南部文人」，且引用詩文多於個人見解，可見已近遲暮之年的王松，作該《續編》已經無法與《臺陽詩話》之成就相較量了。以下，筆者試圖將《臺陽詩話》之主要特色分析如下：

（一）以臺灣為主體，史料記載豐富

在不考量《臺陽詩話》背後所具有的臺灣主體性價值下，在蔡鎮楚的《中國詩話史》中，《臺陽詩話》的內容，應該可以界定為「清詩話專門化」之後的「地方詩話」一類。他的特點是，一、地域性強。論詩的對象與範圍只限於一定的區域內。二、通於方志。或以詩存人，或以人存詩，使數以千計的地方詩人，特別是無名詩人，賴以傳存。三、博於詩事。寓詩旨的探求於考述詩事之中。地方性詩話廣泛的記述了地方詩人的生平事蹟和詩歌創作活動，描寫了他們的家世和爵里，仕宦和交誼，品德和風格，歡快和愁苦，以及詩事本末、作品特色、藝術特色等等，或詳或略，或貶或褒，所述所論，至今尚有一定參考價值。〔註195〕

《臺陽詩話》是一本以人物之詩作與略歷為條列主要組成結構的作品，其論述之作家有一百六十人之譜。其中又以當時之臺灣文士為主體，論及前朝者年代亦不久遠，如鄭用錫、林占梅、劉銘傳、等皆是，僅少數人物未嘗來過臺灣，如林則徐、李鴻章等人，所以筆者以為此書大抵符合「地方詩話」的定義。

〔註194〕見《漢文臺灣日日新報》，1905年12月3日。
〔註195〕以上引文見蔡鎮楚：《中國詩話史》（湖南：湖南文藝，2001年），頁313～314。

　　不過由於作者的生活圈主要在新竹一帶，受到病痛的影響鮮少離開此地，少數幾次南遊，奈何又沒有留下文字記錄。如與他同時的連橫便未與之謀面，僅有書函往來，連橫於《臺灣詩乘》中云：

> 王松字友竹，新竹人，耽吟詠，曾以所爲詩乞施澐舫山長刪定，名曰「如此江山樓詩存」。余撰「詩乘」，函索所作，友竹大喜，出以相示。爲錄數首，以志盍簪。

　　由此可見作者之足跡、視野終究有其侷限性，雖有心顧及全臺，但文筆終究無法擴及之。所以這本詩話中著錄的主要文人也是集中於新竹一帶的詩人。已經是很類似於「地方」中的「地方」詩話了，吾人閱讀該文本，首先即應該瞭解到在這種情況下，王松詩話的史料價值雖然豐富，但也可能沒有充分的揀選對象，導致浮濫的狀況，畢竟筆者以於動機中說明作者選詩的立場本來就不是以名家碩儒爲主要對象，同時由於作者的足跡與眼界之侷限，所以該書的內容有頗多可能是並未走入眞正歷史現場的耳聞之見〔註196〕，這既是本書在評述對象上的特色，也是讀者閱讀時必須先認知的重點。

（二）飽含個人身世感情

　　在上文中筆者便一再提到《臺陽詩話》是一本充滿作者個人色彩與感情的詩話。如其云：

> 世態炎涼、人情冷暖，古今來同此慨歎也。滄桑後，益不堪問矣。余嘗有句云：『日日宴酒肉，厚道似任黎。床頭金忽盡，轉眼已雲泥。更使暗中箭，按劍難防隄。酒肉可飼犬，卓識讓山妻』。」便是對於自己一生遭遇的感發。而對於自己的遭遇，他又曾說道：「余少而孤苦，長遭亂離，性剛才拙，與物多忤。偶覽昔人興感之由，若合一契，未嘗不慨然廢書而歎！但恨鄰靡二仲、室無萊婦，不得不飲酒消憂，高歌示志。每學陶公，自謂是羲皇上人，唯酒是務，焉知其餘。因作醉吟云：『……』。」〔註197〕

　　另外，對於自身病痛所帶來的遺憾，他也經常提及，如對於邱菽園的邀

〔註196〕林美苓：《王松詩話與詩的詮釋》（高雄：大普公關事業，2003 年），頁12～15，認爲《臺陽詩話》的素材來源於「親身經歷」、「取諸書刊雜誌」、「作者寄贈」而筆者以爲顯然是「親身經歷」者最有史料價值。
〔註197〕再如作者云「改革日記、餘生紀聞、四香樓餘力草，遭亂燬失無存。余故有句云：『避亂惱無千日酒，著書枉用一生心』。」都是對於自身遭遇的感慨。

請無法如願，他便云：「奈賤軀多病，不宜遠涉重洋，未得與諸君子共數晨夕，誠屬憾事。然翹首南望，未嘗不神馳左右也。」〔註198〕至於其他的遭遇，上文已言，還有作者在泉州遇劫一事，此事不但讓作者對於自己的遭遇多了一分感慨，更深刻的體會到人事的無常與朋友的情義。同樣是朋友的情義，還有超越種族界線者，如對於他兩度病重時皆曾經悉心照料他，使他痊癒的日本醫生村龜太郎〔註199〕，他便在書中表達了其感恩之意，也寫出了兩人深厚的交情。

至於其他寫及朋友間之情義、感懷者尚有數條，如寫到吳士敬者即是。作者先寫到他與吳氏早年以文會友的情景，再道出其對於吳氏的懷念，並云：「迄今思之，忽已三十年，殆如一霎時。欲搜錄遺稿，以存其人，聊報吾知己；而亂後紛失，百不逮一，會須他日竭力求之。」人生一去三十年，猶如幽夢人生感慨多。讀此，可見作者的念舊之情，也隱約透露出他對於時光易逝與戰後紛亂的無奈，這正是本書充滿作者之情思的表徵。〔註200〕

總括而言，在書中我們可以看到許多作者在生命旅途中的種種見聞與足跡，也可以看到作者對於生命的喜怒憂愁，對家人、朋友的感情，對無情的時光、現實與生存於其間的有情之人所產生的內心糾葛與拉扯，以及對於造化弄人的感嘆。或許也因為如此，這本書便是在作者感傷身世的自白以及回憶年輕時所自焚之詩作的內容中巧妙的收束了。

第四節　《大冶一爐詩話》的內容與價值

一、胡南溟的生平與思想

胡氏名巖松，官章殿鵬〔註201〕，字子程，號南溟（戶籍簿的名字為子程）。同治八年七月十五日誕生於世居地，臺灣府臺灣縣，桂仔行街，呂祖廟前的胡厝。〔註202〕他的父親名玉峰，是廈門比（比利時）國領事館幕賓，他是連

〔註198〕王松：《臺陽詩話》，頁18。

〔註199〕關於這件事，林美苓：《王松詩話與詩的詮釋》，頁81，認為這是影響日後王松對於日本人與政府之態度偏向認同的重要因素之一，筆者認為該論點可以作為參考。

〔註200〕同前註，頁20。

〔註201〕亦即入學通籍之後的署名。

〔註202〕盧嘉興：《臺灣古典文學作家論集（上）》（臺南、臺南市藝術中心，2000年），

橫的好友,《臺灣詩乘》云:

> 胡殿鵬字子程,號南溟,安平人,與余同里閈,時相過從。爲文有
> 奇氣,詩亦汪洋浩蕩,有海立雲垂之概。著「南溟詩草」及「大冶
> 一爐詩話」,收羅極廣,議論尤新。惜身世零丁,至困衣食。然其詩
> 自有可傳,固不與紈褲兒爭一日之短長也。

　　筆者以爲,論胡南溟的文學風格,不能不從其人談起,因爲胡南溟正是最典型的「文如其人」。胡氏不論其人其文都有狂顚、高傲之氣。這與他的身世境遇和本身的性格都有關係,尤其以身世對其一生影響相當大。

　　胡氏可謂少年得志,未滿二十歲就已經「補博士弟子員,嗣食餼」了。二十七歲時與趙雲石、陳渭川(瘦雲)、謝石秋等人組織「浪吟詩社」〔註203〕,年輕的歲月,走得平順。但隨著臺灣轉換政權予日本後,他的人生也跟著產生重大的變化了。《拾碎錦囊》153號云〔註204〕:

> 乙未秋,子程偕妻渡廈,與父同寓,時比領事延之爲漢文教習,未
> 幾臺亂粗平,其妻以思鄉情切,急欲回梓,父不諾,妻竟獨歸,子
> 程身處兩難,焦思爛想,恰似陷入憂患渦中,致罹心疾,尋歸鄉,
> 妻亦以越年患病,遽爾玉碎香銷。

　　總言之,他先是內渡廈門,方回臺與母親妻子團聚,這幾年他過的是「鬱鬱不得志」〔註205〕的生活,回臺後爲了生計,他便擔任起報社記者的工作,先後任「臺灣日日新報」、「臺南新報」記者,後又隨連橫赴廈門開辦「福建日日新報」,但日俄戰爭後,該報因爲鼓吹革命,遭到查封,胡氏也只好返臺,並任職「全臺報」記者。大抵而言,日本治臺後,胡氏的人生顯然是浮浮沈沈的,年輕時意氣風發的模樣顯然是不易看到了,轉而只能靠著寫文章的能力換個記者的工作來維持生計,在一間又一間的報社中生活。這種日子一直

頁367。

〔註203〕盧嘉興先生以爲胡氏當年二十三歲恐爲筆誤,因爲胡氏生於1863年,1900
年「浪吟詩社」創立。

〔註204〕見《漢文臺灣日日新報》詩話欄,1906年1月23日。

〔註205〕引自盧嘉興之引言,盧氏云:「由他的長女胡鏡園出生於光緒二十三年,二月
十五日,就可以證明胡氏係於二十二年回臺。前諸書所記:『胡氏隨父內渡,
僑寓廈門,鬱鬱不得志,越數年歸臺南。』於實情有所出入,似係誤傳。」
盧氏的說法應是指,誤傳乃胡氏回臺之時間,而非胡氏在廈門鬱鬱不得志之
事。見盧嘉興:《臺灣古典文學作家論集(上)》,頁368。《拾碎錦囊》153
號言其回臺後「蕭索自居,兼之境遇困遭,輒鬱鬱不得志。」亦可爲證。

到光緒三十二年（明治三十九年）才有所改觀，因爲胡氏與趙雲石、謝石秋、連橫等人組織了「南社」，可以想見原本寂寥的胡氏至少找到了發洩的管道，想必林文訪稱臺灣日治時期詩人三大巨擘爲：胡南溟、連橫、林南強，應屬此時〔註206〕。但好景不常，約六年後，民國三年，胡氏喪妻，因爲受到刺激，負荷不住，於是因大笑而發狂，雖經朋友的資助而終於治好了病，但家庭也破碎了，其子女寄居親友家後，也在精神上出現異狀，未到三十歲即皆先於胡氏而亡。從此以後，胡氏雖逐漸康復，但仍常語無倫次，索居鄉里中，經濟日益困頓，但仍然常常參加文酒之會，也經常投稿，並收了洪坤益、王芷香等人爲學生，但到了晚年「康復後他的學識尚能回復原狀，後因年事漸老，不事生計，依靠各親友的資助，生活極爲潦倒。」總之，其家庭破碎後，文章便成了他唯一的寄託，生活與年輕時相比，有如天壤之別，直到六十一歲才續絃，六十五歲逝世。

連橫於《臺灣詩乘》中有〈寄懷胡南溟〉詩云：

詞人競説胡天地（南溟作詩，無論題目大小，輒有天地二字，吾黨稱爲胡天地），痛飲狂歌世莫知。歲月駸駸成老大，文章落落負雄奇。

西風愁入黃河曲，南吼聲沈赤崁詩（南溟作黃河、長江兩曲，各近三千字，又有南吼行一首，絕佳）。記取澄臺共觀海，栽桑何日慰襟期。

此正可作爲他晚年落寞而不甘寂寞的寫照。

論其詩，胡氏之作，遺落頗多，且寫作時間也無法確知，盧興嘉先生已在「遺著被毀與殘存」〔註207〕中談到此一狀況。但其作顯然多有狂傲自負之氣於其中，不論是自評詩或是詩話。。

例如在自評其詩時，其借託學生洪坤益之名所撰的〈開卷十大益〉中對於其晚年之鉅作《五江曲》便自評云：「夫南溟自六十年來，長篇不可刪，短篇不可增，散文渾而灝，駢文沈而麗，窮古之英，貫古之識，其思想最高、最奇、最雄、最健。」〔註208〕，又有託名「友竹生溪」撰有〈南溟并〉云：「……南溟之文，千奇百怪，其氣雄大而光明，其詞壯麗而沈博，其筆渾灝而流轉，擺脫古人之窠臼，凌駕古人之文章。……」〔註209〕

〔註206〕見李漁叔：《三臺詩傳》（臺北：學海，1976年），頁40。
〔註207〕同前註，頁356。
〔註208〕見吳毓琪：《南社研究》（臺南：南市藝術中心，1999年），頁176。
〔註209〕見盧嘉興：《臺灣古典文學作家論集（上）》，頁331。

另外在其《大冶一爐》中，也有許多自誇之言，如其於第八十五號云：

> 詩學一門有足以發天地未有之精華，探古今未開之奧窺者。舍詩話、
> 無可爲指歸之地，此大冶一爐之所以空前絕後，爲天地古今詩人開
> 彙鑰於一朝之間哉。」

又於一百一十六號云：

> 吾故曰周文而下無文章，西晉以來無正聲，天又似獨生一南溟跨東
> 南大海中開斯文未喪之天於田橫島上也。嗚呼天下無道，天下傳經，
> 天下有道，而天下無經，此語誠繫人思耳，豈不痛哉，豈不痛哉。」

顯然都是相當自負的話。因此也換來了李漁叔在《三臺詩傳》中的「自忘厚顏」、「大言駭世，徒爲疵累而已。」等評價。〔註210〕而盧興嘉、吳毓琪等則採取了較爲同情其身世的立場加以評價，而以爲其作之自負、狂妄之語，實是對於一己之滿腹抑鬱與悲憤的發洩，再觀其作確也有可誇讚之處，故尚可接受胡南溟的所表現的自負之語。〔註211〕事實上，胡氏也曾隱約透露身世遭遇對於他的影響，其託言「黃固園序」，實爲其《南溟文集》的「自序」中便曾云：「南溟之牢騷抑鬱，未嘗見之於言。南溟之窮愁極苦，亦未嘗見之於文。」〔註212〕顯然胡氏對於自己的身世也是充滿感嘆的，而他雖然自言沒有將這種坎坷的悲憤之情化爲文字，但事實上卻只是轉以另一種方式來表達而已，也就是不明言其悲，而是以「狂」代「悲」，以「笑」代「淚」，這也是中國文人的一種傳統表達方式，只是有的以行爲表現出這種心理，有的則以文學風格表現，魏晉阮籍，實屬兩者兼具之例。

總括而言，胡南溟之生世坎坷，但也練就其志深筆長，梗慨多氣的風格。而觀其詩文，亦可知其氣魄宏大，勇於自信，又有一種幽深古健之氣，實非當時舞文弄墨之徒所能比，但若如此自誇，雖是緣於身世之哀，似又不必如此。

二、創作動機

由於在胡南溟於《漢文臺灣日日新報》連載《大冶一爐》以前就經常於《漢文臺灣日日新報》上發表詩文，除了有歌頌日本政府者外，更重要的是，

〔註210〕見吳毓琪：《南社研究》，頁176。
〔註211〕見盧嘉興：《臺灣古典文學作家論集（上）》，頁333。同前註，頁176～177。
〔註212〕見盧嘉興：《臺灣古典文學作家論集（上）》，頁329～330。

他曾在長期於《漢文臺灣日日新報》「詩話欄」連載的《拾碎錦囊》中發表過多篇文章，內容多半是以介紹臺南之文人與山水名勝為主兼及詩文，如第 9 號介紹當時稱為「北園別館」的「開元寺」，第 25 號介紹來臺宦遊之蔣毓英與「法華寺」，第 26 號介紹臺南龍王廟小學之風光，第 42 號介紹臺南文人蔡佩香等……。以下錄第 26 號，以見作者撫今追昔之情志：

> 臺南龍王廟小學舊校舍，宏廠潔淨，內多揀樹，風來花墜時，嘗有群兒撲戲於其下。即景有句云：揀樹花三五，群兒逐亂飛。翻身無覓處，環抱乞花歸。二十字寫群兒、寫花、寫逐花，神情栩栩，無一字清著，是真寫生手……蓋此地即南溟故居，舊有古榕一株，綠竹數竿，梧桐一樹，今已不見矣。

總之，筆者雖在本文中未論及《拾碎錦囊》，但該文本確實是以「詩話」為名的「文本」在報端發表前之先驅，而胡南溟、謝雪漁、蔡佩香等日後有創作「詩話」的作者都曾參與過《拾碎錦囊》的寫作工程，所以《拾碎錦囊》對於胡南溟等人日後的創作而言，或許正是一種「啟發」，《大冶一爐》也許就是在胡南溟長期於《漢文臺灣日日新報》投石問路、發表作品的經驗下才逐漸於胡南溟的心中產生可行性，也促使了胡南溟創作出《大冶一爐》。總言之，《漢文臺灣日日新報》除了使胡南溟排除了出版的困難而得以暢所欲言外，胡南溟在位於「詩話欄」的《拾碎錦囊》中的創作經驗，也給予了他創作詩話的啟發。以下，筆者則欲進一步探討本文之創作動機。

（一）立身存世

筆者以為，胡南溟對於《大冶一爐》一定是非常重視的，甚至視之為一生之代表作。這可以在《大冶一爐》第一百一十一號中得到佐證，該號云：

> 人生天地間，有為帝王而生者，有為聖賢而生者，有為功名而生者，其事業皆在天下，利賴乎人群，此上之上者也。其次則以節義著聞，文章名世。此古人所謂太上立德，其次立功，其次立言者也。帝王聖賢之學，以堯舜孔孟為極則，若功名世業，彪炳人間，則以禹湯文武，為古今勘亂致治之尤者。士君子不得已，而以節義著、文章名者，時與地為之也。至於詩人，並帝王聖賢之學，功名事業之大，節義文章之傳，亦可于五丈筆下，作個經天緯地，幡天際地，驚天動地之才出來，此之為古今詩人，獨闢一天地于萬萬年者，詩人至此，境界為之一寬。是南溟大冶一爐上，所論定之詩人，非一家學，

一鄉學，一國學之詩人也，故可貴亦可傳。」

由此可見其視《大冶一爐》爲其立業之基，傳世之器的心態。而胡南溟自撰的〈南溟先生贊〉，必然是對其一生主要思想事蹟的概述，《臺灣詩鈔》言其：

> 嘗自作「南溟先生贊」云：『南溟先生磨鐵硯、揮鐵管，自贊其像
> 曰：子以天地爲爐。天地，一大冶也；冶盡古今詩，煉成如意鐵。
> 其人其面、其首、其膽、其心、其膝、其口，直是江山萬古一片血，
> 往來天地不磨滅，令人一讀一擊節。鐵御史、鐵順昌、鐵尚書，錚
> 錚鐵中之三傑。誰其硎者？繫維南溟先生獨有鑪錘天地之謨烈』。

〔註213〕

對此，盧興嘉言：「他所主持的詩話，稱爲『大冶一爐詩話』，諒係基於這自贊而來的。他自擬爲鐵面御史，其疏狂的氣概可見一般。」〔註214〕筆者亦以爲，其贊屢言及「大冶」「一爐」之語，可見作者對《大冶一爐》之重視，而視之爲「江山萬古一片血，往來天地不磨滅。」正可與「立身存世」的動機呼應。由此可見，作者不但重視《大冶一爐》一書，更視之爲可留名青史的著作，欲藉此書以傳世的動機是非常明顯的。

（二）樹立典範

王國璠在《臺灣先賢著作提要》有關《大冶一爐詩話》的內容提要中云：

> 是編未梓，傳其自序略云：『夫詩之域，浩瀚汪洋，不知其際，不敢
> 議，亦不敢從。若必議之，論道當嚴，取人當恕』可謂卓然有識。

由此可見，胡南溟作此書的動機，亦有爲選詩、論詩樹立典範之意。而其在文中亦有頗多批評一般詩話之語，正應是出於此一立場的必發之語。如在第五、六號中便提出對於時下詩話的缺失，在結尾的第二百零七號中又特別再加以強調選詩、論詩之法，實際上亦是欲樹立一能「質之後世」堪爲典範的「詩話」作品。而其在第一百一十一號中言：「視比區區於家學、鄉學、國學之詩人，小之乎視天地矣，於是作大冶一爐一書，以擴天下古今詩人之眼界。」此正是欲跳脫出一般人知識見解的窠臼，建立一完整的詩學批評架構以留予

〔註213〕見《臺灣詩鈔》（南投，臺灣省文獻會，1997年），頁349。
〔註214〕見盧嘉興：《臺灣古典文學作家論集（上）》，頁370。近人龔顯宗言及此贊時，
雖然只云：「以鐵面御史自居，其氣概可知。」但由其安排此贊於論及《大冶
一爐詩話》後，可見作者也認同此贊與該詩話的關係。見龔顯宗：〈欻奇侘傺
胡南溟〉，《臺灣文學家列傳》（臺北：五南，2000年），頁317。

後人之意，由此亦可見作者對於詩話創作所抱持的嚴謹態度與對於《大冶一爐》的高度重視。〔註215〕

（三）鼓吹詩教

上文已言，作者欲作一完整的詩話以傳世，以樹立典範，而成為傳世典範的標準為何呢？一言以蔽之，即在儒家所鼓吹的「詩教」兩字。〔註216〕詩教即是本著「溫柔敦厚」之意，產生其社會教化的功能，而詩可「興觀群怨」的功能，也可中和人民之情志，「思無邪」的思想，更是道德紮根的重要方法。即是朱子所言的：「詩本人情，該物理，可以驗風俗之盛衰，見政治之得失，其言溫厚和平長於風諭，故誦之者，必達於政而能言也。」〔註217〕在治世時可鳴家國之盛、人民之樂，委婉反應世情，以供為政者借鑑，使治世延長。在亂世時，雖轉為「變風」較為激烈，但仍能本於性情，以求社會能撥亂反正。

「詩教」可說是全篇詩話的宗旨，是胡南溟用以鎔鑄天地的中心〔註218〕。而在胡南溟的心中，日本治臺是臺灣治世的來臨，故其曾在詩話第八號〔註219〕中提及欲鼓吹一「明治體」以鳴家國之盛的說法〔註220〕，實即是在提倡「詩教」之餘，更欲進一步藉實際創作以實現的想法，由此亦可見其劍及履及的

〔註215〕作者的引文與說法，以及對於《大冶一爐》內容的高度重視等語，可見上文註釋第180。

〔註216〕胡南溟重視受儒家思想影響的「詩教」等觀點，亦可見於其〈五曲序〉中，吳毓琪亦評之曰：「……文章之作者著重美刺治亂興亡、曉通天下大義，以『美教化，移風俗』為最高寫作理念思想，顯見胡氏依循儒教思想，強調文學的社會功能，作者應以教化人心為寫作目標，讀者則應以文學的道德功能為鑑賞標竿。」見吳毓琪：《南社研究》，頁178。

〔註217〕見朱熹：《四書集註》（臺北：世界書局，1989年），頁88。

〔註218〕故作者於上文所提的自贊中言「冶盡古今詩，鍊成如意鐵。」所根據的中心思想，即在「詩教」兩字上。

〔註219〕作者於第八號中以為，作者承繼劉勰「時序」的思想，云「士生於隆盛之時，所當鼓吹休明和聲，以鳴國家之盛。」，此即是言日治以後乃一新昌明的時代，應有相應之詩歌。作者並自號其為「明治體」以為其「聲律要高唱入雲，大聲發於水上，方不失大國民本色。」「又須雄氣邁倫，不粗不囂，不委不靡，矯健控縱，最忌平直。」作者還欲為這所謂的「明治體」徵詩，其云：「凡諸大方文豪，有結構者，隨作刊出。他日有蒙諸鉅公賞識者，湊集編成明治樂府。」

〔註220〕事實上以文章鳴家國之盛應該屬於日本政府的一種統治手段，例如1909年1月5日的《漢文臺灣日日新報》便有所謂的「熙朝雅頌」欄，單看欄位名稱就知其目的。

積極性格。而作者又在一百零九號〔註221〕中再次重申於治世中鳴家國之盛的必要，並言這是「大冶一爐之所以作也。」此除可與第八號相呼應，亦可證明作者以「詩教」爲宗，除在詩話中不斷重申外，更進一步欲在現世中求實現，實乃其著作此詩話之動機無誤。

三、內容大要

《大冶一爐》全文甚鉅，無法一一羅列其 207 篇內容大要於此（可參見附錄三）。概言之，該詩話雖在報紙連載，但思想中心卻頗爲嚴謹一貫。除了少數涉及臺灣文學，或兼及中國詩學史之論述外，一言以蔽之，胡南溟在此詩話中是試圖採用中國傳統詩教的立場作爲選詩與批評的標準，除了時時闡論詩教之意義與內容，並說明詩人之人品、性情對詩作成就的影響外，並歷舉各朝代符合或不符合此一立場的詩人作品加以批評，包括《詩經》、漢魏樂府、古詩十九首、以及阮籍、左思、鮑照、謝朓、謝靈運、陶淵明、庾信、李白、杜甫、蘇軾等人。然全文後半近一百回卻集中於批評白居易〔註222〕、吳偉業的詩作而顯得有些頭重腳輕，但全文立場仍很明確，無嬉笑怒罵之詞，且篇幅甚鉅，雖未刊行〔註223〕，然實已有專著之規模與價值。

四、文本的流傳與記錄

《大冶一爐》是胡南溟先生的鉅作，當時胡氏正值四十歲的壯年，身心狀況皆良好，其作在《漢文臺灣日日新報》，由明治 42 年 1 月 22 日到 44 年 10 月，連載了三年之久，共 207 號，隨著《漢文臺灣日日新報》的停刊而結束。但後人對該文本的流向卻未交代清楚，且胡南溟其實並未在文本中以「詩話」名之，當時《漢文臺灣日日新報》之〈編輯日錄〉曾經兩度提及《大冶一爐》，也都未加以「詩話」之名。其云：

〔註221〕作者於 109 號云：「今日者日本與臺灣人合爲一家，其所作之詩，有古近體，各隨其性情之所欲出，詩歌徵逐，快如梭織，一送一迎，一宴一會，一別一餞，一遊一訪，一唱一和，性情志趣，相伯仲焉。我國家維新大業，比開國規模，更高更壯，而臺灣人亦得文章髣髴，共鳴國家之盛。」

〔註222〕一反文學批評傳統而批評白居易，與《大冶一爐》中所提之《歲寒堂詩話》的主張也非常類似，兩者之間的關係可另立一文加以討論。參見王運熙、顧易生：《中國文學批評史》，（臺北：五南，1993 年），頁 416。

〔註223〕胡南溟曾犯精神疾病，頗不得志，故也無能力將作品出版。有關作者與文本之內容，見見吳毓琪：《南社研究》，頁 174～178。

南溟子寄到大冶一爐〔註224〕之稿，健筆縱橫，間有極天地古今之奇。而爲天地古今陶成一大詩人在焉，南溟是也。數語，同人讀之，皆咋舌不下，以爲才人膽大。他人所不敢言，亦不能言也。（1月8日）

鵬子所寄大冶一爐之著，雖未窺全豹。然讀其自序之文，已覺議論迴別，亦可以概其餘矣。該稿擬於陰曆元旦以後續刊，公諸同好。（1月16日）

　　然其友人連橫則在《臺灣詩乘》中以《大冶一爐詩話》名此文本，後人於是皆因襲之，不過觀其內容與說法，以「詩話」名之，應無疑義，況連橫與胡南溟有所往來，故連橫之說必有其根據。〔註225〕王國璠於《臺灣先賢著作提要》中談及《大冶一爐詩話》時言：「是編未梓，……惜原稿不存，未悉

<hr>

〔註224〕編輯日錄稱之《大冶一鑪》，但發表之文本始終則爲《大冶一爐》，筆者以爲應尊後者。

〔註225〕胡南溟會不以詩話稱《大冶一爐》實是因爲其以爲此作爲詩話之空前絕後之作，故不必冠以詩話之名。此可由作者在《大冶一爐》中批判「詩話」之語，得到佐證。如在第五號，其以爲詩話作者往往隨意作之，後世亦隨興讀之，時間浪費於此道中，人品、性情也跟著降低，故詩雖工，但卻無益於人品性情之修養，其言曰：「今人學詩，多近規撫，但求詩之工拙，而不知詩所以發明胸中所欲言者。人品高，則詩品亦從之而高，性情厚，則詩意亦從之而厚」。故作者以爲當以學問經濟爲根柢作詩，並綜合上文談及參酌「山海人物」之理而言曰：「經史子集之學，所以佐吾詩之材也，山海人物之奇，所以富吾詩之料也。詩中有話，話中有詩，所以純厚詩人之人品性情也。」第六號，該文之大要爲，作者批詩話若「有詩無話」或「有話無詩」應都只能視爲「變體」。而若不能出自大家之手，亦爲「戲謔之談，最易長輕薄之行，究於藝苑一道，全未窺及。」又於207號談選詩評詩之法，以爲傳世之詩有四種，誦詩之法亦有四種，若不明此理，便會在選錄詩時出現缺失。而若熟知此理「以此選詩，以此評詩，以此誦詩而傳世，可以質之天下後世而無疑矣。」而「若夫一人傳家之詩，未經名人論定，而刊出爲課塾計者，或一首一句，此在四者之外，可於詩話及之。」由此可見作者對於一般「詩話」之作的批評，而作者以爲撰作詩話必須有一定之修養（博通經史子集），一定之中心思想（詩教），而作者平時又是以此自詡者，故也只有作者之《大冶一爐》是空前絕後者。更直接的證據是，作者於第一號云：「……其能把此天地古今一大冶而下此大鑪錘者，則必有極天地古今之奇，而爲天地古今陶成一大詩人在焉。南溟是也。又必有極天地古今之奇，而爲天地古今陶成千百詩人生焉，其唯讀南溟詩話之大冶一爐之詩人在乎。……」又於第85號言各代詩話叢出，進而言己之詩話最佳。其云：「南溟之詩話，又和天地爲一大冶，而以一爐爐之。此則極天地古今可驚可愕可奇可怪之狀，纖悉幽隱之微，而皆出於大冶一爐之手。」皆是。

分類，體例若何。」〔註226〕

顯然王氏同樣以「詩話」名之，然不知其流向。而盧興嘉在〈清末臺灣的詩文大家胡南溟〉中，則對《大冶一爐》的文本流向作了較有效的掌握，其云：

> 他早期任職報界所連載的《大冶一爐詩話》因沒有集錄刊行，致都散逸無存。胡氏返臺，任職全臺報記者，與黃拱五共筆硯。他服務報社編撰時事外，經常發表他的詩作及《大冶一爐詩話》連載，內容包含極為廣泛，議論新穎。〔註227〕

由上可知，盧氏亦以「詩話」名之，而能道出該文本是在報紙連載則是較為清楚的交代，但盧氏未交代《大冶一爐》是在哪家報社連載，由於胡氏當時是「全臺報」記者，故未清楚交代，則容易使人混淆。

近人吳毓琪在《南社研究》中對於胡南溟的《大冶一爐》僅言：「胡殿鵬著有《南溟詩草》與《大冶一爐詩話》，今皆亡佚。」〔註228〕而《臺灣漢語傳統文學書目》中，則僅言其有「著錄」於《臺灣省通志稿》、《重修臺灣省通志》與《臺灣先賢著作提要》中，亦未交代其流傳之狀況如何。〔註229〕

由以上之說明，我們可以清楚的發現，《大冶一爐》的文本，在早期雖已由盧氏點明其曾在報紙中連載，但或許由於盧氏之作早期流傳不廣〔註230〕、加上《臺灣日日新報》在早期並未有微縮與影印本刊行，直到這幾年，在相關的研究著作中，對於《大冶一爐》卻都仍以亡佚之作視之，且加以「詩話」之名，雖甚合理，但原作者畢竟未於連載時如此名之〔註231〕，故也有提出來說明的必要。

〔註226〕見王國璠：《臺灣先賢著作提要》，頁145。

〔註227〕見盧嘉興：《臺灣古典文學作家論集（上）》，頁334，369。

〔註228〕見吳毓琪：《南社研究》，頁175。事實上，臺灣省文獻會（國史館臺灣分館）的特藏室仍存有《南溟詩草》之手抄本只是至今仍乏人問津，文本已侵蝕的相當嚴重。

〔註229〕見吳福助：《臺灣漢語傳統文學書目》（臺北：文津，1999年），頁120。

〔註230〕根據黃天橫在〈盧嘉興先生其人其寫作〉中曾說道，其作全在《臺灣研究彙集》中，是把當時發表於期刊的著作之抽印本輯錄而成，共二十四集，但當時每集只有120本，盧氏則將之分送給友人收藏，故研究雖認真，但影響相對卻不大。見盧嘉興：《臺灣古典文學作家論集（上）》序言排次三。

〔註231〕在「臺灣日日新報」中連載的「詩話」還有「瑞軒」、「滇南」、「瞻廬」、「神州」、「意園」等，故《大冶一爐》若欲以「詩話」名之，應無困難才是。

五、價值呈現

（一）文學史料方面

由於《大冶一爐》的內容偏重在以一「詩教」思想連貫並總評中國文學史上的主要作家，所以在有關臺灣文學史料的記錄方面與《臺陽詩話》等書相比，顯得相當缺乏。但由於作者本身即是當時重要的臺灣文人，所以作者本身所表現的思想，在某一程度上即可代表當時臺灣文人的思想，故具有參考價值。至於作者對臺灣古典詩學界的概觀，雖然少，但也可以相當程度反映出明治晚期（明治到 45 年）臺灣古典詩學界的狀況，以及古典詩人對於當時古典詩發展的肯定。以下分兩點加以論說：

1、日人文學政策的奏效

初讀《大冶一爐》最讓人訝異之處即在於胡南溟的親日思想，或許這也是其作能在親日的《臺文臺灣日日新報》連載近三年的原因吧！日人採用重視漢詩文，以及對於舊仕紳給於策勛、任官等的政策，不論在思想上、現實上在當時的確都有其一定之效果，端看王松對於日本政府態度之轉變及顯而易見，而我們與其說這些文人是「變節」倒不如說他們只是願意面對現實（馬關條約是合乎國際法的契約），而對於認同、尊重他們文化的外來官吏，在驚訝日本人原來也能與他們溝通之後相應的也表現出好感罷了。

事實上，清朝的沒落與日本的現代化的確也是很強烈的對比，由於胡南溟曾到過中國，後又返臺〔註232〕，一如許多臺灣仕紳一般，其對於兩國之間的文明差異必然是感受頗深的，故胡南溟言日本為「我東方秀氣文明君子之國」〔註233〕，這必然是受到兩國現代化程度的影響。故吳東晟便言《大冶一爐詩話》與《寄鶴齋詩話》可以說是「治世之詩話」與「亂世之詩話」的對比，而《大冶一爐詩話》可說是眾「臺灣詩話」中政治立場最明顯的作品。以下茲錄胡南溟於 1906 年 1 月 3 日與 5 日於《漢文臺灣日日新報》的詩〈與兒玉爵帥凱旋南巡日〉〔註234〕及〈新年河〉，亦可一窺其思想：

〔註232〕且胡氏第二度離廈門返臺是因為連橫所主持的報館被查禁，故胡氏對於清廷，必然沒有極好的印象，又胡氏年輕時雖曾在臺灣「『補博士弟子員』，嗣食餼。」但終究是唸臺灣的書院，沒有真正清朝的官，對於清朝的宗主觀念或期待心理，相對便不如已有功名在身的仕紳。引文見盧嘉興：《臺灣古典文學作家論集（上）》，頁 367～369。

〔註233〕見《大冶一爐》59 號，109 號，分別有「東方秀氣文明君子之國」與「我日本東方秀氣，兩千五百六十餘年文化之國也。」等語。

〔註234〕此詩背景為兒玉源太郎參與日俄戰爭結束後至臺，臺灣文人多所恭維。

五丈旗紅綠幾灣，春風報道鴨江還。

大名直震興安嶺，斗印高懸毗舍山。

蓬島鍾靈人傑出，饒歌唱凱馬鳴班。

南巡父老齊浮白，尤喜將軍不改顏。〈與兒玉爵帥凱旋南巡日〉

大東日麗爛芙蓉，千里河清閬幾重。

盟帶漢庭來白馬，負圖盧闕出黃龍。

萬年齊戴天皇國，九曲長環富士峰。

我亦臨流歌令旦，醉葡今歲又呼松。〈新年河〉

　　總括而言，日本政府的文明終究只是影響胡南溟民族意識的外緣因素，日本政府鼓勵漢詩文（即使只是統治手段），還給予文人發表、連載的機會，知名度大增，這都是清朝政府治臺時所無法給予的，事實上，清領晚期，清政府連編寫方志的能力都有問題了〔註235〕，一般臺灣文人想透過官方管道發表詩文的機會可說更是微渺了！故胡南溟的親日色彩可說是日人文學政策奏效的又一實際例子，吾人亦可由胡南溟的實例一窺當時日人文學政策的實行效果。

2、當時之古典文學盛況

　　胡南溟在第 109 號中言國家昌盛文學也相應而盛時曾提及當時臺灣詩社林立的現象與吟會之盛況，該號云：

> 臺灣文學，相傳方三百年，迄今詩社繼起林立，其大者北有瀛社，
> 中有櫟社，南有南社，一大會則不下數百人，騷壇名宿，龍虎風雲，
> 遭逢稱極盛焉。

這與連橫的〈臺灣詩社記〉似可相為呼應，此一概觀式的介紹，亦可透露出當時臺灣古典文學界的盛況。〔註236〕

〔註235〕清政府在同治、光緒年以後，便未再重修《臺灣府志》或《臺灣縣志》，僅有淡水、苗栗、澎湖、恆春等廳縣的志書編撰，到光緒二十年欲重修時，隨即又碰上甲午戰爭而作罷。僅留下一些草稿，亦即「採訪冊」。見陳捷先：《清代臺灣方志研究》（臺北，臺灣學生書局，1996 年。）頁 151～188。高志彬：〈清修臺灣方志藝文篇述評〉，《臺灣古典文學與文獻》（臺北：文津，1999 年），頁 57。曾言：「道咸以降，方志纂修有間，臺士之著述未得刊行者，惟有藏稿於家以俟後人。」

〔註236〕因為當時日本政府為了壟斷臺灣文人，鼓勵漢詩寫作，所以有此盛況，但大部份的文人卻未發覺其背後的政治目的，胡南溟顯然也是其中之一。

3、臺灣文人養成條件

筆者以爲瞭解臺灣文人的學習環境是研究臺灣文學史極重要的一環。因爲他直接影響到一地的文學水準與宗法。《大冶一爐》第 6 號言當時臺灣人所讀之詩話僅：

> 隨園、漁洋、雨村、射鷹樓、六一、養一齋、靜志居、歲寒堂、風
> 月堂、聽松盧、玉壺山房與夫許彥周、王直方等編詩話。

不論這些詩話是否如作者所言皆是，「就詩讀詩，就詩論詩，幾乎無詩矣。」之作，但由此我們也可以概略的瞭解到當時臺灣文人能閱讀到的詩話主要有哪些了。

（二）文學主張方面

概觀全篇內容，作者可說欲以「詩教」的思想作爲篩選歷代詩文的標準。筆者以爲不論其所言之詩教思想或是兼而談及的詩學內容，基本上都沒有什麼創發之處，大抵而言即是以「溫柔敦厚」爲文學批評之準據，以「人品」、「性情」爲創作的根本。至於作者以爲文學詩歌當能反應國家之隆盛與否，亦不脫《文心雕龍、時序》篇之內容，總括而言皆不出受儒家思想影響的傳統中國文學思想之範疇。

（三）文學美學方面

《大冶一爐》全篇採用駢散交雜的文法名篇，是臺灣詩話中的少見之作，但是時序已近現代，用駢文者既少，欲寫出好駢文亦難，讀《大冶一爐》雖可見胡南溟之自信與胸懷，然文字亦經常有不通或斷句不順之處，故讀之亦頗爲辛苦。事實上，胡南溟所欲表達之思想本相當清楚，亦即欲貫徹詩教思想於當代，建構一以詩教思想爲主軸的文學發展脈絡，但或許是其有心「立異以爲高」，故選用了比古文更難表達與理解的駢文。有時一句簡單的話，卻爲了配合俳偶而刻意添加文辭，拉長語氣，反而使人讀之困難，又增加了許多無謂的煩惱，這正是駢文之弊，也是《大冶一爐》在表達形式方面的缺憾。

至於其在內容與形式的搭配上也有頭重腳輕之弊，第一號氣象雄偉，似欲開一前所未有之文學論述方式，實僅是欲重申詩教主張，故難免令人感覺「雷聲大，雨點小。」尤其到後半部，近一百號都僅介紹白居易、吳偉業兩人，和之前介紹蘇軾用七至八號的篇幅，介紹鮑照、陶淵明也是零星間雜而

出差異實在太大，至於其他同時有承繼詩教思想的詩文人則多略過，這與其欲將古今詩人、詩學融於於爐中的宏偉抱負似又有矛盾之處，顯然材料有所不足，故頭重腳輕之弊便凸顯出來了。

上文已言，胡南溟之作雖篇幅甚鉅，但與其原先預設的理想仍有一段距離，又使用駢文，文字表達之效率較低，都是頗為可惜之處。

六、文本產生之意義

胡南溟及其《大冶一爐》有其多重意義，他除了連載時間及篇幅皆頗長外，作者對於該詩話的期許，更有其劃時代的意義，不論其內容是否符合預期，作者視其作為亙古以來之創見，並鄙視其他就詩論詩之詩話作品，而自認己之「詩話」可堪為典範，甚至是空其絕後之作〔註237〕，如此敢與中國古典詩學之成就抗衡的精神，與之吳德功在其《瑞桃齋詩話》的序言中先明言其作不能超過中國已有之詩話，或王松作《臺陽詩話》純以臺灣人士為主體以求分別，皆大不相同。胡南溟的表現，其實正代表了許多當時臺灣古典文人的心理，但其成就，也凸顯了許多缺憾。詳言之，臺灣經過清朝三百多年的統治，在清領末期文教水準實已與大陸宦遊文人並駕齊驅，而跳脫了以宦遊人士為主，臺灣學子為賓的隸屬關係，也就是說臺灣文士已經在臺灣文壇站穩了腳步，宦遊文人未必高於臺灣文人，唯一的差別只是在宦遊文人尚擁有政府所賦與的統治權罷了！胡南溟在日治時期，大膽言其《大冶一爐》為融天地古今為一爐的鉅作，相當程度即是表現了臺灣古典文人已欲和大陸的文學系統分道揚鑣，甚至自認已超越其成就之心理。但事實上，其作若欲與中國之詩話或文論著作相較，其實仍有一定的差距，若欲言其為曠世鉅作，實在是誇大其詞。而相較之下，其古體詩之創作成就便的確不俗（但不在本文討論的範圍）。所以我們可以說，胡南溟除了突顯出臺灣文人對己之詩學成就之自信外，也突出了臺灣文人事實上在詩學的鑽研與累積上與中國長久之文化累積相比似仍有一段差距，甚至有許多文人僵化的酬唱作品可說是在實際的創作成就上都還不能入流。但時序已近現代，古典文學的發展也告尾聲，一切的成就都得轉為歷史，胡南溟所代表的正是在臺灣古典文學成為歷史前的實錄。

〔註237〕參見註釋180。

第五節　《瑞軒詩話》與《鐵峰詩話》的內容與價值

一、前言兩本同質性極高的文本

　　《瑞軒詩話》與《鐵峰詩話》分別是由連橫與許鐵峰兩人所作。《瑞軒詩話》原載於《漢文臺灣日日新報》共十三號的內容，由於這是連橫於明治40年於臺中養病時所作，所以內容主要皆在記錄當時的櫟社文人與活動。而《鐵峰詩話》曾在《臺灣詩薈》、《臺灣文藝叢誌》、《詩報》中刊載過部份的內容，後由「臺中洲博文社」所刊行，筆者根據《鯤海粹編》之版本，乃依此一完整之原稿所刊載〔註238〕。《鐵峰詩話》作者為臺中大甲人，該詩話所作之內容基本上也是以臺中地區的詩人為主體。

　　筆者以為，《瑞軒詩話》與《鐵峰詩話》的同質性非常高，且可相互補充，一方面是同樣以中部地區的詩人為視野，而且《瑞軒詩話》雖在報紙連載，內容卻相當一貫且流暢，這與下文將探討的幾部連載於報刊的文本大不相同，而且其文字典雅流利，侃侃而談，頗類於傳統中國「資閒談」之詩話。《鐵峰詩話》雖在報刊刊載過，但事實上也是一完整一貫的文本，與《瑞軒詩話》相同都能展現出「資閒談」之類詩話順手拈來，書寫見聞的流暢風格，毫無堆砌與拉雜的內容。所以筆者於此特別將這兩本同質性相當高的文本另立一章加以討論，藉以凸顯其價值。

二、作者生平思想與創作動機

（一）作　者

1、連　橫

　　連橫（1878～1936），字武公、雅堂，號劍花，一號天縱〔註239〕，曾任「臺南新報」記者，廈門「鷺江報」主筆，創辦「福建日日新報」，並編有《臺灣詩薈》。他的堅毅個性，可由《拾碎錦囊》中對他的記錄窺知一二，其言：

> 初為臺南新報記者，危言讜論，咄咄逼人，繼創立福建日日新報，
> 大張民族主義，八閩民氣為之一振，乙巳四月，在廈倡議抵制美約，

─────────────
〔註238〕筆者另有許天奎著之《鐵峰山房唱和集》，經比較，與《鯤海粹編》所載一致。
〔註239〕關於連橫又號「天縱」的部份是根據《拾碎錦囊》99號，見《漢文臺灣日日新報》38年11月11日。

登堂演說，觸怒美領事，照會廈門，欲封報社，雅堂不屈，謂言論
自由，吾人大賦之性質也，其文名遂震動一時。

另外曾爲「瀛社」、「櫟社」、「南社」社員，早年作品多發表於《漢文臺
灣日日新報》，蓋緣於作者與「瀛社」之關係，晚年與「櫟社」交惡〔註240〕，
後多發表作品於《三六九小報》，實因參與「南社」之故。著作甚富，有《臺
灣通史》、《臺灣詩乘》、《大陸詩草》、《寧南詩草》、《雅堂文集》、《臺灣語典》、
《雅言》〔註241〕等，關於連橫，後人探討者頗多，此處不再贅述。

2、許天奎

許天奎，字鐵峰，臺中大甲人，王竹修先生許爲「倜儻有劇孟風」、「好
客如孔北海」。王國璠云：

家素豐，喜聚賓客，舉動生風，談吐詼諧。……工詩，名重一時。
割臺之變，不及內遷，絕交遊，卸俗務，家中財物，悉交乃兄天催
掌理。日惟哦詩飲酒爲樂。旁人竊笑無病呻吟，而天奎則自得其趣。
生卒年不詳。〔註242〕

筆者以爲許天奎爲日治時期之異數，他不與新政府交際，浸淫於詩酒之
中，有一種隱士的風格，而其豪爽之氣慨，又非一般亡國遺民所能比擬。我
們由昭和九年的《詩報》中有以林幼春爲詞宗的「大甲鐵峰山房徵詩」啓事，
以及所錄的前三名分別爲「竹山」張達修、「臺中」天孤、「臺中」蔡梓舟，

〔註240〕民國19年（1930年）3月2日，曾有一篇署名連橫的文章，該文是針對日本
政府特許鴉片煙問題的附議，該文一出，全臺輿論譁然。雖然鄭喜夫：《連雅
堂先生年譜》（南投市：臺灣省文獻會，1992年）頁154～158，作者曾強烈
懷疑該篇文章是由誰所作，認爲連橫「未嘗隻字辯白，蓋有莫大之委屈也。」
但連橫未回應以及全臺輿論的抨擊已是事實。眾所皆知，由林獻堂、蔣渭水
所推動的「文化抗日」工作中，即曾對於日本政府開放鴉片煙給臺灣人吸食，
毒害臺灣人的策略，提出許多反制之策。這些人反煙的態度自然最爲積極。
而連橫此一作爲，自然也是以林獻堂爲首的「櫟社」同仁所不能認同的。緊
接著在十三日，櫟社便開會決議「社友中凡三次不出席總會者，應依社規爲
退社。」云云，顯然是針對連橫而來，因爲其已多年未參與櫟社活動，緊接
著在四月一日即通過開除連橫會籍。
〔註241〕《臺灣通史》記臺灣之史，上起隋代下至清朝，《臺灣詩乘》則以臺灣當時所
存之方志藝文志爲素材來加以提煉，勾勒出一幅具有時間先後次序的臺灣詩
人圖像，《大陸詩草》與《寧南詩草》則是連橫多次赴中國之作，《雅堂文集》
則將作者發表於報刊之文章作出相當的收羅，《臺灣語典》與《雅言》可說是
對於臺灣話文運動的對應，其考索閩南語發音之用心頗具科學精神。
〔註242〕見王國璠：《臺灣先賢著作題要》，頁121。

可以窺探，許天奎不但是當時中部文壇的領袖人物，同時交遊廣泛〔註243〕，
見聞必然相當豐富。

（二）創作動機蠡測

《瑞軒詩話》與《鐵峰詩話》由於內容性質類似，故此處藉由兩本詩話
的內容來蠡測其創作動機並加以綜合討論如下：

1、書寫見聞，兼發議論

由內容來看，這兩部詩話都是由作者書寫其見聞，且多爲親眼所見或所
聞者，同時穿插部份議論，以顯現作者的文學思想與素養，或是對於臺灣文
學現況的感想。這種沒有特定目標，且主要以臺灣文壇爲敘述場域的作法，
兩本詩話都是一致的。所以我們可以說，連橫與許天奎都是在沒有特定目標
與立場下，分別將其居住於「瑞軒」與「鐵峰山房」時的見聞與感想一一加
以書寫記錄下來，正如傳統中國資閒談的詩話一樣，動機都是來自於一種純
粹的雅趣。

2、選錄佳作，以資品評

選詩代表文學眼光，所以兩位作者在書寫見聞時，也同時必須兼顧所收
錄之詩文的品質。簡言之，也就是要發揮傳統中國詩話「摘句批評」的特色，
藉由選錄佳作以體現作者的文學品味與眼光。

如連橫在連載的第四期中云：

> 幼春之詩，前僅錄其一、二，近得其續感懷雜詠六首，是十年前所
> 作者，氣魄之大，格調之高，我臺詩界有幾人哉？急爲補入，以饗
> 讀者。

我們由「饗讀者」三字即可瞭解作者正欲與讀者一起分享其文學品味。〔註244〕

且連橫曾於《臺灣詩乘》〔註245〕中云：

> 詩乘與詩話異，詩話之詩必論工拙，而詩乘不然；凡有繫於歷史、
> 地理、風土、人情者則采之，故不以人廢言也。

〔註243〕見王國璠、邱勝安：《三百年來臺灣作家作品》，頁137，云：「他少年時代，
　　　　是很聰敏博雅，豪邁不羈。由於家道很好，喜歡聚集賓客，酬唱應和。王竹
　　　　修說他『倜儻有劇孟風』，『好客如孔北海』。」由此可見。

〔註244〕「饗」即提供饗宴與人之意。作者提及「讀者」必是因爲其能照顧到讀者的
　　　　需求，也就是有提供美的材料以供讀者享用之動機。

〔註245〕見連橫：《臺灣詩乘》（南投，臺灣省文獻會，1992年），117頁。

由此可見連橫選詩確實有考量到詩作品質的問題，因為這涉及選詩者的品味與水準。這亦可於《瑞軒詩話》連載第十三號中得到應證。其云：

> 亡友呂厚庵茂才臺中三角庄人。乙未冬，余見於大墩逆旅，握手若平生歡。翌年春，余來寓大墩，思一過訪，越數月，而厚庵逝，竟不得再見為憾，林子癡仙與厚庵交最篤，為輯其遺詩付梓，囑余序之。按厚庵為人，固不藉詩以傳，而詩亦有可誦者，為取數首以實詩話。〔註246〕

簡言之，連橫作《瑞軒詩話》的目的是要將有關櫟社的活動與櫟社社員的文學成就記錄並刊出以與臺灣讀者分享〔註247〕，但在選材的同時，仍須顧及其品質，而非僅為「以詩存人」、「借詩以傳」的〔註248〕。

《鐵峰詩話》亦然，作者選詩當然也都是其所認肯的名篇佳句。例如《鐵峰詩話》中唯一一位入選的日本詩人為籾山依洲，正是由於作者認為他「聲調之高，措辭之雅，令人心折不置。」又錄梅鶴仙史之詩，也完全是以詩句的內容為品評之依據，至於作者是誰，即不必考究了。其云：

> 報章之詩，間亦多佳作，有自署梅鶴仙史者，為友人題山居五律云：築室山之麓，流泉繞短垣。落霞明遠嶼，聚雨暗孤村。案有琴書樂，庭無車馬喧。纖塵飛不到，高臥聽松軒。」秀韻天然，洵寫景詩中之佳作也。

又收錄舲笛之無題詩云：

> 有自署舲笛者，無題四首云：……。寄意纏綿，措辭華麗，當鵲噪鴉鳴之時，一讀此美人香草之句，心情為之一爽矣。

由上可見，許天奎作《鐵峰詩話》，同樣是在顯現其文學品味的。

3、以詩存人，添補文史

〔註246〕原文「按厚庵」作「顧厚庵」兩者意義皆通。「實詩話」作「寔詩話」亦通。

〔註247〕位於「臺中公園」的「瑞軒」為「櫟社」之創設地，所以兩者關係密切。

〔註248〕王松即是如此，其云：「菽園先生所著揮塵拾遺云：『詩話與詩選，皆輯他人詩，其道同而體例則異。詩選遇佳詩必錄，且不妨多篇；首或敘略，評贊與否，均從其便。詩話所重在話，涉及一人必敘及一人之出處，錄及一詩必評及一詩之優劣，苟其詩有與吾話相發明者即錄之，不必定是佳篇；又其詩之過於長者，每為節省篇幅計，割愛不錄。故詩選可供同好讀，詩話只可供同好觀也。撰詩話者能知此意，則其例較寬』。余愛其言先得我心，故特錄之。」由上可知王松即認為詩話重在存人而非論詩的。見王松：《臺陽詩話》（南投，臺灣省文獻會，1994年），頁71。

　　由於「詩話」本身也有文學史的價值，所以如王松作《臺陽詩話》也談到有些想藉「詩話」以傳世，所以特地前來囑託者。這是每一個文人對於「詩話」都具有的認識，操筆寫詩話者寫作詩話自然也會認知到其意義與價值，所以對於許多具有詩才者，自然會特別加以記錄，以避免遺珠之憾，但既然是認定其具有留名於後世的價值，選錄之詩作也是不能不講究的。這點在上文連橫選錄呂厚庵之詩作中即可發現。另外如許天奎收錄傅于天之詩作，同樣也是考慮到其「好爲詩，力求工穩，不爲誇大之辭。」但是也導致「故遺稿無多」之憾。對於莊雲從，也特別強調他發狂後「詩稿遂成散帙，間有存者，均爲諸友唱和之作，或於報端見之，然已十無二、三矣。」當然作者也不忘說明其詩作具有相當之水準，故其云：「林南強先生謂其已入放翁之室，非虛語也。」

　　簡言之，詩話作者收錄詩作，多是能認知「詩話」的史料價值，所以選錄詩歌時不但要選錄佳句以突出自己的品味，同時也不忘推舉當時的詩文名家作手，尤其是在當時詩作已有亡佚之虞者，以供後世撰史者考評。連橫與許天奎顯然都是能夠認知此點者，所以在詩話中也都能表現出此一內容。

三、內容大要

（一）《瑞軒詩話》

　　由 1910 年（明治 43 年）12 月 26 日至 1911 年（明治 44 年）3 月 20 日止，共連載 13 號。連橫雖爲博學大儒，但此文本從未有人提到，連橫的全集中也未談及有此文本。該文本源於 1907 年（明治 40 年），連橫先生旅居臺中養病時，〔註249〕因爲長期參與櫟社詩會並接觸許多與櫟社相關的文人，故以櫟社創立之處所，亦爲連橫先生養病之處所「瑞軒」爲名，創作此詩話，內容以櫟社詩會所課之詩與櫟社詩人之相關事蹟爲記錄軸心，兼及作者之思想與議論，篇幅雖短，但文字典雅，所述者又皆當時名重一時之文人，故頗具史料價值。

（二）《鐵峰詩話》

　　分別曾經刊載於 1924 年（大正 13 年）11 月的《臺灣文藝叢誌》，1925

〔註249〕見鄭喜夫：《連雅堂先生年譜》（南投：臺灣省文獻委員會，1992 年），頁 45
　　～46。

年 7 月刊載的《臺灣詩薈》第 19 期，9 月刊載的《臺灣詩薈》第 21 期，以及 1935（昭和 8 年）年 10 月刊載的《詩報》第 90 期中。而全文是在 1934 年（昭和七年）刊印單行本，現存流通者爲收錄於《鯤海粹編》之版本，另附於《鐵峰山房唱和集》中。

詩話的內容可分爲兩類，分別爲「詩學宗法，理論之揭示」及「臺灣名家、名作之評介」而以後者爲重。史料價值豐富，同時也能充分發現作者的文學主張與宗法對象，實爲臺灣詩話之佳作。

四、價值呈現

（一）文學史料方面

1、文學現象的考察

（1）針對中部詩壇

《瑞軒詩話》主要著重於對「櫟社」文學活動的記錄，過去吾人對於櫟社的瞭解主要來自於《櫟社沿革志》一書，近年出土並由中研院臺史所註釋出版，櫟社社員張麗俊所著的《水竹居主人日記》〔註 250〕也頗能補《櫟社沿革志略》的不足之處。《瑞軒詩話》同樣有此功能，試觀其中記錄到櫟社於各年所開吟會及加開之擊缽吟會的記錄，還有參與之社員、來賓的詩存，會中的雅事與趣味等，都是採用另一種活潑的形式對於櫟社活動之記錄，只是篇幅不長，能述及的時間也短，是美中不足之事。

至於《鐵峰詩話》對於日治時代臺灣詩社的發展，也有其特殊的看法，其言：

> 滄桑後，不得志之士往往以憂憤不平之氣，發爲詩歌。首由蔡啓運、許劍漁等倡設鹿苑吟社，林癡仙、賴悔之等繼設櫟社，皆能引掖後進，風氣因之大啓。至今全臺詩社林立，未始非諸前輩之力也。

很明顯的作者認定日治時期臺灣詩社的昌盛乃是源於中部，這對於吾人考察當時之詩社發展，實有相當的啓發。

（2）針對文學現象

在《瑞軒詩話》方面，連橫在文中對於臺灣古典詩壇之擊缽吟會流於呆

〔註 250〕參見許雪姬編纂，張麗俊著：《水竹居主人日記》（一）至（六），（臺北：中央研究院近史所，2001 年）。

板與滯塞的現象之省思。在《瑞軒詩話》第一號中，連橫即針對櫟社諸詩友之詩作而言曰：

> 然擊缽吟之詩，而作者皆不爲題所束縛，誠難得也。

既是「誠難得」，可見當時其他擊缽吟會之作必然是難尋佳作的。同樣的，作者亦曾於第十一號中云：

> 鹿港莊伊若久客霧峰，詩不多作。然每逢擊缽之詩，輒占狀頭。蓋其命意甚奇，措辭甚新，非東塗西抹者可比也。

由此可見當時許多參與擊缽吟的詩多是「東塗西抹」的。作者雖未專立一文批評當時的臺灣古典詩壇，但其實由其隻字片語之間所透露的訊息，我們已經可以發現連橫其實對於臺灣詩壇詩作過於氾濫、量優於質的現象並不是不能體察的，這種反省的精神，實是最具思想價值的地方。〔註251〕

而在《鐵峰詩話》方面，作者能採錄報紙雜誌之詩，如作者選錄梁子丹、莊雲從、梅鶴仙史之詩作，都直言爲採錄自報刊者，由此可見日治以後便利的印刷所導致大量報刊的出現，的確也使得古典文人在溝通聲氣、切磋交流上都非常方便，視野自然也會寬闊許多。

2、臺灣文人的記錄

除了少數對於臺灣先賢的記錄，如《鐵峰詩話》記鄭用錫（藻亭）之事外，兩本詩話的內容多針對同時代之人加以記錄，尤以中部地區文人爲甚。試錄之於下：

（1）中部文人

兩本詩話同時皆提及者有九人，皆爲櫟社詩人，分別爲林朝崧（癡仙）、林資修（南強）、林資銓（仲衡）、賴紹堯（悔之）、陳懷澄、趙鐘麒（雲石）、莊嵩（太岳）、陳瘦雲、呂敦禮（厚菴）等。

兩本詩話記錄時人有時亦有出入，例如記呂敦禮，上文已可見連橫之語，因爲當時他已經過世，所以所論較寬厚，但《鐵峰詩話》則直言曰：

> 呂厚庵敦禮，諸生也，喜爲詩，常作骯髒語。然長吉不壽，故其詩

〔註251〕見鄭喜夫：《連雅堂先生年譜》，頁 47，云：「先生在臺南新報發表〈臺灣詩界革新論〉反對非詩之擊缽吟，以其爲一種遊戲，朋簪聚首，選韻鬮題，鬥捷爭工，藉資消遣，然可偶爲之而不可數，數則詩必滑，一遇大題，不能結構。且使詩格自卑，雖工藻繪，亦不過土苴。又謂作詩當於大處著筆，而後可歌可誦。」此論點可與本文相呼應。

無多，遺著有《厚菴詩草》行世。

由此可見許天奎論詩之直率，但亦有意見相同者，如論莊嵩，連橫之語已錄於上文，許天奎除了加評其詩學宗法外，看法頗爲一致，其云：

> 莊太岳先生伊若，世居鹿港。其諸父皆以孝廉明經，爲時名宿。而君獨致力於詩，出入杜韓小李之間。然不輕易下筆，每作輒冠儕輩，蓋亦櫟社之翹楚也。

至於《鐵峰詩話》所提及而《瑞軒詩話》不及者有蔡啓運、洪棄生、許經石（劍漁）、傅子亦（于天）、洪士禎（伯初）、陳瑚（滄玉）、施嘯風、陳錫金（基六）、莊龍（雲從）、傅錫祺（鶴亭）、邱逢甲、施梅樵（天鶴）、魏德清（潤庵）、林獻堂（灌園）等，共計十四位，顯然《鐵峰詩話》所記錄者較多。

《鐵峰詩話》不只所錄者較多，且多能論及各家宗法，以突出其詩風，頗爲用心，如其中有錄陳基六者，文曰：

> 陳基六先生錫金鰲峰諸生也，喜爲詩，出入漢魏諸家。晚年猶酷嗜白陸，故其詩多清眞確切，無浮泛之詞。余最愛其病中送惠如之廈門七律一首云：「分手鰲山酒一鍾，關情鷺島水千重。老來不幸偏多病，別去安能決再逢。此日贈君南陌柳，他年弔我北邙松。須知白首交期短，那禁青衣淚點濃。」所謂不加粉飾，自得風流也。

由此可概觀《鐵峰詩話》之風格。

（2）其他地域文人

至於非中部之文人在《瑞軒詩話》中有記錄相關事蹟者爲連橫、洪逸雅、林湘沅、安江五溪、謝汝銓等，這些人除連橫爲寓居者外，皆是曾至櫟社參與雅集的詩客，故作者爲文以記之。此可見該文本第一、十、十一號。〔註252〕

《鐵峰詩話》所記者有流寓臺灣的梁成丹（子嘉），宦遊臺灣的易順鼎，曾來臺遊覽的梁啓超與日本人峽山依洲等，臺籍文人有白玉簪（嘉義）、鄭幼佩（新竹）、黃幼垣（嘉義）、梅鶴仙史（不詳）、舲笛（不詳）、留仙女史（不詳）、陳省三（臺南）、施士洁（臺南）等。其中陳省三、施士洁皆是乙未後長居大陸者，作者恐未曾謀面。

〔註252〕見謝崇耀：〈瑞軒詩話初探〉，《臺灣文獻》第 54 卷第 2 期（2003 年 6 月）。

（二）文學思想方面

《瑞軒詩話》於這方面的闡發絕少，這或許是受到篇幅以及寫作動機之故。而《鐵峰詩話》雖亦不多，但亦足珍，以下試論之。

1、認識論

《鐵峰詩話》開首即揭示「詩教」之理，顯見作者對於文學的觀念是屬於傳統儒家的。其云：

> 孔子曰：詩三百，一言以蔽之，曰：『思無邪』，夫在心爲志，發言爲詩，情動於中，而形於言，其正常少，其邪常多。此孔子所引以爲戒也。溫李之詩，傷於靡曼，以爲之邪，似無不可。杜韓之詩，使人敬畏，謂之無邪，其庶幾乎。

2、創作論

許天奎大抵即是本於「眞性情」之說如其在討論「壽詩」時提到：「詩人必貴有眞性情，發而爲詩，方無所礙。」又於論梅鶴仙史之詩云：

> 作詩之難，不難於有眞學問，而難於有眞性情，蓋學問可以勉而致，而性情之眞，則得天獨厚也。

有上可知，基本上許天奎的創作觀皆本王漁洋，與當時絕大部份的臺灣文人一樣。

3、批評論

《鐵峰詩話》也提出「詩窮而後工」之論。如其於討論林痴仙的際遇與詩境時便言曰：

> 詩人必經特別境遇，其詩始工。杜公部至夔州，而詩益佳，非其證乎。霧峰林痴仙先生俊堂，邑諸生也。以將門之子，身經喪亂〔註253〕，故其詩多慷慨悲壯，著有《無悶草堂詩存》。甲寅歲，感激時事，憤不欲生，倉皇東渡，欲有建白。旋以不得志，鬱鬱以終。

並錄其〈夜行車北上〉詩，以爲證，而評之曰：「一唱一嘆，非當其境不能道隻字。」

作者又有「尊古、反模擬」之觀念，該文曾云：

> 後之作者誠能因其體裁而獨闢材料，雖不能比美古人，亦不失爲好

〔註253〕　「喪」指林文察之戰死大陸、林文明之「壽至公堂」、林奠國之繫獄終亡。「亂」指臺灣乙未時之亂，霧峰林家如林朝棟者，頗多遷至大陸。

詩。若徒以模仿爲能事，必至一無所得，不亦迂哉？

這些觀念，雖皆常見，但亦可見許天奎的批評論點。

4、傳播論

《鐵峰詩話》云「詩人所以成名者，類皆各得其所長而自樹一幟。」顯然是認爲文人欲成名，則必須擅其所長，進一步說也就是不必追隨時尚之文體。

（三）形式結構方面

《瑞軒詩話》與《鐵峰詩話》皆可謂出自大家之手，故文字典雅且無拉雜繁瑣之內容。《瑞軒詩話》的篇幅雖短，但主題明確，與內容互爲表裡，可謂搭配合宜，而文筆清麗，像是鑲嵌上詩句的小品散文，平易近人，親切可讀，由於詩話本身即是一種文學創作，是故《瑞軒詩話》正是一部本身極具有頗高之文學價值的詩話作品。

而《鐵峰詩話》除了包容了《瑞軒詩話》的優點，內容更是精緻而豐富。史料價值豐富的部份上文已言及，而《鐵峰詩話》在實際批評之語彙頗爲用心，可能將詩話中文學批評語彙的美學特質與指意功能發揮至極。如其評趙鍾麒「性敦睦儒雅，人多樂就之。所爲詩，雄渾溫厚，恰如其人。」評洪棄生之古體詩「體裁之完備，氣魄之雄壯，用意之深，託辭之雅，莫不並臻其妙，洵爲集中律詩之翹楚。」評梁子嘉「堂皇冠冕，均堪傳之不朽。」，評梁啓超《海桑吟》一書「珠玉琳瑯，皆佳作也。」其餘評詩佳語散見上文，亦可爲證。

另外，《鐵峰詩話》讀來從容有餘，且頗能運用「比類相推」之法，侃侃而談。如其欲言傅錫祺工詠史之作，便在文前另立一段說明詠史之詩最難作，以作爲興發之用呼應下文，不急不徐讀之更有餘韻。其云：

> 詠史之詩，最難作，亦最難工，蓋若專摭本傳事實，不著議論，則若一首題贊，西崑諸公是也。至若唐人之雲中雞犬劉安過，月下笙歌煬帝歸，人或識之爲見鬼詩，不禁爲之齒冷。

> 傅錫祺先生鶴亭，生平落筆，雍雍大雅，無一字虛構。又工詠史，皆別出心裁，不落古人蹊徑。

其評施天鶴時亦然，其云：

> 下筆千言，文不加點，古人傳爲美談。實則讀書之多，養氣之深，

天才與實學相應。感喟一室中，雖下筆萬言，固倚馬可待也。研都十年，鍊經一紀。蓋皆作者故爲狡獪以欺人耳，非必眞有其事也。

施天鶴梅樵，別號可白，鹿港諸生也，驚才絕豔，久已蜚聲藝苑。詩宗老杜，尤得明季七子之遺響。每見其下筆千言，頃刻立就。然性風流，不拘小節，其牢騷抑鬱之氣，時於詩中見之，蓋亦所唐伯虎之流亞也。

再如評林資銓等詩人亦然，此處不再贅述。總括而言《鐵峰詩話》於形式結構上可謂比《瑞軒詩話》又更勝一籌。

五、文本特色

《瑞軒詩話》與《鐵峰詩話》除了皆是臺灣「資閒談」詩話的佳作外，《鐵峰詩話》不論在文學思想的闡發，形式結構的安排上，又更突出。至於史料價值上，筆者以爲《鐵峰詩話》所記錄之人數雖然較多，然實不分軒輊。因爲前者在「精」，所述者皆爲親眼所見，後者在「廣」，所言者又兼及所聞。

《瑞軒詩話》是作者寓居霧峰林家之「瑞軒」時所作，內容完全是記載作者於「瑞軒」所見之文學實況，沒有不是親眼所見者，所以可說是第一手的資料，又作者採用「資閒談」的「詩話」筆法來敘述，更可將櫟社文學活動的實況以更自由不拘束的方式來記錄與呈現。所以筆者以爲《瑞軒詩話》於史料價值上的特點在「精」，是專精於櫟社活動之作。

《鐵峰詩話》同樣對於臺灣文學史料的補實具有極大的貢獻，然許天奎在文本中所記錄者僅有施嘯峰、魏潤菴爲作者自言曾親身交往過從者，其餘有時也得借助報紙雜誌以獲取資訊者，如其言黃幼垣時云：

黃幼垣孝廉，善爲詩，籍諸羅。改隸後，攜眷西渡，居閩之鷺江，因家焉。與故鄉幾斷訊息，故其詩文亦僅見。近閱閩報，得其二律，亦吉光片羽，足以自珍者。

不過許天奎終究是一地之詩豪，來往交際者多，所以能獲取的文學見聞必也相對豐富於一般人，因此在記錄這些文人時都能娓娓道來。但若無法親身交往，所記錄者終究只能屬於「耳聞」之內容，價值似乎不如連橫之親眼所見來的高。唯許天奎尚能精細的品評這些文人的詩作，爲連橫所不及。且許天奎不僅能評介這些文人的詩作，又往往能拜其豐富見聞之賜，將人物之略歷與人格特質、文學宗法一一精細地羅列於文本中，這又非《瑞軒詩話》

所能及者。

　　所以筆者以為，《鐵峰詩話》於史料上的特色在於「廣」，因為作者能憑藉其豐富的見聞，記錄大量的文人詩作與略歷，且不至於浮泛，又以中部文人為主，是一部廣泛記錄中部文人與作品的詩話佳作。

　　綜上數節，我們可以概略窺見清領日治之間臺灣知識份子的文學內涵與見識，主要的文本也都藉此提出來做了一定程度的剖析，可謂各有千秋之處。同時我們也可以發現當時這些知識份子對於政權的交替，顯然有著相當不同的作為，有仇日，有親日，也有曖昧遊走於灰色地帶者，由此也反應出當時文學環境的確呈現出許多不安定的因素。至於這些詩話內容的比較與進一步的綜合剖析，待下文討論完「寄生媒體之詩話」後筆者再一併加以申論。

第四章　寄生媒體之詩話

　　上文筆者已將眾所熟知之作品或被埋沒的名家之作提出加以討論，以下筆者將針對當時出現在臺灣各報刊雜誌等媒體中，且顯然是依附於媒體而出現，多半缺乏文本本身之自主性〔註1〕的作品來加以討論。這些作品雖不乏當時之詩文名家所作，但由於本身所反應的內容或者過於貧乏、片段，並非出於深思熟慮而後之作，或者顯然是為了配合媒體之版面所作，冗長而缺乏完整之結構與主張，所以與上一章節所羅列之作品實有分別。但不論如何，其文本本身的歷史價值與文學史意義仍是存在而需要加以探討的，以下筆者將之分為《漢文臺灣日日新報》、純古典文學刊物與綜合文藝刊物三大部份之詩話的文本來加以探討。

第一節　《漢文臺灣日日新報》之詩話的內容與價值

一、日治初期最活躍的古典文學媒體

　　《臺灣新報》於明治29年8月創刊，是日本治臺後第一份普及流通的報紙，也可說是臺灣島上第一份現代化的報紙。由於它可說是臺灣總督府的機關報，所以影響力自然不容小覷。而本著後藤新平時代開始的「懷柔」基調，《臺灣新報》亦扮演著關鍵的角色。當時大量的臺、日古典文士皆曾於此刊登詩作，另外《臺灣新報》的臺籍編輯如洪以南、林湘沅、謝汝銓、魏清德等皆為當時臺灣古典詩壇的中堅份子，明治42年時，他們更以《臺灣日日新

〔註1〕所以這些詩話文本猶如「寄生者」，而媒體（載體）則猶如「宿主」。

報》〔註2〕爲依附，大張旗鼓的創設了極具親日色彩的「瀛社」，成爲臺灣三大詩社之一。至於其他詩社如「玉山吟社」、「竹社」、「羅山吟社」等的擊缽課詩之作亦都曾刊載於此報中，可見《臺灣新報》對於當時的臺灣古典文壇，尤其在1910年《漢文臺灣日日新報》未停刊之前影響力尤著，1937年日文化後，《臺灣日日新報》僅剩的「漢文欄」中便只有「瀛社」〔註3〕的詩作較有刊載的機會了。而這些臺灣文人只好另覓發表的管道，《臺灣文藝叢志》、《臺灣詩報》、《臺灣詩薈》、《詩報》等刊物隨著臺灣詩壇的發展孕育而生，也成爲發表的新管道。甚至我們可以發現《臺灣日日新報》系統〔註4〕的詩人如謝汝銓等於1935年（昭和10年）共創《風月報》，更可顯示《臺灣日日新報》的漢文欄位減少後，臺灣日日新報系詩人也必須另謀發表管道的現象。另外如《漢文臺灣日日新報》時期，連橫也曾大量發表古文於該報中，日文化後便不見其作品，連橫自創《臺灣詩薈》又參與南社的《三六九小報》也可證明《臺灣日日新報》於日治初期在對臺灣古典詩壇的影響力於「漢文版」撤銷後便逐漸弱化的文學現象。

由上可知《臺灣日日新報》以「漢文版」時期所發表的古典文學作品最蓬勃，雖然難免會受到當局的監督。而在這個時期除了詩作與古文等古典文學體材的刊載外，也有許多「詩話」的刊載。甚至在「漢文版」時期曾出現以「詩話」爲專欄（1906～0907），刊載各類詩文軼事、典故的欄位，可見該報編輯對於古典文學的熱忱。其中以《拾粹錦囊》刊登最久最長，由於內容較繁雜，作者又不僅一人，且未以「詩話」名之，故筆者雖於第二章、第三章中皆一再強調《拾粹錦囊》以及「詩話欄」對於臺灣詩話的產生應有推波助瀾之效，是促使臺灣詩話產出的「外緣因素」當中最直接的啓發，但仍未列入本論文討論之文本。至於〈讀酒樓詩話〉、〈蘸綠村詩話〉、〈掬月樓詩話〉、〈咳珠樓詩話〉等，皆是此期之產物。除了「詩話」專欄的文本外，1909年以後，先有《大冶一爐》的連載，其間並雜以〈意園詩話〉、〈瑞軒詩話〉、〈神

〔註2〕 《臺灣新報》名稱是在明治29至31年使用，之後改名《臺灣日日新報》直至昭和19年，臺灣各報合刊，又改爲《臺灣新報》，《漢文臺灣日日新報》則從明治38年7月出刊至44年11月。

〔註3〕 見王文顏：《臺灣詩社之研究》（臺北：政治大學中研所碩士論文，1979年），頁36。

〔註4〕 「臺灣日日新報系統」的詞彙是沿用自，楊永彬：〈從「風月」到「南方」──論析一份戰爭期的中文文藝雜誌〉，《風月、風月報、南方、南方詩集》（臺北，南天書局，2001年），頁75。

州詩話〉、〈滇南詩話〉、〈瞻廬詩話〉等文本，使得《漢文臺灣日日新報》成爲目前已知刊有「詩話」文本最多的報紙雜誌，由此可見《漢文臺灣日日新報》確實是日治初期，明治年間最活躍的古典文學發表園地。

二、文本內容簡介

　　載於《漢文臺灣日日新報》的詩話筆者以時間順序簡介如下，而《大冶一爐》與〈瑞軒詩話〉兩文本已於上一章中加以討論，此處不再贅述：

（一）〈讀酒樓詩話〉

　　該篇爲現存所知於大眾傳播媒體發表的第一篇「詩話」，深具文學史之意義。

　　是篇未署名。1906 年（明治 39 年）7 月 17 日至 7 月 20 日，共載 2 號。皆爲實際批評之經驗談。有老生常談者，也有耐人尋味、發人省思者，故全文雖短，卻不失爲一佳作。如其中一段云：

　　　　內地人詩，自帶倭臭。臺灣人詩，亦自帶固有之臺臭。內地人讀本
　　　　島人詩，未能悟其妙處。本島人讀內地人之詩，常覺其俗氣撲鼻。

作者雖不署名，但直言無畏，指出兩國人在文學方面的矛盾之處，實爲非當時之人不能察覺的現象，相當有史料價值。

（二）〈咳珠樓詩話〉

　　著者筆名「白水」，即該報記者尾崎秀眞。〔註5〕1907 年（明治 40 年）8月 3 日至 10 月 24 日，共載 3 號。第 1 號記其友人羅秀惠〔註6〕如何排除毒癮，並作詩紀念，順帶規勸作者亦當戒毒之事。第 2 號載日本人本田種竹臨終絕筆之詩及其交遊、對中國詩學之研究等。第 3 號載日本人手島海雪（本田種竹之友，皆爲森槐南〔註7〕之弟子。）一生之略歷與絕筆之作。

　　該文本之內容非病即毒，與「咳珠樓」實有所呼應。作者似乎欲以此自

〔註5〕　作者相關略歷第一章已提及。另外可見「瀛社大會」，《漢文臺灣日日新報》，
　　　　（1910 年 3 月 29 日）。
〔註6〕　羅秀惠，字蔚村，號蕉麓，前清舉人，曾爲《臺灣日日新報》編輯。見吳毓
　　　　琪：《南社研究》（臺南：臺南市立文化中心，1999 年 6 月），頁 394。
〔註7〕　有關其略歷可見〈詩人及經國家—故森槐南及時勢〉，《漢文臺灣日日新報》，
　　　　第一版，（1911 年），3 月 30 日。或丁策譯：《日本漢文學史》（臺北：正中 1967
　　　　年），頁 210，有關森槐南與本田種竹之事。

省或自傷之意。〔註8〕簡言之，該文本中作者雖未明白表露自己的情感，但實有藉以感懷之意。

（三）〈蘸綠村詩話〉

未署名。1907 年（明治 40 年）9 月 10 日至 40 年 10 月 28 日止，共連載 7 號。內容有介紹前賢、友人之詩者，如電話室主人〔註9〕、日本人織田萬氏與施瓊芳、施雲舫父子〔註10〕等。但最重要的是作者顯然為該報的編輯人員，是故乃藉此詩話作為與讀者溝通的橋樑。如 9 月 22 日的第 2 號，作者根本將詩話作為告示一般，內容在呼籲讀者來函投稿要先自己審核，不要讓編輯麻煩。茲節錄一段內容如下：

> 近日本紙藝苑所刊，雖強牢有稍平者，以多係吊（應作「弔」）人之什，未便埋沒。姑點竄而揭之。此後詩筒，如有不自檢過目者，應即代為藏拙。固有詩塚以處置之，寄稿賜讀者，幸勿草草也。

再如 10 月 11 日第 4 號，內容在言作者藉由其友「電話室主人」的來函質疑，考證鄭毓臣投稿之詩中所註解的地名之誤。並言：「余以編輯繁忙，時間匆促，細註處不及檢。然老眼昏花，亦在所難免。非吾友言，則余怗過矣。」此時該詩話顯然變成報紙的「勘誤」欄了。

又在 10 月 22 日第 6 號中，作者以新竹黃子清所來函之詠物詩為例，一字一句的解析其未能錄用之因。雖是順帶說明詠物詩之寫法，但由此可知，報紙的性質與編輯的職業性質對於相應而生的詩話之內容形式，實有極大之影響力。

〔註8〕 因為由內容可知，作者也有毒癮，「咳」本身即是病態的顯現。「咳珠」即是病中仍有美麗的事物（珠）出現，此應是指「文學作品」。故作者以「咳珠樓」命名，若非是指自己在病中仍不斷創作，就是在指該詩話中非受毒癮所害，即是罹重病而早死的主角，或兩者皆是命名之因。

〔註9〕 筆者疑為莊櫻痴或謝籟軒，因為作者言「電話室主人」住於日本神戶，當時與臺灣文人往來密切，且住在神戶的旅日臺胞有莊櫻痴。相關線索可見《三六九小報》，1933 年（昭和 8 年）3 月 26 日的《夢蝶莊小墨》，與昭和 10 年（1935 年）6 月 23 日，的「介紹」欄等。至於謝維嚴（1879～1924），字瑞琳，號籟軒、石秋，生員，其父為臺南糖業巨擘，1906 年主「臺南新報」筆政，1918 年至神戶經商，遂定居於日本，著有《謝籟軒詩集》，參見吳毓琪《南社研究》，頁 185。

〔註10〕 見盧嘉興〈開臺唯一父子進士施瓊芳與施士洁〉，《臺灣古典作家論集》，（臺南：臺南市立藝術中心，2000 年）。

（四）〈掬月樓詩話〉

著者筆名「雪」、「南樵」，應爲謝汝銓、蔡佩香。由 1907 年（明治 40 年）8 月 2 日起至 1908 年（明治 41 年）5 月 27 日止，共連載 27 號，質量兼具，可說是另一具有代表性的研究標的。本文第 1 號爲謝汝銓所作〔註11〕，第 2 號以後爲蔡佩香所作。每號之內容多半即爲該號所載之詩的小序。亦即作者藉此說明作詩之緣由或所錄詩之作者略歷、名園古刹之歷史以與讀者分享。所錄之詩，有寄贈者，如洪禮修結婚便占兩號。記遊者，如記北投溫泉、臺南寧靖王之墓、艋舺祖師廟的「盂蘭盆會」、鷺江之虎溪岩古寺等。感懷者，如寫自己於「無聊山房」之心情感懷，以及多病纏身之苦，最能體現作者之境遇。其云：

> 一生漂泊，腳跟如蓬。寄寓「無聊山房」，滿腹牢騷。令人悶悶，枯
> 坐深宵，阮籍疏狂，一生憎冰炭世情，何須作窮途哭也。獨影微光，
> 口占七絕數則。

詠風物者，如臺灣之檳榔、竹子、各式水果及臺灣生蕃山之蘭花，以及作者於「舊慣調查會」時所錄之有關臺灣水產之詠物詩，乃至於訪友所見之夾竹桃亦能有詩詠之，詠風物者可謂占全文最多者。

另有詠女子姿態者，亦有記友人之風流韻事，如作者之友張某納妾之事，則流於瑣碎。而所錄他人之作品，包括蔡國琳其妹〔註12〕與鹽水港廳長村上義雄等。

大抵而言，該詩話以各類風物、詩主題、隨感或周遭作者略歷爲緣起，搭配以相稱之詩作，既能表現作者之才力與知識，情感亦隨之洋溢其間，不失爲「詩話」體裁之佳作。

（五）〈豢龍樓詩話〉

著者筆名「逸」，由《漢文臺灣日日新報》之內容可知其爲報社編輯，而通篇也只是對於一位筆名「情海漁史」者所寄來之〈少年行〉詩作一評論而已。

（六）〈意園詩話〉

著者筆名「勞勞生」，即林湘沅。1908 年 10 月 4 日至 1910 年 2 月 13 日，

〔註11〕但文本刊爲第二號。筆者查閱之前的報紙，並未查獲第 1 號，此或爲誤植，
　　　亦可能是報紙有缺頁之情形。

〔註12〕蔡國琳，字玉屏，號春巖，前清舉人，同註 16，頁 379。此爲謝汝銓（雪漁）
　　　所作者。

共載 9 號。分別有記蔡玉屏、劉銘傳、陳仲英、許南英、施士洁、黃子清等人之詩。另有臺南人西河生所郵寄予作者之〈除夕元旦〉，作者並言其「嗜吟成癖，古近體成誦者以千計，所爲詩自鳴天籟，不擇好音。改隸時飄然渡海，寄跡鷺江，不得志於時，復廢然返。」此外還有「瀛社」課題於洪以南家中之實況記錄，並探討櫻花之典故以充實眾人作詩之深度，可見這些在報紙發表，由編輯群所作之「文本」與報紙本身一樣，都具有強烈之「時效性」。第 9 號則載許廷崙〔註13〕之詩作。皆以臺灣詩界之人與事爲記錄對象，雖浮光略影，但仍有意義。

（七）〈神州詩話〉

著者筆名「天繆生」。1910 年（明治 43 年）4 月 27 日及 5 月 8 日，共載 2 號。第 1 號錄越南於乾隆時期中國曾參與平定越南內戰之事。並引當時的中國將領孫文靖所賦之詩，以見其慷慨之氣象。文末則感慨中國於當時國勢日益衰弱，產生今非昔比之意境。第 2 號載作者在大陸巧遇友人，談文論藝進而作詩抒發感懷之事。篇幅雖短，但頗能抒發作者對於個人、朋友、國家的感懷。

（八）〈滇南詩話〉

署名爲逈南少年著。1911 年（明治 44 年）7 月 30 日，載 1 號。內容言雲南之詩學特色爲「自古以獨立爲宗派，不蹈古人故習。」並舉古今雲南詩人之詩以爲證。全篇僅 600 餘字，屬閒談之作。

（九）〈瞻廬詩話〉

未署名。1911 年（明治 44 年）8 月 22 日，載 1 號。內容爲對前人詩話之集錄與考辨。作者列舉《秋雨庵隨筆》所談之詩詞對句三例，針對前兩例以爲該書所談者是「眞所謂匪夷所思矣。」「亦殊可誦。」後一例則言該書所載之「雲南大觀樓長聯」與本文作者所獲之鈔本內容有所不同，經考證後原來該書所載者爲後人改筆之作，而本文作者以爲其所得之鈔本方爲眞本。全篇篇幅僅 700 餘字，屬隨談附考之作，聊堪一讀。〔註14〕

〔註13〕許廷崙，有詩數首於《臺灣詩乘》，由於所引者與《意園詩話》所引者相同，皆爲樂府詩之〈保生帝〉、〈鯤身王〉、〈羅漢腳〉、〈伽藍頭〉，故不知是否爲互相傳抄者。見連橫：《臺灣詩乘》，頁 136。其爲許獻圖之父。許獻圖善於詩鐘之作。可見邱滄川：〈綠波山房詩話〉，《三六九小報》，1933 年（昭和 8 年）3 月 19 日。《意園詩話》影響《臺灣詩乘》（文化視域探討，詩作傳播）。

〔註14〕事實上，該長聯原本就有許多版本在流傳，如其原本爲「五百里滇池，奔來

三、詩話作者與創作動機蠡測

（一）作者身份蠡測

《漢文臺灣日日新報》中的詩話作者中有些有名字可考，有些則無。除尾崎秀眞外，基本上他們發表的時間是在 1906 年至 1911 年之間，根據筆者的「臺灣本土文人世代圖表」可見，活躍於 1900 年至 1910 年前後的臺灣文人（第三、第四代）皆屬於曾受較完整的前清傳統士人養成教育者，受到的漢文基礎教育深厚，所以文學素養普遍較高，加上由已知的作者身份來觀察，這些作者若非報社的記者、編輯，如謝汝銓、蔡佩香，即是擁有功名或文聲者，如胡南溟、連橫等，所以由此可以推斷，這些詩話作者皆爲第三、第四代的臺灣文人，且應該皆具有相當的詩學素養。連橫與胡南溟在前幾章中已經論及，以下筆者試列論尚能考察其背景者：

1、謝汝銓

字雪漁，署奎府樓主，原臺南人，日治後遷居臺北，爲瀛社社員，曾任臺灣總督府學務科、警察官吏練習所臺語講師，「臺灣日日新報社」漢文部記者，期間一度赴南洋爲「公理報」記者，又曾任《風月報》主筆，他是最早畢業於國語（日語）學校的秀才，著有《詩海慈航》等作。〔註 15〕光復後任臺灣省通志館顧問委員會委員。〔註 16〕

2、蔡佩香

字夢蘭，號南樵，前清生員。〔註 17〕與謝汝銓同爲臺南人，共遷居臺北，任職於臺灣日日新報社。

眼底，披襟岸幘，喜茫茫空闊無邊，看東驤神駿，西靈蠢儀，北走蜿蜒，南翔縞素，高人韻士，何妨選勝登臨……。」後來阮元督滇時則改爲「五百里滇池，奔來眼底，憑欄向遠，喜茫茫波浪無邊……。」而〈瞻盧詩話〉之作者也曾談及阮元竄改之事，但所舉之詩文又與現今所見不同，該聯前幾句爲：「五百里滇池，奔來眼底，見東驤神駿，西靈蠢儀，北走蜿蜒，南翔縞素，騷人雅士，何妨選屐登臨……。」仍有所出入。見梁章鉅輯：《楹聯叢話》（臺北：臺灣商務，1974 年），頁 92～93。

〔註 15〕見王松：《臺陽詩話》（南投：臺灣省文獻會，1994 年），頁 69。陳漢光：《臺灣詩錄》（南投：臺灣省文獻會，1984 年），頁 1297。

〔註 16〕關於謝汝銓之資料請見黃純青、謝汝銓：《晴園詩草、雪漁詩集》，臺灣先賢詩文集彙刊第二輯，（臺北：龍文，1992 年 6 月重印出版。）

〔註 17〕見吳毓琪：《南社研究》，頁 396。

3、白　水

應爲日人尾崎秀眞，號白水眞人。居臺頗久，曾參與「淡社」、「玉山吟社」、「穆如吟社」、「瀛社」等詩社之活動，並與多位臺籍文人，如連橫等友善。

4、勞勞生

即林馨蘭，字湘沅，原臺南人，後由謝汝銓、蔡佩香之引薦，乃至臺灣日日新報社任職。根據《漢文臺灣日日新報》1909 年 5 月 7 日〔註18〕云：

> 瀛社本期課題，多有苦其少典故者，湘沅曰：『余閱芳譚中所載諸詠，佳什甚多，且饒有櫻花典賞，請編爲一詩話，以供眾覽如何？』同人皆贊成之，想翌日閱報者，應有爭先快睹也。」

5 月 8 日署名勞勞生之《意園詩話》隨即刊出瀛社課題與櫻花典故之內容。由此可見勞勞生及活躍於當時臺灣文壇的林湘沅。

（二）寫作動機蠡測

除了前章已探討的《大冶一爐》與〈瑞軒詩話〉外，其餘 9 個文本基本上體制都較爲短小，內容顯現出自由不拘束的風格。且上文已探討到，這些文本的作者多爲該報本身的記者或編輯，多用筆名甚至不署名，顯然不是爲「求名」而來，內容沒有一定之文學思想加以連貫，篇幅短小顯然也沒有嚴謹的事先規畫，所以也不能表現出特定的文學內涵或思想（例如：偏重史料蒐集或思想闡發）。

所以在寫作動機的探討上，筆者以爲這 9 個文本的作者基本上都是抱著「資閒談」〔註19〕的心態來創作，且在 1906～1907 年「漢文臺灣新報」還有固定的「詩話」專欄時所出現的幾位作者（多半兼具有編輯的身分），顯然是有配合並填補版面的動機存在，但這顯然不是非常嚴肅的創作立場，所以表現在文本的內容與篇幅上定然是較爲鬆散且簡短的。

四、文本價值呈現

由於排除《大冶一爐》與〈瑞軒詩話〉外，其餘八個版本基本上皆是採

〔註18〕見編者：《漢文臺灣日日新報》之〈編輯手札〉，1909 年 5 月 7 日，臺北：臺灣日日新報社。

〔註19〕所謂「資閒談」之詩話，最早即爲《六一詩話》，見郭紹虞：《中國文學批評史（上冊）》（臺北：臺灣商務印書館，1970 年）頁 373。

取「資閒談」的方式來表現，雖然內容各有所長但由於都無特定之思想主張或表現主題，故此處加以綜合探討如下：

（一）史料價值方面

1、臺籍詩人的記錄

（1）思想與生活

除了上文已提及未署名的〈讀酒樓詩話〉直言不諱的提出當時臺日詩人頗有無法互相體察作品價值的現象外。在〈咳珠樓詩話〉中，我們則可以發現作者的親日思想，事實上身為臺灣總督府所轄之重要喉舌的《臺灣日日新報》當然不可能刊登對於日本政府不利之言論。縱使如〈讀酒樓詩話〉亦是稱日本詩人為「內地詩人」即是一例。再如〈掬月樓詩話〉第一號開首即云：「臺島習尚，仍是支那遺風，婦女以無才是德為訓，蠢然如物者，滔滔皆是。」亦可為證。

〈咳珠樓詩話〉第一號中，作者提及自己與毒癮的纏鬥時曾引羅秀惠為其所作之詩句，其中即有「殖民模範」之語，又對於中國直稱「支那」，而這基本上在當時是日本人對於中國的習慣性蔑視之稱呼，臺籍文人作詩全然接收日本政府之用語，顯然可見。

另外臺灣乃至中國人在晚清受到鴉片毒品的危害早已是歷史事實，臺灣人在日治時期吸食鴉片的問題也經常被探討。甚至在臺灣民族運動開始後，鴉片問題還成為日本用來毒害臺灣人的證據。而當時臺灣文人多為具有一定經濟基礎的人士，吸毒自是難免。所以在〈咳珠樓詩話〉中我們可以知道由舉人羅秀惠的毒癮與作為。讓後人知道親日者的態度與當時許多仕紳、文人吸毒之問題，這對於讓後人重新建構當時臺灣文壇的實況，有其意義。

（2）論及之文人

雖然這 9 個文本內容較鬆散，但也因為這些作者能隨心所欲的將所知列入作品中，所以文本中所記錄之文人往往為作者所親身交往者，如此則隻字片語亦為「一手記錄」，價值相對較高。

其中如〈咳珠樓詩話〉記載了兩首羅秀惠之絕句，〈蘸綠村詩話〉亦記錄了不知姓名的「電話室主人」等，以及其友人黃子清（新竹人）之詩作。另外其另有記施瓊芳之詩作，作者雖未與之謀面，但仍有一手價值之意義，其云：

施部郎諱瓊芳，施澐舫內翰之先尊也。父子齊名進士，爲臺南世家。
家學淵源，概可想見。惟其先尊生平，並長于詩古文詞，每作輒膾
炙人口，惜遺稿不獲多見，吉光片羽，少而彌珍。余弱冠在嘉時，
曾拜觀其爲余中表親許仰高封翁題六十大像七古一章，今猶能記
憶，亟錄之以公同好。

至於〈掬月樓詩話〉多爲蔡佩香自作之詩與序，如第三號云：

一生漂泊，腳跟如蓬。寄寓無聊山房，滿腹牢騷，令人悶悶，枯坐
深宵，黑甜夢澀，阮籍疏狂，生憎冰炭世情，何須作窮途哭也。燭
影微光，口占七絕數則。千朵濃排不待春，鬥研詩照幾翻新。……

另外第一號（謝汝銓作）則記有舉人臺南蔡國琳妹之〈感懷〉詩云：

自作劉家婦，愁眉萬疊山。試從明鏡問，態度笑開顏。

而在〈意園詩話〉中，所錄之「瀛社」例會詩作與許廷崙之詩作皆有參
考價值，其中詩會之作多用筆名或較不知名，如「村上佛山」、「大窪詩佛」
及孫翼星，所以尚需查考作者姓名略歷。而關於許廷崙、獻圖父子，作者云：

吾鄉先達許景山孝廉廷崙，世家子也，工詩善飲，一時有李白之稱。
余猶及景仰芳徽，聆其言論，純然儒者，所爲詩獨抒己見，不屑於
依人門戶。新樂府四章，有推倒一世之慨，信爲必傳。……。孝廉
有子名獻圖，爲名諸生，能紹其學，與余交最篤，改隸後，食貧家
居，不屑苟就，人品之高，是又晚近中所僅見者。

由上可見，此皆一手之資料。

2、日籍詩人的記錄

在文本中有關日籍詩人之記錄，未來臺者有〈咳珠樓詩話〉的森槐南與
其弟子本田種竹與手島雪海等，皆爲日本著名之詩人，此實因該詩話作者爲
日籍寓臺文人之故。而來臺者，有〈掬月樓詩話〉18 號所提之鹽水港廳長村
上先氏，其云：

詩界之興，至今極盛，在中南北三部，均有詩社，然官斯土者，則
無有如村上先氏之善能吟詠也。其任鹽水港廳長時，築別墅於店仔
口，關山嶺溫泉方，題曰：「仁山別墅」，公餘輒招文士，觴詠其間，
唱和者甚多。本年升任臺南廳長，未半年解官，有去臺七律兩首。
詩筆沈雄，感慨極深。……余錄之詩話，當作錦囊焉可。官途巧拙
任公評，軒冕由來不足榮。青眼百年知己遠，赤心一片短檠明。詩

書有侶藏今古，富貴無緣避利名。歸去賦成從所往，朝衣脱卸兩眉
青。意氣悠悠渡浩洋，十年客夢落蒼茫。遐荒日月隨時好，絕域煙
霞引興長。白水題詩傳韻事，闢由築墅拓名場。風流閲盡蓬萊島，
去向東方父母鄉。

至於〈蘸綠村詩話〉云：

織田萬氏法學博士也，工漢詩，本紙藝苑曾揭載其一、二，詩鮮和
習，法曹界有數之人物也。其雨中遊北投七絕云：「興來冒雨山上樓，
岩氣噓人冷欲秋。醉後憑欄迷暮靄，不知何處是江舟。」極講章法。

以上兩則，爲日人在臺之古典文學表現留下了珍貴的記錄。

（二）文學主張方面

同樣基於作者創作之動機缺乏明確之旨意，所以難以表現出系統性或創
發性的文學思想。僅未署名的《讀酒樓詩話》談及一些創作修養論的問題，
亦即要熟讀《詩經》、《離騷》、《莊子》、《維摩經》、《昭明文選》等。同時主
張「詩之至妙，唯在興趣。」等，實皆無所創新。作者又提出了一些實際批
評的經驗談，聊可一讀，其云：

都人之詩，多帶脂粉氣。田舍人之詩，概有糞土臭。雖境遇使然，
抑亦天分。村夫人入洛，與諸名家唱酬，猶不免寒酸語。都人士遊
于僻侷，奚囊中所齎歸者何？大半竹枝詞也。

至於其他詩話談及作詩之論則幾乎付之闕如。

（三）形式結構方面

整體而言，這9個文本的形式結構可以「簡雅」含括之。先言「簡」字，
上文筆者已於探討作者之動機中說明了這9個文本多半簡短的原因，而其中
則以〈掬月樓詩話〉篇幅最長，內容多半爲作者所詠之作再加上序文說明作
詩緣起，逐一刊登，使結構較爲整齊畫一，但篇幅仍不算長，故仍可概括於
「簡」字中。

至於「雅」，筆者於上文「作者身份蠡測」中已言，這些文本的作者應該
多爲具有深厚漢學修養的文人，所以表現在文字上，便是能精準的運用文言
文與成語典故來表達其內容，吾人若讀之，即可明確感受到這些詩話，不論
其內容，確實都不失爲典雅之作。

品評之語可於上文中覓得，至於詩之序亦多雅正，如〈掬月樓詩話〉作
者爲贈詩給胡南溟所作之詩序云：

仲秋望後，隻身步月到大溪口，俯仰左右兩山，觀音大屯相對峙，
嫦娥影射，峰骨腰瘦，潮來腳圓成一幅畫圖，時更深夜靜，興盡而
歸，清風兩袖，途次偶然懷舊，因賦數絕，贈胡南溟兄……。

五、詩話文本特色

總結而論，《漢文臺灣日日新報》中，排除《大冶一爐》與〈瑞軒詩話〉
來探討其特色，主要有二：一是「形式典雅，但失之簡短」，二是「內容純粹，
然近乎閒談」。這主要受到作者多有長期浸濡於漢文學中的涵養背景以及報紙
本身的屬性與要求等的影響。

先論作者方面來看，上文已言，由於這些日治初期的作品都是由第三代
到第四代臺籍文人所作，他們多半在清領時期受過嫻熟的漢文化教育，發而
為文自然能典雅不俗，同時在內容上也能針對詩學的領域各出胸臆，擅其所
長，所以是「典雅」而「純粹」的。

再從報紙本身的屬性來看，《漢文臺灣日日新報》是臺灣總督府的機關
報，所以本身較具有嚴肅性，且該報原來即是以文言文來書寫，所以在內容
形式上原本即有嚴肅與典雅的要求，再搭配作者本身深厚的素養方能成就這
些作品。

同時由於報紙的文藝欄不可能占太大篇幅，每次必定只能刊載數百言而
已。再加上報紙本身出版的方便性，不像過去文人出版著作那般的艱辛與困難，
報紙的「專欄需求」更使得出版的價值觀產生變化，因為過去是文人求出版機
會，由於機會珍貴，所以在出版前多是態度嚴謹、主題明確、且醞釀許久。但
若變成報社主動邀稿或是發表的方式簡易，而且礙於篇幅顯然不太能發表長篇
大論，文人此時的態度便不容易認真，而且創作本身需要醞釀，若是為配合專
欄的內容需求，自然容易變成應酬之作，所以在內容上往往都以「閒談」為主
了。這正是報紙本身的性質與需求影響到文本表現方式的結果。

第二節　純古典文學刊物之詩話的內容與價值

一、日治中期臺灣古典文學的蓬勃發展與詩刊

臺灣在明治28年（1895年）起由日本政府統治，初期的詩話多刊載於《漢

文臺灣日日新報》或是由文人自行出版。到大正年（1912 年）以後，一方面隨著局勢穩定，一方面是日本政府刻意扶植，再加上臺灣原有的詩學環境使然，有為延續臺灣漢文化而生的詩社，有與日本政府相互呼應的詩社，也有很多興趣使然的結果，所以在大正年以後，臺灣詩社數量開始直線成長，成為一蓬勃的局面。姑且不論其動機與品質，在這個古典詩學活動頻繁的時代裡，詩社間互相溝通訊息的刊物是必要的。而除了在徵詩、擊缽吟時以傳抄的方式作為社友間溝通的原始管道外，藉由現代印刷技術使之更為流通普及的詩社與文社刊物也不少，如彰化「崇正社」，其中更有廣為刊行者，如 1919 年的《臺灣文藝叢誌》，1924 年的《臺灣詩薈》、《臺灣詩報》，1925 年的《鯤洋文藝社報》，1931 年的《詩報》，1933 年的《南雅》等，這些刊物都曾是各詩社共同發表的園地。

在這些刊物所見的詩話中，最早的《臺灣文藝叢誌》曾刊行過〈鐵峰山房詩話〉、〈栩園詩話〉（第四號，1919.4）、〈滑稽詩話〉（第五年二號 1923.2）。另外還有〈古今詩話菁華〉、〈詩話雜談〉者，則不在討論的範疇內。

至於由連橫開辦的《臺灣詩薈》則刊行過洪棄生的《寄鶴齋詩話》（連載）、許天奎的《鐵峰詩話》（連載）等，都已在上文討論過。

由臺北星社創刊的《臺灣詩報》，則以張純甫的〈陶村詩話〉為主體，另外還有〈臺陽詩話續編〉、〈古今詩話史〉與〈詩話小史〉，由於《臺灣詩報》僅刊行 13 期，維持不久，且作者多為星社成員，侷限性比較大，比較類似於詩社同仁間流通的刊物。

《鯤洋文藝社報》，創刊於 1925 年 11 月，發行地是嘉義，他是由「鯤洋文藝社」所發行的綜合性文學刊物。內容以古典詩為主，另有白話文、文言散文、文言小說、詩話、詩社擊缽吟、詩社月客、徵詩、諧談等。作者除了有臺籍的施梅樵、陳渭川、黃石輝等臺灣文人之外，有有不少的當時之中國文人，且其發刊詞就是由福建文人陳曉崖所撰，由此可見在日治時代的臺灣，仍有少數刊物與漢文學的祖國——中國，維持著聯繫，亦可見這是一本臺灣與中國文人交流的場域。〔註 20〕而《鯤洋文藝社報》在內容上雖有部份白話文，但不論是考察其作者或是發表作品的內容，都可以發現這是一本偏向專

〔註20〕 參考自「文訊雜誌社」：《臺灣文學雜誌展覽目錄》（臺北：文訊雜誌社，2003年），頁 15。《鯤洋文藝社報》目前筆者所見者僅有戴國輝教授之藏書有一至三期，本文所探討者也是以此三期內容為基礎。

門領域之同仁交流之刊物，所以流傳雖較不廣泛，但純粹性高，主要仍應是隸屬於純古典文學性質詩刊之範疇。

《詩報》是這些刊物中刊行最久者，她從 1931 年 4 月創刊至 1944 年底停刊，發行時間長達十餘年。據王文顏《臺灣詩社之研究》載《詩報》是在「民國二十年（昭和五年）四月，桃園吟社社員周石輝，爲刊載各社吟稿，聯絡聲氣，創立「吟稿合刊詩報社」，發行《詩報》，葉文樞任編輯，後由張朝瑞接辦，遷於基隆市發行。」〔註21〕

黃美娥於〈北臺灣傳統文學發展概述。清代至日治時代〉（下）云，該報於昭和七年刊至四十四期時，因爲周石輝患病，乃由張朝端等接辦。〔註22〕又筆者據「國家圖書館臺灣分館」所藏，《詩報》刊載至少昭和十七年〔註23〕，故此一刊物刊載時間竟然長達十餘年，可見其影響力絕非一般之小眾媒體所能望其項背的。是故，黃美娥認爲《詩報》的發行，對於桃園、基隆一代的漢詩發展是具有絕對正面之助益的。這也正符合了周石輝當初創辦此一刊物的期望。

《詩報》的價值是他對於北臺灣漢詩的貢獻，而它能屹立不搖十餘年〔註24〕，也正意味著臺灣的漢詩發展，絕對不是在缺乏日本政府扶植後就會隨意死去的，因爲它不止是官紳的文學，更是根植於民間的產物。也就是說《詩報》本身在「臺灣文學史」上所代表的意義，正是說明漢詩的創作，

〔註21〕見王文顏《臺灣詩社之研究》，頁 135。

〔註22〕見黃美娥〈北臺灣傳統文學發展概述。清代至日治時代〉，《國文天地》十六卷十期（2001 年），頁 65～66。

〔註23〕《詩報》刊至昭和十七年十二月二十一日（1942）爲止，都有實體刊物可查考。現藏於「中央圖書館臺灣分館」至於至此以後是否存在，根據現存最後一期的記載難以瞭解，因爲該其並無停刊的聲名，只是當時以是日本大戰後期，在諸多刊物已停刊的情況下，停刊亦不令人意外，且當時許多刊物停刊也都無事先聲明，如《風月報》前後四次斷斷續續的復刊即相當明顯。另外文訊雜誌社所編的《臺灣文學雜誌及展覽目錄》中將《詩報》停刊時間列於1943 年底，應該是有其他的史料可供舉證。至於楊永彬〈從風月到南方〉中，則言《詩報》於 1944 年 9 月尚發行中，但未說明根據，筆者以爲《詩報》與《臺灣文藝叢誌》、《臺灣詩報》等資料目前仍然沒有復刊本，各家所藏不一，所以筆者基本上採信《詩報》應曾刊行至 1944 年。

〔註24〕上文已言，《詩報》的刊行時間相當長，而日本政府在 1937 已廢止中文創作，該報卻維持至 1944 年爲止，比日治末期臺灣唯一仍存活的綜合性文學雜誌《風月報》（最後改名《南方詩集》）又多存活了幾個月的時間以上，而成爲日治最後一個以古典文學爲刊載內容的文學刊物。其存在意義之特殊，由此可見。

在臺灣島上絕對有其文化上的主體性地位，而不是任何一個政權的附庸。至於其豐富的史料價值，則又是另一尚待發掘的子題。

　　《詩報》中的「詩話」，大抵有四個文本可供探究，其中以作者與內容的份量皆最吃重的《百衲詩話》為首，再者是周召南的〈二南詩話〉，其次為鄭坤五的〈淮詩話〉，許天奎的《鐵峰詩話》等。至於《南雅》基本上沒有詩話可供探討。

二、文本內容簡介

　　除了《臺灣詩薈》的《寄鶴齋詩話》與《鐵峰詩話》外，其餘的文本試論列如下：

（一）《臺灣文藝叢誌》

　　〈栩園詩話〉、〈滑稽詩話〉皆無著明作者。而由這些文本皆被置於「附錄」中，且篇幅短小，可見在《臺灣文藝叢誌》中，「詩話」並未佔有重要的地位。

1、〈栩園詩話〉

　　未署名，該文之開首即言：「廉南淵先生昨自東國郵示近作，音節蒼涼，想見其牢騷抑塞之致，亟錄之……。」

　　由行文之口氣可見這應是該雜誌之編輯所作，如同《漢文臺灣日日新報》的〈蘸綠村詩話〉，非投稿作品。而這篇類似「編後小札」的小文章大抵上只是介紹了廉南淵的幾首詩，中間則稍有提及寫作此文者與中國政府當時派駐各國的代表，如墨西哥代表、駐日大使等皆頗有交往，也曾至中國上海。由於筆者非專研櫟社者，當時臺灣之文人也經常到大陸旅遊，所以欲推估出正確的作者姓名，除了機緣外，也須待更多資料出土、流通以便探討。

2、〈滑稽詩話〉

　　未署名，內容是由 6 條文雅軼事所組成，有雅有俗，若將之界定為「消遣解頤」而非「逗趣取笑」，基本上是符合「滑稽」題旨的。如開首第一條云：

　　　　畫圖題詠，能描寫盡致，亦頗解頤。有作〈陳姑追舟圖〉者，圖中
　　　　畫一船，船中一書生獨坐，旁人立船稍作盪槳狀，岸上柳樹幾株，
　　　　樹上鳴禽數個，一美人立樹傍，望船行悽然欲涕。黎春洲先生為題
　　　　句云：「東邊一株楊柳樹，西邊一株楊柳樹。任爾千條萬緒，繫不得

征人住。南邊啼鷓鴣，北邊啼杜宇。鷓鴣啼行不得也哥哥，杜宇喚
不如歸去、不如歸去。」僅就眼中情景，略爲點染，便成絕世妙文。
至於第三條則屬於戲謔之作，其性質也屬於供作消遣者，該條云：

某土地祠，頗荒僻，鮮居民，青年男女之赴祠幽會者甚眾，桑間濮
上不是過也，有好事者題以聯云：「這一里有許多笑話，我二老總不
作聲。」措辭蘊藉可喜，作者想亦文明先進者，抱自由主義與解放
主義之老先輩歟。

其餘內容也多類此，遊戲中又不失文學的意蘊，是其特色。

（二）《臺灣詩報》

〈陶村詩話〉，張純甫著，「此稿乃先生詩評之作，所錄包括臺地及大陸古
今名人，間述作者生平與詩風，並引詩篇爲例，可見保存文獻之功。」〔註25〕
該詩話引用之詩文及於臺灣文人者約 30 餘人，但頗多擊缽吟與詩社課題之作
〔註26〕，記人常只記其字號〔註27〕，可見該文具有濃厚的同仁交流意味，並非
欲嚴謹考證的傳世之作。且只列舉詩文，少有評述〔註28〕，幾乎是選詩集，少
有個人之文字論述出現，名爲「詩話」已有不足之處。〔註29〕至於〈臺陽詩話
續編〉詳見第三章。

（三）《鯤洋文藝社報》

〈玉井山房詩話〉，由鹿港著名之詩人施梅樵所撰，該詩話於近來除了

〔註25〕見黃美娥編：《張純甫全集》（新竹：新竹市立文化中心，1998 年），頁 12。
〔註26〕如標題爲「擊缽吟詩錄」、「前人擊缽吟詩錄」者，又有「羅山吟社課題詩」、
　　　「文社四期課題詩」，另外標題爲「述三、養齋、鄭竹溪、蘊石詩」者，皆爲
　　　擊缽吟之作品。見黃美娥編：《張純甫全集》，頁 77、81、119、122、123。張
　　　純甫曾抄有《臺海擊缽吟詩鈔》，該書原爲蔡啓運所編，可見其對「擊缽吟會」
　　　的重視。王文顏：《臺灣詩社之研究》，臺北，政治大學碩士論文，1974 年，
　　　頁 49。
〔註27〕如「問漁」爲林知義，「天純」爲戴還浦，「養齋」爲鄭以庠等，再如「周元」、
　　　「子純」等，頗難查考，若非當時之人，或詳查其他資料，並不容易隨讀隨
　　　知作詩者略歷。
〔註28〕張純甫於〈古今詩話史〉云：「余此編皆從前人詩話或詩論中摘出，無所謂自
　　　家言語者。述而不作，聖人已先我言之矣。」見黃美娥編：《張純甫全集》，
　　　頁 142。
〔註29〕張純甫另有《詩話小史》亦全爲選詩集，似都不應名爲「詩話」，而筆者以爲
　　　以「某某詩話」爲題者，方爲可定義爲「詩話」作品。若爲「詩話某某」，如
　　　「詩話史」、「詩話研究」則不列入本文中探討。

《梅樵詩集》前頁之作者小傳外，幾乎已少有人提及〔註30〕，根據現存之資料，〈玉井山房詩話〉至 1925 年 11 月起，連載有三期，內容上大抵只是闡述學詩之方法（第一期），並評論一些中國著名的詩人作品（第一至三期）而已，與臺灣交涉者極少，不過純粹性高，文字也頗為洗鍊，稱其出自名家之手，當之無愧。

（四）《詩報》

1、〈百衲詩話〉及〈續編〉

葉文樞著，該文本又可分為前後兩部，前部由 1932 年（昭和 7 年）7 月 1 日起至 1934 年（昭和 9 年）9 月 7 日止，共 48 篇，又由 1941 年（昭和 16 年）1 月 22 日起至 6 月 27 日止，有「續編」共 9 號在《詩報》連載。總計 57 篇。

由於葉文樞為《詩報》之編輯，故本有撰稿之義務。該文本內容除部份述及臺灣文士者外，多半為援引中國之詩話論點，如《薑齋詩話》《履園譚詩》、《漁隱詩話》、《一瓢詩話》、《隨園詩話》、《方輿紀要》、《蓮坡詩話》、《容齋隨筆》、《西清詩話》、《射鷹樓詩話》、《冷齋詩話》、《石遺室詩話》、《人間詞話》、《寒廳詩話》等，以探討詩學，評介名家作品並有各類詩詞典故的討論，同一主題（典故）之詩歌的集錦與作者的實作等。內容雖多傳抄，作者本身之思想主體也不突出〔註31〕，但仍不失為一部篇幅可觀的詩話。至於「續編」，完全只是介紹清朝中國名家之詩作，作者之思想更是隱晦不現，與臺灣亦毫無瓜葛，可說純是介紹中國詩壇的欄位，也可能只是要填補版面而已。

2、〈二南詩話〉

周召南著，該文本由 1941 年（昭和 16 年）5 月 8 日到 1942 年（昭和 17 年）6 月 21 日止，共 34 號，可說是接續著《百衲詩話》「續編」而在《詩報》連載的「詩話」作品，且兩詩話的特色都是大量評介名家詩作，或援引說明前人詩論與詩歌常用主題、典故，類詩的集錦等。〔註32〕但較之〈百衲詩話〉，

〔註30〕如《彰化縣文學發展史》介紹施梅樵的部份便未提及此作。見該書頁 103～105。

〔註31〕如《百衲詩話》第八號中作者由介紹福建「宛在堂」的沿革與相關詩文，進而建議在臺也應有類似之建設。而云：「吾臺詩社林立，似宜略倣其意，擇全島適中之地，建立專祠祀沈文開以下諸賢，春秋致祭，不知吟壇諸公以為何如？」此處方能顯出作者本身的主體意識。但此類內容在《百衲詩話》全文中並不常見。

〔註32〕相關內容可參見附錄四。

〈二南詩話〉的思想及內容皆無關係臺灣史料者。幾乎已是填補版面之作了。
〔註33〕

　　3、〈淮詩話〉

　　鄭坤五著，該文本由1941年（昭和16年）6月22日到8月21日，共連載3號。全文雖短，但卻富有作者個人之思想意識。在文學批評方面，作者雖只針對杜甫、楊萬里、王漁洋等中國詩人，但卻頗能道出其長短，而非一味稱頌，失去批評的眞價值。〔註34〕又記錄了當時「擊缽吟會」文人熱烈參與的實況以及「詞宗」評詩的問題，都是頗富史料價值的。

　　總括而言，《百衲詩話》的內容較多元，有以臺灣爲中心的文學史料敘述與評論（包括人物與現象），關於當時人事物者，僅少數的視角放在大陸，（第八號則涉及作者的願景。）因爲作者也曾寓居大陸。也有用以傳播詩學知識而產生的內容，包括名家詩論、名家作品的介紹以及各類詩詞典故的討論、同一主題（典故）之詩歌的集錦與作者的實作等。

　　而〈二南詩話〉的內容與〈百衲詩話〉有許多相似之處。例如，同樣有名家詩作之評介，有援引前人的詩論，有關於詩歌常用主題、典故的討論與類詩集錦等，且由內容可發現，作者似乎特別喜愛詠史弔古之作。亦可視爲一特色。

　　但〈二南詩話〉對於臺灣文人的記錄付之闕如，且除了品評作品時外，幾乎也沒有任何作者個人的想法與意識在文本之中，較之已經頗爲匱乏的〈百衲詩話〉又更遜一籌。

　　至於〈淮詩話〉則頗能表現出作者靈活的思辯力，與犀利的言詞，在《詩報》中別樹一格，是鄭氏著作不可忽略的一部份。〔註35〕

　　4、〈詩話〉

　　李春霖著，1932年（昭和7年）2月6日到4月15日共載3號，第1

〔註33〕例如，作者爲了援引嘉慶年間福州進士楊慶琛之詠史百律，便從第9號刊至第16號，幾占4分之1的篇幅。其餘內容也多半沒有太大的新意，也看不出作者的思想、及當時的詩學發展狀況。

〔註34〕如第一號中，作者討論了楊萬里之〈秋雨嘆十解〉，以爲該詩「佳則佳矣，惟通首只有起手厭聽兩字存些嘆氣，其他似對於嘆字，不甚致力。」因此點出「若將簾外之外字，改作隔字，則通首歎字十足。」此種「一字師」的批評法，若非勇氣過人者不敢爲，由此可見鄭坤五評文之大要。

〔註35〕筆者於林翠鳳：〈鄭坤五手稿文件的文獻考察〉，《臺灣文獻》，第五十三卷第四期，中並未發現《淮詩話》的記錄，甚爲可惜。

號（2月6日）內容是作者在《三六九小報》見渡邊文吾先生之詩，以爲「黑潮〔註 36〕評點，一字一圈，可謂圈的不錯。」並以爲該詩乃脫胎自杜甫之詩句，卻能更勝於杜甫之詩句。最後以「鄙見如是，文學界諸公及黑潮先生高見如何？」作結。〔註 37〕第 2、3 號實爲 1 號（4月1日，4月15日），子題爲「對李斯的批評（一）（二）」內容實爲牢騷情緒之作。（一）大抵爲基隆張一泓〔註 38〕對李氏與任雪崖唱和疊韻之作中，引用並抬舉李斯而頗有責難，因爲李斯事於秦始皇。但張一泓自身卻引用失據，把李斯的罪過加上「指鹿爲馬」（趙高所爲）一條，徒增把柄。加上作者言其所引之「李斯」是歷史上的另一個李斯，「既不『指鹿爲馬』又不『焚書坑儒』，而是『歷國而取卿相，起自閭閻』的李斯。」〔註 39〕。（二）則直論李斯在歷史上的功過。作者大抵是要強調「不以人廢言」的看法，而以爲人有一能即爲可貴，不能因其人格未臻完美而全盤否定。大抵而言，「對李斯的批評（一）」討論詩詞之典故，在「詩話」文本中出現頗爲平常，但缺點在語氣不平和，易生爭端。而在「對李斯的批評（二）」探討的是如何看待歷史人物的功過，強調用典而至於外想已逾越「詩話」應有的內容了。〔註 40〕

三、詩話作者與創作動機

（一）作者略歷

　　以下所介紹的文人除了不知名者外皆爲第四代的文人，由於他們發表「詩話」文本的時間都已是日治中期，由此亦可佐證日本治臺後臺灣的詩人確實已出現青黃不接的景況，同時說明了日治中期以後，傳統文學作與新式「載體」之間已產生密切的關係。〔註 41〕

〔註 36〕洪坤益之號，先生爲「南社」與「春鶯詩社」社員，是參加擊缽吟會的能手，中年時曾向胡南溟學詩。見吳毓琪《南社研究》，頁 204。

〔註 37〕這顯然是一種詩話創作時對傳播媒體存在的自覺。

〔註 38〕張一泓活躍於基隆詩壇，曾籌組「網山吟社」、「曉鐘吟社」，見王文顏：《臺灣詩社之研究》，頁 46。

〔註 39〕作者行文之間頗有取笑張一泓之意，文人意氣之爭，此處便顯得過於情緒化而無法包容。

〔註 40〕且在「對李斯的批評（二）」中，言張一泓等人爲「張黨」，頗有挑釁意味。又言「所以蔡邕也是惡人，哈哈哈。」之語，過於輕薄。

〔註 41〕所謂密切的關係，可能是作者仰賴報刊等新式載體來作爲出版的工具，也可能是新式載體因爲稿件的需要，而促使了作者去創作來配合這些需要，甚至

1、張純甫

新竹人，1888 年生，1941 年卒。素有「北臺大儒」之稱。〔註42〕張純甫於日治時經常擔任各地詩會詞宗，頗爲活躍。據〈臺北市詩社座談會〉李騰嶽云：「本市詩社的發達，貢獻最大的有趙一山、林述三、張純甫、顏笏山四人。本市能詩的人，可謂大部份是由這四人所培養出來的，而所有詩社大部份也是由其培養的弟子創設的。」〔註43〕由此可見張純甫對於北部詩壇的貢獻。

2、葉際唐

字文樞（1876～1944）祖籍晉江，新竹人。遊跡遍及大陸、美國。長期課徒，學生甚多。〔註44〕是北臺極爲著名的私塾教師〔註45〕。其曾創設「讀我書吟社」及其門人，每月集會。《詩報》中也載有「讀我書吟社」的課題詩作。葉際唐與張純甫時有往來，亦留有互相唱和之作。他們兩人對於日治時期的北臺漢文學教育實有極大的貢獻。

3、周召南

目前不知其略歷。此人恐爲當時較不聞名的文雅愛好者，《詩報》第 163 期有其參與竹南，「南洲吟社」的詩，所以只能略知其爲活動於新竹一帶的文人。而若我們由名字之間找尋線索，「周南」與「召南」爲《詩經·國風》的篇章，又合稱爲「二南」，正可名爲《二南詩話》，如此則或許作者姓周，「召南」爲筆名，但這些屬於臆測之論。

4、施梅樵（1870～1949）

字天鶴，號雪哥，鹿港人，著有《捲濤閣詩草》、《鹿江詩集》、〈玉井山房詩話〉等，其父爲施家珍，貢生出身，曾因得罪縣令而被污衊與施九緞一起作亂，因而被迫逃至泉州，不久憂憤而卒。施梅樵年少極有文才，18 歲應試時主司即欲將之置爲案首，但其父擔心其少年得志，乃推薦洪棄生取代之，

専門滿足該載體本身所具備的特性。
〔註42〕見黃美娥編：《張純甫全集》之序言部份。
〔註43〕見《臺北文獻》第四卷、第四期（1956 年），頁 14。
〔註44〕見蘇子建：《塹城詩薈》（新竹：新竹市立文化中心，1994 年），頁 142。
〔註45〕見陳維慶口述，陳長城筆記：〈日據時期佃農與私塾生活追憶〉，收錄於《臺北文獻》直字 106 期（1993 年 12 月），頁 135～136，當中提到「盧（廷翰）母陳太夫人禮聘新竹名貢生葉際唐文樞先生，教讀其孫盧纘祥。」由此可見葉文樞在北臺灣的私塾中確爲翹楚。

由此可見，施梅樵之才力絕不在洪棄生之下。但其父不久隨即被污衊，作者延宕許久方入泮，又因為戰亂而斷絕了仕途，他曾避亂至晉江，但局勢穩定後就回到臺灣，最後只好以設帳授徒為生，輾轉流離，生活並不如意。如其曾於〈喜占明見過〉詩中云：

愧無樽酒洗車塵，風雨寒宵對故人。詩筆漸從磨處健，交情偏覺老來眞。 茫茫宦海誰青眼，草草衡門好寄身。休待纏腰錢萬貫，當年元亮本甘貧。〔註46〕

其徒較著名者有楊爾財、黃金川等。〔註47〕而王國璠言：「梅樵生平風流自負，不拘小節，士林中流傳著他的許多瑣事。然而讚譽他的人固然很多，而詆毀他的人卻沒有，這在詩壇中眞可說是異數。」〔註48〕由此亦可見，身世飄零的施梅樵在人生處世上確有其令人追思的風範，這也難怪洪棄生會在〈捲濤閣詩草序〉云：「詩窮而益工，由來尚矣。」〔註49〕

5、鄭坤五（1885～1959）

著有《九曲堂詩草》等，是臺灣舊文學領域中的活躍人物，在新舊文學論戰中，是少數眞正為舊文學發聲者。他也是畫家兼政治人物（曾任大樹庄長），由此可見他是個多才多藝，思想靈敏的人。是故，其在《詩報》連載的〈淮詩話〉與〈墨戲〉中，也都充分顯露出活潑不受拘束的性格。又有小說多部，如《鯤島逸史》是臺灣第一部章回小說。〔註50〕鄭坤五留下的著作頗多，另可見林翠鳳的〈鄭坤五手稿文件的文獻考察〉。〔註51〕

6、李春霖

基隆人，「年少能詩，倜儻有大志，負笈渡華，歸來極力提倡漢學。刊行南雅漢文藝雜誌，因經濟關係，遂中輟。近又有編輯鯤海鐘聲集之舉，未幾，遽霜凋夏綠，賷志以歿。」〔註52〕由此可見，作者與張我軍一樣曾留學中國，

〔註46〕見〈藝苑〉，收錄於《漢文臺灣日日新報》，1910 年 1 月 30 日。
〔註47〕以上見施懿琳：《彰化縣文學發展史》，頁 103～105。
〔註48〕見王國璠、邱勝安著：《三百年來臺灣作家作品》（鳳山：臺灣時報社，1977年），頁 206。
〔註49〕見《鯤洋文藝社報》第二期，頁 1。
〔註50〕見林翠鳳：〈鄭坤五傳統漢詩探析〉，2002 年「日治時代臺灣傳統文學會議」研討會論文。林進發：《臺灣人物評》（昭和四年，1929 原版），（臺北：成文書局，1999 年再版），頁 184。
〔註51〕見林翠鳳：〈鄭坤五手稿文件的文獻考察〉，《臺灣文獻》，第五十三卷第四期。
〔註52〕懺紅：〈餐霞小紀〉，《三六九小報》1935 年，（昭和 10 年）2 月 3 日。

但歸國後仍盡力於漢詩而非新文學。

（二）創作動機蠡測

由於在這些文本當中屬〈百衲詩話〉份量最重，是故筆者試圖先探討〈百衲詩話〉之創作動機，再藉由與其他詩話作比較，以闡述各文本之創作動機。

1、《百衲詩話》的創作動機

筆者以為，葉文樞作此詩話的動機有以下四點：

（1）增補版面強化內容

由於葉文樞為《詩報》的編輯，而編輯往往有充實版面的任務存在，所以〈百衲詩話〉的產生，可能只是一種應酬式的撰寫，我們由其第一號就是引錄《薑齋詩話》的詩論，至第二號仍援用之，後半乃添入鄭虛一之作，直至第三號，都可發現該文本的既是處處配合版面，採入的材料，也多是臨時獲得的，這顯然與思想明確、分卷、分類清楚而刻意營求的「詩話」不同。又，標題下都有「文樞偶編」之字樣，不用「著」而用「編」，主體意識不明，顯而易見。總言之，我們由〈百衲詩話〉並沒有同一主題以為貫串，也看不出全文內容有事先的計畫皆可為證。〔註 53〕是故，這類著作的價值，往往在具有一手價值的史料之記錄，其餘二手資料意義不大。

其他再如〈續百衲詩話〉的固定撰作形式，更可見作者是「述而不作」，主體意識並不鮮明的。如第一號云：「謝震，字甸南，福建閩縣人，乾隆已酉科舉人，官廣文，著有《櫻桃軒詩集二卷》。」緊接著便開始介紹其詩作連續兩期。第三期以後皆然，都是在介紹中國各地之官宦文人以及詩文，且形式都是先稍加介紹其略歷，然後便一股腦的採錄其詩。增補版面之意圖明顯。〔註 54〕

（2）彌補漢文教育之不足

筆者以為，〈百衲詩話〉有大量的內容是在解說典故以及類詩的集錦上，這對於詩創作（以擊缽吟為主）者有直接助益，而作者在解說典故與類詩時，往往還附加上自己的實作，似乎正是欲指導人正確用詩典故以及如何在實作中處理某些詩歌主題的方法。

〔註 53〕也就是說，《百衲詩話》既非娓娓道來的「資閒談」一類之詩話，也不是經過嚴謹設計，思想主題明確，分類、分卷，形式整齊的詩話。

〔註 54〕其餘可參見「附錄 4」。

　　筆者以為作者有此一動機，理由有二：一是《詩報》產生時，日本政府已經統治臺灣三十餘年，臺灣民間的漢詩創作雖然仍很風行，但學校教育不全以漢文為主，臺人的漢詩水準必然逐漸下降，《詩報》既然有推廣漢詩的使命存在，除了刊載詩人之作以為鼓勵之用外，也不能缺少詩創作的指導，否則不能維繫漢詩創作的水準。故就時代背景來看，確有可能。

　　二是作者長期執教，子弟眾多，其所編之《閩中擊缽吟集》就是用來教導其「讀我書吟社」的教科書，而且書上也題有「文樞葉際唐編」的字樣，與《百衲詩話》同樣用「編」字。故筆者以為，〈百衲詩話〉的產生，也應有教導漢詩創作的目的在裡面，只是對象更為普及。

（3）抒懷發議

　　在《百衲詩話》中，我們也可以看到作者對於詩人與詩道的理想以及對臺灣詩壇的想法。先論前者，筆者以為，作者對於漢詩有其崇高的理想，非一般泛泛之輩所能比擬。在第八號與二十五號中，談到福建「宛在堂」的興建時，作者即表現出他對於詩人定位的理想，應該是猶如大儒入祀孔廟一般，被世世代代所遵奉的。由此亦可顯現出作者對於「詩道」的崇高態度。其云：

> 吾臺詩社林立，似宜略倣其意，擇全島適中之地，建立專祠祀沈文開以下諸賢，春秋致祭，不知吟壇諸公以為何如？（第八號）

　　作者也對臺灣擊缽吟會衍生的相關問題提出了他的看法。在第六號中，作者提出了一個擊缽吟會常出現的問題，亦即左右詞宗選詩往往有大相逕庭的結果出現，讓人懷疑其公正性。但作者言「人心不同如其面，同在一首詩中，所欣賞之處，亦難一致。」故認為此一現象純屬自然。但作者也提出但書，即「兩詞宗學識懸殊者，又當別論。」由此可見，當時的吟會中，可能的確有詞宗水準不一的情況在，但作者基本上仍是抱持肯定的態度的。

（4）以詩存人

　　作者在〈百衲詩話〉中也記錄了一些臺灣的文人。而在第二號錄鄭虛一之詩時，作者即言明其旨是在「以詩存人」，其云：「子擎君寄到鄭虛一先生所著《山色夕陽樓吟草》一冊，急錄數首於此，以存其人。」作者並錄其〈閒居書事〉、〈夏夜清水池邊作〉等詩。由此可見，作者撰作〈百衲詩話〉時，亦有記錄臺灣文人的動機存在。

2、各詩話版本與《百衲詩話》創作動機比較

（1）〈玉井山房詩話〉

施梅樵著，該詩話在現存的三期《鯤洋文藝社報》中都有連載，所以就現有資料判斷，作者此作，應該亦有「增補版面強化內容」的目的存在。另外，作者與葉文樞、張純甫都是在民間傳習漢文化的塾師，寫作的內容也不似《臺陽詩話》將焦點置於「臺灣本身」，而是放眼中國古今文人，尤其在第一期中，作者也花了許多工夫介紹學古詩、律詩、絕句之具體作法，更可見作者欲在日治後期「彌補漢文教育之不足」的用心。

（2）《陶村詩話》

張純甫著，筆者已於上文談到，該詩話基本上只是摘抄選錄之集，包括臺灣與中國的古今之詩人，一本其「述而不作」的態度。由於《臺灣詩報》是屬於同仁間互相邀稿的刊物，加上張純甫本身與葉際唐皆為著名的私塾教師，故其發表此作於《臺灣詩報》，應該與〈百衲詩話〉與〈玉井山房詩話〉相同都有著「增補版面強化內容」與「彌補漢文教育之不足」的目的。

（3）《二南詩話》

基本上，筆者認為，〈二南詩話〉的創作動機與〈百衲詩話〉、〈陶村詩話〉類似，都存在著「增補版面強化內容」與「彌補漢文教育之不足」的動機，但「**動機決定內容**」，相對於《百衲詩話》內容的較多樣性，除了上述兩點動機而衍生的內容，也有觸及作者個人對文學實況的見聞與感發的部份，而筆者似乎無法從〈二南詩話〉中看出，他有任何「抒懷發議」或「以詩存人」的目的與內容在裡頭。這正是兩者在創作動機上的異同之處。

（4）《淮詩話》

由於在刊物中發表，篇幅較短的「詩話」，往往是作者用以抒發一己之見、之感的工具，與為了充實版面而連載者，稍有不同，內容也較能接近作者的思想與生活圈，不至於為了增加篇幅而需要灌水，加入一些跟作者沒有太大關係，也不見得有很多心得的詩文，結果產生拖沓、虛應的感覺，不夠明暢。而由〈淮詩話〉的內容也可證明其創作的動機，主要應該是在「書寫見聞、兼發議論」之用，與〈百衲詩話〉、〈二南詩話〉主要的目的不同，而與〈百衲詩話〉「抒懷發議」的創作動機則可相互呼應。

（5）其 他

至於其他的詩話，基本上有投稿，也有編輯之手札，由內容來判斷，除

了〈滑稽詩話〉還有「增補版面強化內容」的可能外，其餘的〈詩話〉、〈栩園詩話〉都無足輕重，只能作爲參考之資料而已。

四、文本價值呈現

排除《寄鶴齋詩話》與《鐵峰詩話》不論，其餘幾個文本所顯現之價值如下：

（一）文學史料方面

除了無甚史料價值的〈栩園詩話〉、〈滑稽詩話〉與〈詩話〉，其他的詩話之史料價值試略論如下：

1、文學實況方面

在〈百衲詩話〉中，除了筆者於上文已言的有關「擊缽吟會」的實況與問題外，另外如第五號中，周石輝欲編修《現代閨秀集》之舉，不但可見當時臺灣詩壇在出版界非常活躍，以及周石輝在當時詩壇的活力，又可見臺灣詩壇對於女詩人所抱持的正面的態度。

而〈淮詩話〉方面，作者對於周遭的記錄主要集中在自己與友人在文字上爭勝的事蹟。但由此也可概觀當時整個擊缽吟會運作的概況以及文人間往來的關係。至於〈陶村詩話〉、〈二南詩話〉則無法體現這方面的價值。

2、涉及文人方面

在〈陶村詩話〉中所摘錄的臺灣文人依次序有楊士芳、林薇臣、王了庵、魏潤庵、謝汝銓、問漁（應爲林知義）、戴還浦、林資修、邱菽園、簡若川、李石鯨、周元、鄭養齋、鄭蘊石、施士洁、子純、王瑤京、謝琯樵、林痴仙、劉文達、李左虞、施寄庵、黃幼垣、王黛卿、鄭筱三、陳潤生、林獻堂、陳維英、劉萬六、樵隱、駱香林、陳雲仙、蜻蛉洲客、林述三、渭雄等。以上除少數爲非張純甫之時代所能得見之人，其餘多爲同時期者，故史料價值較高，但只錄詩，未加上作者評價，甚爲可惜。

〈玉井山房詩話〉則僅提及豐原的袁飮湘〔註55〕一人，其云：

鎮江布衣李琴夫〈詠佛手〉云：「白業堂前幾樹黃，摘來猶似帶新霜。自從散得天花後，空手歸來總是香。」袁簡齋稱此作爲「空前絕後」，豐原袁飮湘〈詠佛手柑〉七律次三聯云：「稱心偶作摩天勢，拭目還

〔註55〕　《彰化縣文學發展史》，頁105，云，袁飮湘是施梅樵的高徒之一。

看盡地時。香國乾坤歸掌握，花房風雨仗扶持。」余謂此作比琴夫
尤勝，簡齋有知，當不以余為阿其所好也。

而在〈百衲詩話〉中，提到的臺灣文人及作品者共十六人。包括林鶴年
（流寓）、林小眉與林小眉之妻馥瑛女士（板橋）、張一泓、黃梅生（基隆）、
鄭家珍、鄭學瀛〔註56〕、鄭秋涵（盧一）、張純甫、胡克昭、葉際禧、王石鵬
（了庵）（新竹）、黃金川（臺南）、蔡澍慤（廈門、鼓浪嶼）〔註57〕、樊山、
另有不知名者一人（見二十一號）。至於，作者在文中提到的文友除了周石輝
與張一泓外，還有蔡哲人、與「子擎君」〔註58〕等，由此亦可概見葉文樞的
文友關係。

而由於作者本身為新竹人，所以我們也可以發現，作者所引之詩人也是
以「新竹」地區為主。這對於新竹一地的史料亦有所貢獻。

至於〈二南詩話〉所引之資料價值就不高，都屬於二手傳播之資料，效
力僅在文學知識的傳播與鑑賞上。

另外〈淮詩話〉中提及之郭芷涵、朱凱耀、春林、森峰、文石、家駒〔註59〕、
澄甫等，許多都沒有詳細的略歷可供查考，應該皆是當時經常參加擊缽吟會之
詩人，且主要是南部詩人，雖不完整但仍有史料價值。

（二）文學主張方面

大抵而言，〈淮詩話〉、〈陶村詩話〉、〈百衲詩話〉與〈二南詩話〉的文學
思想主體性尚嫌不足，尤以〈二南詩話〉為甚，也就是並沒有辦法突顯出個
人的文學思想，所以在文學思想的繼承與創發方面極少。這與創作者個人的
才性與觀念息息相關。而〈玉井山房詩話〉則內容較少，但尚有可觀者。

簡言之，這些著作在個人思想的表現上，並不突出，主要貢獻，可說是
在推廣漢文化與增實版面之上，以下筆者將綜合說明其中所體現的思想內容。

〔註56〕鄭學瀛，有作「登瀛」者，如昭和九年十一月十五日的《詩報》「東寧擊缽吟
　　　後集作者姓名錄」就作「登瀛」，龔顯宗先生作《臺灣文學家列傳》（臺北，
　　　五南，1990年。）亦作「登瀛」，見345頁。至於《臺陽詩話》作「學瀛」《臺
　　　灣詩錄》亦本之而作「學瀛」。不知混亂的原因由何而出，本文依《百衲詩話》
　　　文本作「學瀛」。
〔註57〕原文言其「別署『介石道人』，鹿港蔣鄰公之叔子也。臺澎改隸後，歸籍晉江。
　　　近復僑居鼓浪嶼，日與菽莊吟社，鷺江吟社諸詩人唱和。」
〔註58〕身份待查。
〔註59〕據黃洪炎編：《瀛海詩集》，（昭和15年，臺灣新民報社）載，黃寶炬，號森
　　　峰，陳春林，號文石、陳家駒，字少圃。

1、認識論

即是在表達對文學的價值、優點與爲何而存在的認識等問題，與本體論接近。由此，可以知道作者對於文學所抱持的態度。大抵而言，文學（詩）在中國，其存在的意義，可分爲多個層次。儒家所抱持的「詩教」思想，將文學與教化人心的政治目的連上關係，是文學最崇高的存在意義。其次是對文學賦予抒發情感的價值，這是擺脫文學的社會性時，最多人的共識。再其次則是用以爭強鬥勝，一較高低的，其目的顯然較爲低層次。尤有甚者，視文學爲換取金錢名聲的工具，將之量化以賣錢的，層次又更低了。但不論認識的層次高低，都必須視爲文學本體存在的意義與目的之一。上文已言，《鐵峰詩話》開首即揭示「詩教」之理，顯見作者對於文學的觀念是屬於傳統儒家的。而筆者以爲，鄭坤五對於文學本體認識的層次較低，也就是較接近於現實，頗有南宋江湖詩人之餘意。

這可由其〈淮詩話〉第三篇的幾段話中找到線索。

> 十數年前，臺中開全島聯吟會時，題爲春晴。余詩僥倖被置在第三名，郭芷涵先生詩，竟在第十七。先生不服，往問詞宗，詞宗曰惜貴作腔聯，『春山開眼界，晴院鬧蜂衙。』以蜂對眼，似未盡善。余適在側，細謂先生曰：『請以半聯，賣先生五金何如？』先生憤然曰：『苟比吾詩佳者，雖五金何惜！』余乃笑曰：『然則「暖簷添燕壘。」一字一圓，未卜可謂之貨眞價實否？』時在座諸君子，如纓村，子瑜，莫不鼓掌稱許，先生亦微笑首肯。

> 最近春林老二與文石、家駒、森峰諸詩將擊缽，題爲〈情書〉，五律限二蕭韻，發表後春林詩恨不作第一人，以原稿示余。中有『翹首思傳雁，關心想報瑤。』余曰：『佳則佳矣。惜以雁對瑤，不甚工整。不如以「痴心冀射雕。」爲妥。』春林笑曰：『此又有五圓價值矣。』余笑曰：『心字乃汝原物，除卻心字，所餘我之正貨。僅僅四字，若照前例，不過一字值一圓，貴賣怨犯文字經濟法，不如以無貸進呈可也。』〔註60〕

> 本月古曆十八日（昭和十六年七月十八日）屏東吟友，朱凱耀詞兄續絃。大開吟會。公擬詩題曰：『重圓月』七絕先韻。以誌祝意，時

〔註60〕作者雖曰「無代進呈」似乎不欲以金錢衡量詩文，但事實上只要表現自己的寬容大度而已。若眞不能認同，又何必特別強調記錄。

左右詞宗乃芷涵先生與余，於乃反用樊山〈代月姊答詩〉『靈藥偷回藥有窮，廣寒深避箭頭鋒。三千年後縈安枕，盡廢狂夫射月弓。』之意。余詩曰：『晶盤高掛有情天，再見清輝照大千。妙技羿弓眞得意，此回又中廣寒仙。』西人謂獲得戀人曰：『愛神射中。』畫中往往見之。余自謂此詩必中元，及開榜，竟落孫山。問之，答曰：『羿無射月之典云云。』惜哉，先生竟不曾讀樊山詩也。

十八日的聯吟會結束後晚，鄭坤五另有記其於友人家中與其他吟友比較對聯的事，而這些人在臨別時們開玩笑的說：「請照賣芷涵先生價例，隻聯五圓一手販賣何如？」而鄭坤五的回答是：「噫！隻聯五金，價得公定。誰謂文字不值錢耶。」由以上的內容與對話，我們可以很明顯的發現，作者不但視文字爲爭強鬥勝的工具，更將文字的價值以金錢量化，雖然不甚典雅，但也多少反映出當時臺灣舊文人的一些思想，因爲那個「登高能賦可以爲大夫」〔註61〕的時代已經遠去，代之而起的是「亂世文章不值錢」的環境，作者之言，也許並非眞正在意金錢，只是對於環境的改變而有所洩罷了。

所以也因於此，當 1941～1942 年鄭坤五針對北部詩壇舊詩人黃文虎提出對於舊文學界的批評〈臺灣詩人的毛病〉而大似撻伐引發筆戰時，除了林荊南、吳逸生、黃啓明等新文學家對其感到不滿，連同屬舊詩人的李石鯨都無法認同，黃啓明更直言批評鄭坤五對詩及詩人之本質缺少理解，由此可見，鄭氏在文學創作（此主要指擊缽吟之類的文字遊戲）這方面的思考確實有部份盲點。〔註62〕

2、創作論

〈玉井山房詩話〉在第一期中闡述了作詩之法，頗見精警之處，試列舉一例如下：

學詩之法，似易而難，若能分平仄音，押韻穩妥，遇一題則就題做題，句句了解，算是得作詩的門徑，此是易事，及讀古人之詩，則我所作之詩，未免相形見絀，便生羞愧心來。此學詩進步之徑也，倘或自滿，則視我所作，無一首不佳，無一句不佳，無一字不佳，則進境吾知其難矣。〔註63〕

〔註61〕見班固撰，楊家駱編：《漢書藝文志》（臺北市：鼎文，1970 年），頁 1755。
〔註62〕見廖漢臣：〈臺灣文學年表〉，《臺灣文獻》第十五卷第一期（1964 年 3 月），頁 287～288。
〔註63〕見《鯤洋文藝社報》第一期，頁 18。

另外，在〈百衲詩話〉第七號中作者談及作荒涼之主題時的創作與揣摩方法，而以為：

> 賦荒涼寂寞之境者，若一概如實鋪序，不但平直乏味，且易致陰森有鬼氣，倘以一二有聲有色之物反襯之，便覺生動異常，而荒涼寂寞之景象，自在言外矣。……初學者若常將前人名作機局略同者彙聚而研究之，於運思之道亦無少補。

而〈百衲詩話〉第二十八號中，作者引樊山之詩論，以為「古人詩多渾寫大意，故東坡云：『作詩必此詩，定知非詩人。』」而「同光間館閣諸公作試帖，用嵌字之法，而詩格乃益難益密，推而至於詠物，莫不以細切為工。……」而作者對於樊山的論點也提出了自己的看法，其云：並言曰「樊山所云，雖不盡然，然應用於近日流行之擊缽吟體，可稱為金科玉律。」這是作者對於創作擊缽吟詩之技巧的看法。

至於〈淮詩話〉一開首鄭坤五就針對王漁洋之〈鑾江舟中雪霽月出即事題鄒吉吉書〉中的頷聯做出檢討，而以為此詩：

> 以月明對積雪，水際對空林。意欲在詩界別開生面，崇拜漁洋者以為詩必如此，方不如龜對鱉，天對地之死板。余終謂其不可為訓在老手之為之故無妨。若初學者效之，當如初學者模仿板橋書法，無不失敗者。

此處是談創作前應該準備的功夫（學習論），單就學王漁洋而言，作者提出了他的經驗之談。以上皆為文本中少數作者抒發對於文學創作的想法，但顯然沒有系統性，也沒有特別突出的意見。

3、實際批評論

張純甫作〈陶村詩話〉雖然幾乎如選集一般，但選集的思想價值即在其選錄的標準，這也是文學批評的一部份。其於〈陶村詩話〉中雖然絕少自出評語，但在收錄幾位臺人之詩作時曾言「擊缽吟雖風簷寸晷，然亦常有名句。」可見作者對於擊缽吟的態度是抱著不否定的心態。這也就是他雖不覺得擊缽吟能產出文學價值多高的名篇，但仍有機會發明一些好句子。所以他在文本中收錄了許多臺灣文人的擊缽吟詩句，選錄好詩，即使不成篇亦可，這顯然是作者選詩的標準之一。另外作者除了於開首摘錄了《庚溪詩話》、《紫薇詩話》、《山房隨筆》、《麓堂詩話》等幾本中國詩話的詩句與內容外，還有臺灣詩人以擊缽為主的詩句，另外有「外國人詩」、「女子詩」、「僧詩」、「清詩別

裁」之作等，其中有前大部份未標題，接收錄清朝詩人之作，由此可見作者選詩的標準是兼顧各階層，同時以中國詩人且以清朝詩人爲主，實可顯示其對於清詩的推崇。由此也可看出清代文人、詞宗等對臺灣詩人之影響實相當深遠。

〈淮詩話〉的批判思想濃厚許多，而對象則以中國的名家爲主。兩者由上之內容大要，已可略見一二，以下再補一例，以爲說明。在〈淮詩話〉第一號中，作者討論了楊萬里之〈秋雨歎十解〉：「『不是簷聲不放眠，只將愁思厭衰年。道他滴瀝渾無賴，不到侯門舞袖邊。』此爲歎之十足，其他如『厭聽點滴井邊桐，起看空濛一望中。橫看東山三十里，珍珠簾外翠屏風。』以山喻屏風，以雨比珠簾，佳則佳矣，惟通首只有起手厭聽兩字存些歎氣，其他似對於歎字，不甚致力。」因此點出「若將簾外之外字，改作隔字，則通首歎字十足。」此種「一字師」的批評法，若非勇氣過人者不敢爲，由此可見鄭坤五評文之大要。

（三）形式結構所生之美學價值方面

形式結構，是指內容與文本形式的搭配與遣詞用句的水準等方面。大抵而言，〈玉井山房詩話〉雖是吉光片羽，但卻能感受到作者深厚的漢學根柢，全文遣詞用句典雅不俗，深入淺出，介紹中國詩文不唐突援引，而是自胸中蘊藉許久之語，自是渾然天成，信手拈來之作。〈栩園詩話〉、〈滑稽詩話〉與〈詩話〉都是單獨成篇，前兩者之內容雖無史料或思想上的價值，但遣詞構句間，都仍符合古典詩話應保有的文言文表達模式，與〈玉井山房詩話〉相似。

另外〈百衲詩話〉、〈二南詩話〉、〈淮詩話〉也都是連載性質，內容被打散，尤其前兩者連載篇數長故整體文本上內容的編排更顯凌亂，也就是沒有事先做好內容的分目、分類或是建立一個足以貫串文本的中心思想，屬於「資閒談」之作。而由內容細觀，可見〈淮詩話〉因爲篇幅最短，發揮的內容也較隨興所至，〈百衲詩話〉雖然不免過於沈冗，但所載之資料尚稱豐富，也較能展現作者的個人色彩，不是完全的只「編」而不「作」。〈二南詩話〉除了對於少數作品有進一步的品評外，基本上只是資料的編排與羅列，是以「述而不作」爲主的，所以較無新意。至於整體的文字簡明易懂，多爲文言散文，〈淮詩話〉較爲口語化，在閱讀都無太大困難。只是內容過於繁冗不夠充實，一個月閱讀一部份尚可，但若將連載之內容集結閱讀，就會顯得力不從心了。

而〈陶村詩話〉似乎只能算是選集而已，在形式結構上並不符合傳統的詩話表現方式。在實際的文學批評方面，〈玉井山房詩話〉云：

> 鮑明遠之放歌行末段云：……，黃山谷謂其平鋪直述，無甚奇麗，
> 前中二段更弱爛不堪。以余觀之，山谷之論，無乃過刻。

> 李白詩才氣橫溢，下筆時只騁意直書，無牽強氣，由於天分高，故
> 行止自如，修短合度。

由上可見，施梅樵所評之語雖無奇麗精警之句，但也頗為公允道地。

至於〈百衲詩話〉與〈二南詩話〉，如葉文樞評葉金川女士之詩「多清圓流利之作」、評蔡澍之〈弔鄭延平故壘詩〉曰「各首均切定地勢發揮，與泛填延平故實者不同，洵傑作也。」，至於周召南之品評，如在第十八號中評張南山、薛道衡之詩作，分別為「情韻綿邈，味之無窮。」、「以一句為一題，亦復綺麗。」又於二十四號中評楊慶琛辭官後的〈十臺懷古〉、〈詠前蜀〉、〈詠後蜀〉等詩作，並評之為「意格工雅，語似莘田。」「亨甫自未敢伯仲伊呂。」皆顯得平易近人。然全文多半引詩過多，品評太少，反而失去「閒談」的興趣。

五、詩話文本特色

（一）連載詩話主要皆為增補版面

上文已探討到〈玉井山房詩話〉、〈陶村詩話〉、〈百衲詩話〉、〈二南詩話〉的出現，基本上都是為了「增補版面強化內容」，而且基於增補版面的需求，筆者認為〈百衲詩話〉與〈二南詩話〉有接續性的關係，尤其是「續編」的部份。這除了在時間上具有巧合外，因為〈百衲詩話續編〉至民國三十年六月止，而與〈二南詩話〉僅重疊幾期（二南詩話由五月起連載），頗有交棒的味道。

〈百衲詩話〉由昭和 6 年（1932 年）連載至昭和 8 年（1934 年），停刊 7 年後，又於昭和 15 年（1941 年）開始連載「續編」，由內容來判斷，整個思想性與價值已嚴重下落，幾乎可說到了虛應故事的地步了〔註 64〕，既然葉文樞編「續編」時似乎已經力不從心，那又為何要勉強去作呢？唯一的可能即是《詩報》本身在增實版面上的需求，這就像報紙只有新聞而沒有社論，會

〔註 64〕《百衲詩話續編》內容大要可參見附錄。

讓人覺得少個什麼東西一樣，《詩報》沒有《詩話》，同樣有些缺憾。但葉文樞到民國三十年時，生命已近終點（三十三年過世），心力恐怕是萎縮不繼的，所以「續編」的內容便沒有辦法與「前編」比擬，只是「詩話」的欄位既然還是被《詩報》所需求的，必然需要有繼之而起者了，而〈二南詩話〉在連載的篇數上（不是隨性寫個一兩篇就停筆，而必須照顧到《詩報》的需求，長期連載。）以及內容上（與《百衲詩話》內容相近，但既為接續者，有時便只能守成規而無法超越前人。）的確都有接續之勢，而且〈二南詩話〉可說與《詩報》相終了，而《百衲詩話》則在《詩報》創刊後不久即加入連載，兩個詩話的文本與《詩報》幾乎相始終，更可間接佐證筆者的臆測。

（二）作者性格明顯影響詩話內容

筆者以為作者的思想性格與背景也深深影響著其所創作之文本的內容。例如施梅樵、張純甫、葉文樞分別為《鯤洋文藝社報》、《臺灣詩報》與《詩報》的要角，又同為著名的塾師，受前一因素左右，他們都需要撰作詩話以填補版面，但既然作者不是為個人的著書立說而來，在內容上便不像《臺陽詩話》或《寄鶴齋詩話》一般的各顯千秋、頭角崢嶸。而受後一因素影響，我們可以發現兩人之詩話多半是以介紹中國的詩歌與典故為主，顯然是為了藉雜誌的傳播力量更廣泛的傳授漢文化給已經被日本政府統治三、四十年的臺灣人民。所以作者的身份背景的確會影響到文本的呈現方式與內容。

至於鄭坤五，他能在日本政府統治下任官，定然是個能積極因應現實生活者。又由他積極參與新舊文學論戰，且著作頗豐，各類兼備，可見他是個多才多藝、活動力旺盛且好強、思考靈活〔註65〕的人。對待文學、批評文學，自然會有另一番態度。

本著其現實與好強的性格，鄭坤五會視詩文為爭強鬥勝、能以金錢加以量化比較的工具，便不難體會。又在實際批評中，字字計較，喜歡藉此突出個人的思考特出，這也可與其好強的個性與機智的特長相互呼應。

（三）文辭典雅，內容價值待斟酌

筆者以為這些文本不論篇幅大小，基本上在用字遣辭上都還算典雅，但內容價值顯然還需要商榷。不論在思想史料或實際批評上，筆者以為這些作

〔註65〕 由《墨戲》可見其喜歡猜謎（文字間錙銖必較的遊戲）（非思考靈活者不能為）與郭芷涵的鬥智。甚至在新舊文學論戰中與林荊南挑起筆戰的活躍性，都顯現出其好強的一面，見《彰化縣文學發展史》，頁 234～235。

品都略顯不足。任何一本詩話的作者可能都會針對其中一項來闡發，或是單純「閒談」也有其文學趣味，且往往內容在作者自然而爲之下，反而頗有價值。但這幾本詩話所展現的文學思想卻是零零星星。再說，缺乏系統性的寫作計畫，甚至有截稿的壓力，勢必也很難抱著「資閒談」的心態來寫出值得玩味的內容。

另一方面，臺灣文人所能展現的史料當然以有關臺灣的記錄較有價值，拉雜一些中國詩人的詩句，固然有其文教之功能但恐怕也很難超越中國本地的詩話。所以筆者以爲這幾個文本，尤其以可能爲塡補版面而作者，其文本的參考價值遠高於其內容所展現的價值。

第三節　綜合文藝刊物之詩話的內容與價值

一、日治後期的《三六九小報》、《風月》與《南方》

日治時期的臺灣在現代化印刷工具大興後各式報紙刊物不斷出現，而在古典文藝方面，除了原本嚴肅性較高，閱讀人口侷限於文學同好間的詩學刊物外，到了日治後期，更出現了以普遍大眾爲銷售對象，偏重於休閒與趣味，雅俗並蓄文白夾雜的綜合文藝刊物。昭和 5 年發刊的《三六九小報》以及昭和 10 年發刊的《風月報》與接續的《南方》等刊物，他們的產生，雖然也有因應昭和 5 年後日本政府全面廢止報紙「漢文版」的因素〔註66〕，但內容顯然與《臺灣文藝叢誌》、《臺灣詩薈》、《臺灣詩報》、《詩報》等大相逕庭，可見日治後期整體臺灣文化與文學走向已經逐漸改變，不再完全以雅正爲宗，而偏向於普羅化了。以下試論之：

《三六九小報》，由 1930 年（昭和 5 年）9 月 9 日至 1935 年（昭和 10 年）9 月 6 日止，發行地是臺南，共刊載 479 號，後因經費拮据而停刊。該報主筆

〔註66〕見盧嘉興：〈記臺南府城詩壇領袖趙雲石喬梓〉，《臺灣古典文學作家論集（上）》（臺南：南市藝術中心、2000 年），頁 239～240。該文云：「日人據有臺灣後，採逐漸同化政策，初尚以日漢文兼用，至民國 19 年（昭和五年）先將日人所辦的報紙廢止漢文版，臺南文士趙鐘祺、連雅堂、趙劍泉、洪鐵鑄……等爲維國學於不墜，就籌創三日刊小報，名爲《三六九小報》。」另可見河原功：〈1937 年臺灣文化、臺灣新文學狀況——圍繞著廢止漢文欄與禁止中文創作的諸問題〉，「臺灣文學史書寫」國際學術研討會，成功大學臺灣文學系及臺灣文學研究所主辦，2002 年 11 月。

皆爲「南社」成員，尚有一定文學素養，但由於時序已近日治後期，這些編輯多半爲臺灣文人之第四代後期，或第五代之文人，如顧問趙雲石、連橫，而主要執筆者趙劍泉、洪鐵濤、許丙丁、陳圖南等，他們所受之古典文學教育已不若前輩一般紮實，態度也隨著時代改變而不再如此嚴肅。〔註 67〕雖說該報的發行仍有維繫漢文的旨意，但顯然已不若「臺灣文社」所辦的《臺灣文藝叢誌》等嚴肅了，我們由該報署名「刀冰」的〈發刊詞〉言：

> 妄言妄聽，禪不礙乎野狐。大收廣收，骨定多夫駿馬。一紙風行，足資談柄，實於臺灣刊行紙，別開一生面也。讀我消閒文字，爲君破睡工夫。凡知我者珍以敝帚，棄我者，覆以醬瓿亦可也。同人都以一笑了之。

又「幸盦」於〈釋三六九小報〉言：

> 諸大報社，到處林立，觀其內容，莫不議論堂皇，體裁冠冕，本報側身其間，初舉呱呱墜地之聲，陣容未整，語或不文，所謂大巫在前，小巫氣沮。故不敢傲世人之妄自尊大，特以小標榜，而致力托意乎詼諧語中，諷刺於荒唐言外。〔註 68〕

所以其內容有餐霞小記、「各類論壇、新知識、新笑林、古香零拾、東鱗西爪、文虎、開心文苑、銀幕春秋、小雅詩壇、新聲律啓蒙、花叢小記、雜俎」〔註 69〕等，其中的「花叢小記」還兼載當時之名妓照片，消遣娛樂的意旨由此可見。

至於《風月報》與《南方》是由 1935 年（昭和 10 年）5 月 9 日起以《風月》之名發刊，後陸續以《風月報》(1937.7.20～1941.6.15)、《南方》(1941.7.1～1944.1.1)、《南方詩集》(1944.2.25～1944.3.25) 的名稱刊行，發行地是臺北。〔註 70〕（以下簡稱《風月》）其主筆者最早包括「瀛社」、「星社」、「天籟吟社」、「劍樓吟社」、「高山文社」等詩社文人，主要以謝汝銓、林述三可爲代表，後來隨著成員不斷改組，加入成員的背景日益分歧，甚至隨著《風

〔註 67〕過去文人學文作詩都是以科舉取士，淑世治國爲目的，所以心態上較爲嚴肅，即使失去科舉的路徑，也多半不能放下這種嚴肅的心理，日本政府開「揚文會」，對前清有功名者加以禮遇尊重，正也是要滿足他們的心理。所以，要他們放下身段，甚至拿文學作爲娛樂眾人的工具，顯然是困難的。

〔註 68〕以上引文皆見《三六九小報》創刊號，昭和 5 年 9 月 9 日。

〔註 69〕參考自「文訊雜誌社」：《臺灣文學雜誌展覽目錄》，頁 15。

〔註 70〕詳見楊永彬：〈從「風月」到「南方」——論析一份戰爭期的中文文藝雜誌〉，《風月、風月報、南方、南方詩集》，（臺北，南天書局，2001 年），頁 69。

月》的刊行範圍擴及全臺，連原本屬於《三六九小報》系統的作家也逐漸加入。〔註71〕還有許多新文學家如曾為編輯的吳漫沙，1938 年《風月》設「日文欄」時則以張文環為主編，後來又有林荊南等新文學家的加入，使得《風月》的內容更顯得多元，所以我們可以相當程度的從《風月》中看到日治後期整個新舊文學的交替過程，有心者可在此部份加強討論。

《風月》一開始是以「維持風雅，鼓吹藝術。」作為宗旨的，而內容雖大抵能符合旨趣，如第一至四十五期的開首刊載「藝苑」專欄，介紹書畫論，後來又連載〈漢詩之源流〉等，皆為嚴肅雅正者，但風月報的內容仍是以消遣為主，除了刊載刊載一些純文藝性的詩文、小說與雜錄〔註72〕，尤其為了重視一般人的需求，報紙內不但每期皆刊載臺北花柳界之名妓照片並有〈花事闌珊〉、〈花訊〉、〈拾翠尋紅〉等專欄來介紹，甚至辦過票選美女的活動，所以其商業與通俗性質是非常明顯的。尤其在第四十五期改版以後，內容更偏重於娛樂性且大量刊載現代文藝作品（較無嚴肅性者），連刊頭都替代以小說的連載或名妓照片。故該報於 59～89 期的封面標語言該報「是茶餘飯後的消遣品，是文人墨客的遊戲場。」這其實才是真正符合《風月》內容的要旨。

總括而言，《三六九小報》與《風月報》類似，文章不以嚴謹為宗，且常有冶豔內容，前者主筆多為「南社」成員，後者則一開始多為臺北的詩社社員，後來逐漸擴及全臺並引入許多新文學家，兩刊物一南一北，《三六九小報》先行，《風月》隨之而起，前者見證了古典文學的通俗化，後者更呈現出新舊文學在同一刊物上交替的歷程。而他們都是當時供作消遣的文藝刊物。

二、文本內容簡介

（一）載於《三六九小報》者

1、〈滑稽詩話〉

鄭坤五、老云、劉魯、駐鶴軒主等著，由 1930 年（昭和 5 年）10 月 9 日到 1932 年（昭和七年）5 月 19 日止，共連載 9 號。

鄭坤五作前 6 號，由 1930 年 10 月 9 日到 12 月 9 日，分別寫富家子弟痴戀妓女之事、自吹自擂者之可憐可笑、敗家子見其父死而生之興奮之情、後

〔註71〕同前註，頁 80～81。
〔註72〕詩文多為詩社擊缽之作，小說偏重言情、喜劇或武俠等消遣性質較高的作品，雜錄多為隨感或遊記。

庭秘戲、嫖客無錢嫖妓之醜態、臺人好勇鬥狠之模樣、老翁與妓女相戀荒唐事等。雖然都以臺灣作為描寫的場域，非抄襲者，又皆附有相應之詩，但終不能入大雅之堂。

「老云」，為趙鐘麒〔註73〕之筆名，1931 年 2 月 16 日載 1 號，言「奇詩」之主題，所引之詩，如「嫡母姘奴走，嬌妻伴伙眠。」等，皆俚俗。作者於文末自行創作者，如「鳥鼠生牛角，雞雛長鹿鞭。」亦然。

「劉魯」，不知名，1931 年 6 月 23 日載 1 號，內容在解釋一首主題在寫一老村夫，原先盼望結婚，進而結婚生子，但又不滿於現狀的滑稽山歌。

「駐軒主人」，不知名，1932 年 5 月 19 日載 1 號，內容在寫老僧與妓女私通之事，所引者皆類色情詩。

蓋〈滑稽詩話〉、〈滑稽新語〉〔註74〕皆為《三六九小報》之公開園地，與《風月報》的《滑稽詩話》同名，但內容作者不同。不過顯然都是配合報紙本身通俗性需求而生的文本，是故內容或寫人之愚憨可笑，人情之澆薄，妓女嫖客之事等。皆只能談笑，有些不雅。

2、〈歪詩話〉

與〈滑稽詩話〉類似，〈歪詩話〉也是一公開的創作欄位。但寫作者也因此重在談笑。1930 年（昭和 5 年）12 月 13 日，1931 年 7 月 16 日，各載 1 號，作者筆名為「綠珊盦主」，即許丙丁〔註75〕、「著意會幹事」。內容皆載作者所知之歪詩〔註76〕，主題為文人妓女間談笑之事與祝賀友人納寵妾等。亦無雅觀者。

3、〈消夏歪詩話〉

著者筆名「古圓」，載於 1931 年（昭和 6 年）8 月 19 日。內容純為作者藉以抒發喜愛歌謠之議論，且作者主動用臺灣話文作為寫作的工具〔註77〕，

〔註73〕趙鐘麒，號雲石，南社重要成員。見吳毓琪：《南社研究》，頁 171。
〔註74〕《滑稽新語》同樣為公開園地，如鄭坤五、冷紅室主皆曾在此撰稿。冷紅室主所撰者，根本為色情笑話。試舉一例如下：「某甲性迂且嗇。親友中或有緩急相求，必須有人居間。每事非間接不可。故『間接』兩字，若為其口頭禪。適謔會，甲復自述其利用間接之功效。一客戲之曰：『余欲小解甚急，但不敢直如貴廁。請從夫人處「間接」，可乎？』」見冷紅室主編：〈滑稽新語〉，《三六九小報》第 23 號，1930 年 11 月 23 日。
〔註75〕許丙丁，字鏡汀，號綠珊盦主（1900～1977）。見吳毓琪：《南社研究》，頁 406。
〔註76〕用以談笑、諧謔之詩。
〔註77〕作者言如該文言：「我的嗜好無別項。」中之「無別項」用作閩南語讀方可，

甚爲特殊。其開首即言：

> 我極愛讀『黛山樵唱』，鄭坤五氏自前有講歌謠，自是國風。所以他
> 也曾刊臺灣藝苑，注重國風。

又言臺灣歌謠的普遍情況與《三六九小報》的出現，對於推行歌謠的幫助。其言：

> 妓女閒時，也常常唱國風給我聽。從前因爲無機關紙可利用。即本
> 報創始，我就想卜利用。於未實行之時，已有黛山樵唱出現。我喜
> 出望外，每期得讀著國風。

接著作者說明自己使用白話文的原因與寫作的目的。云：

> 我的狂態，實在是有。總是就不要先侵害他人的主義，然而他人若
> 先侵害我。我只是等待有閒之時，就寫淡薄小話，來吐自己的抑鬱
> 而已。所以此番的消夏歪詩話，講著話頭長。黃石輝吟友，前日在
> 中報有發表一篇『鄉土文學』的議論，我也大大同感，而且贊成。
> 所以我自前月以降，不論寫批寫小話，攏總自作聰明，就用臺語描
> 寫，成也不成，也不管他人小我放白放不白了。

作者最後方帶入主題，寫了幾個俚俗有趣的歪詩。本文內容除了抒懷，也能消遣。嚴肅性既無，連文體也非「文言文」，實是異數之一。

4、〈古今逸詩話〉

1931 年（昭和 6 年）11 月 13 日著者筆名「不俗」。內容僅是在談晚近文人用字多有訛誤，且提出許多實例以爲證。如其云：

> 近代某大文豪，亦同病此。魯魚亥豕，舛錯尤甚。如以『弓蕉』作
> 『芎蕉』，『油炸檜』作『油炙粿』。或誤釋皮肉作逼迫。……

大抵而言，其雖用文言爲主幹，所述之例卻頗近臺灣話文，可見該文作者也受到「臺灣話文運動」的影響〔註78〕。

5、〈紫珊草堂詩話〉

著者筆名「雙木生」，1932 年（昭和 7 年）1 月 9 日載 1 號。內容起源於作者在其藏書中偶而看到一些不知作者的詞牌百餘闋，感覺內容頗佳，「因錄

若作白話或文言都應作「無別的」。再如「我想出世在本島，因爲生活計關係。」
　　其中「出世」應作「出生」。
〔註78〕見施懿琳：《從沈光文到賴和》（高雄：春暉出版社，2000 年 6 月），頁265～
　　266。

之於三六九小報，以助讀者新年之興趣。」全篇共載 15 闕詞，不加評點，實無甚高之價值。

6、〈挹秀閣詩話〉

黃凝香著，1935 年（昭和 10 年）4 月 19 日至 5 月 19 日，共載 6 號〔註79〕。前三號分別記載了其女性友人之詩，包括許韻梅、吳綺紅、蔡品月等。後三號中，第四號載洪鐵濤之〈白蓮詩〉，作者以爲其作「造句清新，筆法穩健，末韻細膩熨貼，見者歡賞，試置溫庭筠集中，殆莫能辨。」第五號，作者言其愛有關「王昭君」主題之詩，故將其所背誦之有關王昭君的名家作品，錄之於詩話中。第六號，載其家姊蕙香所編之《歷代春閨詠絮集》中之慶筠仙女史之作四首。總言之，該文本所載之詩若非出自女子之手，即是有關女子之題詠詩，不然至少也得是清秀婉約之作，主題明確，是以女性及其相關特質爲主要描寫對象的作品。

7、〈綠波山房詩話〉

邱濬川〔註80〕著，蓋邱濬川在《三六九小報》有專欄，有時名爲〈綠波山房遮談〉、〈綠波山房無稽談〉、〈綠波山房詩話〉等。其中名爲「詩話」者共 6 號，由 1933 年（昭和 8 年）3 月 19 日連載至 4 月 6 日止。內容以閒談爲主，或記詩社課題而詞宗選詩之難，或介紹詩鐘活動之佼佼者，或記錄自己與妓女之風流韻事，友人所愛讀之書與作者所鍾愛之書。作者甚至透露出自己對於能詩之妓的喜愛與難以覓得之情。可見該文本頗能見作者之情思，是一閒談之小品，內容雖言及風月情場而不下流，且能直抒胸臆，記詩社、詩鐘之事，亦頗能反應實況，故爲一連載之詩話之的佳作。

8、〈圓園詩話〉

邱濬川著，1933 年（昭和 8 年）3 月 1 日及 11 月 26 日，共載 2 號。內容皆在言戰亂之時，將軍、武士所表現出的詩歌文采。第一號寫中日戰爭與日俄戰爭時，日本軍人於征戰間所創作之詩歌。第二號寫日本將軍長谷川在戰亂時所作之詩仍能直追唐宋。兩篇詩話皆以記詩爲主，作者以日本爲「我國」，凸顯了作者缺乏臺灣主體性的民族與政治意識，也是特色之一。

9、〈萬善同歸詩話〉

著者筆名「古董先生」。載於 1934 年（昭和 9 年）7 月 23 日。內容不過

〔註79〕 最後 1 號雖名爲第 7 號，但實僅有 6 號，恐爲誤植。
〔註80〕 由其所作之文本內容可知，邱濬川爲麻豆人，臺南綠社社員。

節錄《歸田詩話》中的兩首詩，似無什麼價值。

10、〈詩話〉

李春霖著，載於 1932 年（昭和 7 年）12 月 3 日。內容同於上文所述刊載於《詩報》者之第 1 號，爲一稿兩投。

（二）載於《風月報》者

1、〈蓬萊角樓詩話〉

謝汝銓著，1935 年（昭和 10 年）8 月 6 日至 1936 年 1 月 6 日，共 7 號，每號皆介紹一人物之詩文風雅事。分別爲「鄭孝胥」、「陳寶琛」、「江朝宗」、「郭希隗」、「林鶴年」、「小室翠雲」、「鷹取克明」。其中，鄭孝胥、陳寶琛爲日本政府輔佐之「滿州國」元勳。江朝宗曾於中法戰爭中短暫來臺，留有詩句。郭希隗〔註81〕爲旅日詩人。林鶴年爲清領時期臺北有名之詩人，與唐景崧時常唱和。小室翠雲、鷹取克明則爲遊臺之日本人。全七號以介紹人物爲主，雖不以臺灣本土詩人爲對象，但文字典雅流利，頗有閱讀價值。

2、〈奎府樓詩話〉

謝汝銓著，1937 年（昭和 12 年）7 月 20 日〔註82〕至同年 12 月 1 日，共 27 號。本詩話爲《風月》改版成《風月報》後開始連載的。由此可以很明顯的看出，謝汝銓作「詩話」必有補實報紙之版面的目的存在。隨《風月》改版，詩話題目名稱也作了改變。

而從內容上也可以發現兩者的延續性與其填實版面的目的性。因爲《奎府樓詩話》前三號仍延續《蓬萊角樓詩話》一號評介一人的方法，分別介紹了「國分高胤」（遊臺日人）、「江朝宗」（與上文頗有重複）、「浪坦歸愚」（國分高胤友人，與謝汝銓有交誼）等人。其中重複提及「江朝宗」，已可見其作「詩話」恐有應付版面之壓力，加以第四號以後便不再專評一人，而是談一些作詩選詩的訣竅，詩學的常識，讀中國之《隨園詩話》、《西清詩話》等著作之札記等，且越到後期字數越少，前幾號多有 5、6 百字，至後越來越少，甚至有幾十字者，如第 26 號云：

〔註81〕郭希隗曾爲《蓬萊角樓詩話》作序，由此可見其與作者之交情。見郭希隗：〈蓬萊角樓詩話序〉，《風月》第 36 號，1935 年 12 月 21 日。

〔註82〕7 月 20 日當期的〈非人類詩抄〉是《奎府樓詩話》第一號的誤植。作者於第二號中已作說明。見謝汝銓：〈奎府樓詩話〉，《風月報》第 46 號，1937 年 8 月 10 日。

> 名場謂試院也。章孝標詩：『一戰名場造化愁。』《南唐書》：『以卿
> 早奮名場，疏雋未更事。』『吟壇』，謂詩社中之領袖，主持壇坫者。
> 杜牧詩：『今代風騷將，誰登李杜壇。』後因稱詩人曰『吟壇』，敬
> 詞也。

寥寥幾字，可見作者補白之意味濃厚，足證其作《奎府樓詩話》乃至於《蓬萊角樓詩話》，皆有填實版面的目的性存在。

3、〈風月詩話〉

周德三著，1940 年（昭和 15 年）8 月 1 日至 1941 年 1 月 1 日，共連載 4 號。其內容實欲與《風月報》創刊之主旨相呼應，全以文人和婦女、妓女之風流韻事以及所衍生之詩句作為描寫的對象。尤以妓女之描寫最多，有寫妓女之才情、美貌及飄零老去者。其中如第 115 期（8 月 15 日）有一段是記杜牧之風流韻事，即頗為不倫，其云：『迪陽集載：『杜牧之守郡時，有妾懷妊而出之。以嫁州人杜筠，後生子。即荀鶴也，此事人罕知。……』』由此可見該文本之內容重在「通俗性」而無嚴肅之態度。

4、〈閨秀詩話〉

蔣培中著，1940 年（昭和 15 年）8 月 15 日，載 1 號。僅在介紹女子「葛秀英」之生平與詩作，全文不到 1000 字，內容平平。

5、〈滑稽詩話〉

著者筆名「一葦」，1940 年（昭和 15 年）6 月 15 日至 8 月 1 日，共 3 號，每號有 3 到 6 個小段，共 11 小段，各敘一事。其中敘述妓女者有三，其餘亦不雅正。由於目的是在談笑，故所及之詩句優劣反成其次。以下列舉兩段，前段暗藏色情，後段引詩低俗，重在敘事。由此可見該文本與《風月詩話》類似，都是在呼應《風月報》本身之內容需求而生的作品。

> 袁才子詩話載〈題春冊〉句云：『一陽一陰之為道，此時此景難為情。』
> 寥寥十四字，包括靡遺。且無纖佻之致。固宜膾炙人口。近人襲其
> 用意，亦有二十字題句曰：『陰陽之謂道，並行始玄妙。以其多則多，
> 補其少則少。』傳神之筆，栩栩欲活。」（第 115 期 1940.8.15）

有富家子，襲父遺產。嫖賭吃著，無所不為。不十年，傾家蕩產，無立錐地，親友均加白眼。遂下與偷兒為伍，久之，自怨自艾。顧初知文字，一日改唐詩自嘲曰：『不寢盜金鑰，因風掩玉珂。明朝有官事，敢說夜如何。』」（第 115 期 1940.8.15）

三、詩話作者與創作動機

（一）詩話作者略歷與蠡測

由於《三六九小報》與《詩報》皆爲日治後期的產物，所以作者除了第四代臺灣文人外，也應該加入了不少的第五代成員。但這時期的文學主流已經逐漸被新文學所取代，致使我們對於這時期的文人多半連概略的認知都有問題，所以即使有眞實姓名也不知其人爲誰，更遑論只有筆名者。除了謝汝銓與鄭坤五因爲已經在上幾個章節中介紹過外，以下筆者試圖將這些文本的作者列論於下：

1、趙鐘麒

趙氏爲臺南古典詩壇的領袖，與各界關係也相當良好，除了臺南的名詩人如連橫、許南英、胡南溟皆與之友善外，日本政府辦「慶饗老典徵詩文啓」，日本漢詩詩宗國分青崖來臺，他也在賓客之列，除此之外嘉義「羅山吟社」，臺中「櫟社」，臺南「酉山吟社」皆曾出現他的足跡與詩篇，可見其交遊之廣泛。

趙氏於 1905 年與蔡國琳、連雅堂、胡南溟、謝籟軒等創設「南社」，又於 1930 年創辦《三六九小報》皆可見其活躍的文學生命力，趙氏曾於《三六九小報》的〈開心文苑〉刊載許多休閒性的作品，可見其在《三六九小報》寫作時的態度。而趙雲石確實是日治時期臺南文壇的長青樹。

2、許丙丁（1900～1977）

字鏡汀，號綠珊盦主人，筆名綠珊盦等，1906 年入私塾師朱定理、石偉雲，1920 年任總督府巡查，1921 年起於《臺南新報》發表漢詩作品，1930 年起於《三六九小報》發表著作，光復後曾任市議員、臺南市第七信用合作社理事主席等職務，著作等身，涉及文類甚多。

3、黃凝香

由《三六九小報》可知，黃凝香喜好閨秀之作，如他從 1935 年 7 月 6 日至 8 月 16 日，陸續載有《香閨雜詠三十韻》與《續香閨雜詠三十韻》前後共十三號。而每篇之篇首皆有「韓浩川先生評」之字樣。蓋韓浩川爲楊宜綠之徒，楊宜綠本即以「香奩詩」見長，善於描摹酒樓女子的情慾世界。故黃凝香到楊宜綠，實爲一脈相傳。〔註83〕而黃凝香在《挹秀閣詩話》中言，「余前

〔註83〕見吳毓琪：《南社研究》，頁 182。

年學詩於『紫珊草堂』之時。」（1935 年，4 月 19 日）「憶前在紫珊姊丈處，見鈔有佳詩雜選一冊。」（1935 年，5 月 3 日）顯見其與「雙木生」必有師徒關係，「雙木生」爲韓浩川或楊宜綠，因無直接證據，故不妄加論斷。

4、邱濬川（1896～1935）

麻豆人，爲活躍於臺南「綠社」之人物，經常在《三六九小報》發表作品，也可以在《詩報》中發現其於高雄的「壽峰吟社」、「旗津吟社」活動之作品，而由陳香於《詩報》中的〈輓邱濬川先生〉，1935 年 5 月 15 日之作可知，其死時爲 40 歲，英年早逝，原是頗受期待的文人。

5、周德三

周德三《詩報》有大量詩作發表，由他所參加的詩會如「柏社」（149 期）「讀我書社」（249 期）、「竹社」（115 期、149 期）、「竹風吟會」（285 期）、「新竹朔望吟會」（279 期）等，可以判斷作者爲活躍於新竹一帶的文人，而根據《三六九小報》與《風月報》的「著者索引」，也有不少周德三的作品，「讀我書社」是葉文樞課其子弟所組成的書社〔註84〕，「柏社」是張純甫課其子弟所組成的詩社，由此可見其與葉文樞、張純甫之間應該有師承關係，所以周氏應該是當時頗爲活躍的第五代文人。

6、其 他

至於「蔣培中」、「劉魯」、「駐鶴軒主人」、「古圓」、「不俗」、「雙木生」、「古董先生」、「一葦」、「著意會幹事」等，目前尚無足夠資料判讀其身份，只能根據《三六九小報》的「著者索引」〔註 85〕與《風月報》的「總目錄」來勘察資料。基本上劉魯、古圓有大量作品刊載在《三六九小報》，所以他們應該是該報編輯或相關人員，其餘皆多半只出現過一兩次，而「一葦」則是《風月報》昭和十五年以後才出現作品者，但除了〈琬娘〉之外，作品並不多。

（二）創作動機蠡測

筆者以爲，這些數量頗多但質量不均的文本，其創作動機不外乎「充實

〔註84〕見王文顏：《臺灣詩社之研究》，頁 50，「民國 18 年，晉江葉文樞設帳於新竹市，集其門人，創立讀我書吟社，每月集會 2 次。」頁 51 云：「民國 24 年，新竹市張純甫，創立柏社，社員多半爲其門人。」
〔註85〕見《三六九小報》之〈著者索引〉，成文出版社複印本。以及郭怡君編〈著者索引〉，收錄於《風月、風月報、南方、南方詩集》。

版面」、「閒談消遣」與「名利之趨」。

1、充實版面

符合「充實版面」這一動機的先決條件是作者必須與該刊物關係密切，有爲該刊物填補版面的責任，而這多半爲編輯人員，同時若是已經闢建的專欄，同樣有填補版面的目的，例如《三六九小報》連載的〈滑稽詩話〉，顯然是要與《三六九小報》的創刊旨趣相呼應，而從作者由多人組成來判斷，顯然就符合此一條件。除此之外，在這些文本中，我們可以發現，《三六九小報》的〈歪詩話〉、〈消夏歪詩話〉之作者「古圓」與「綠盒主人」許丙丁，前者有大量作品刊載於《三六九小報》中，應爲該報之編輯人員，後者是創辦人之一，這幾則詩話同樣符合「充實版面」的目的。

另外，《風月報》中，主編謝汝銓的《蓬萊角樓詩話》與《奎府樓詩話》與葉文樞的《百衲詩話》與《百衲詩話續編》產生背景非常類似，都符合此一目的。

2、閒談消遣

文人著作原本即有嚴肅的著書立說與輕鬆的抒發情感兩種目的，這兩份刊物的主旨顯然偏重於後者，所以目的爲「充實版面」的作者，既然是爲文藝而參與，寫作自然也有「消遣取樂」的目的。其餘作者亦然，試觀這些文本的內容無不以談笑或蒐羅文人故事與詩作爲主，僅〈消夏歪詩話〉內容不同於其他文本，但該文雖然提及「鄉土文學」的相關問題，作者卻是以較爲輕鬆、嘲諷的態度來寫作，所以從內容來驗證，也是符合此一動機的。

3、名利之趨

「日治時代臺灣詩社的增加，也肇因於文藝本身已受到人們的肯定。此外，從事文藝活動，尚可從中獲致其他「虛榮功利」，這也是青年想要投入詩會的原因。」〔註86〕而這種青年加入傳統詩壇的心理現象自然也會表現在於雜誌中發表「詩」與「詩話」的創作行爲上。第五代文人面對第四代臺灣傳統文人已建立起的創作成就，仿效之行爲勢所必然，而《三六九小報》與《風月報》這類日治後期的雜誌，正是第五代文人表現自我的園地，我們雖不能說第四代文人便無追求名利者，但涵養充足者的自然流露之創作與第五代作

〔註86〕見黃美娥：〈實踐與轉化：現代性與日治時代的臺灣傳統詩社〉，收錄於《九十三年度臺灣傳統漢詩發展與教學研討會》，頁38，財團法人臺中市國語文研究學會編印。

者爲發表而發表,「爲賦新詞強說愁」的心態終究是有所不同的。

四、文本價值呈現

(一)文學史料方面

1、文學實況方面

這些文本所錄不多,僅〈綠波山房詩話〉記載「綠社」課題與選詩之事。作者在文中談到他參與「課題」之詩作在押韻上出了錯(同一詩押了兩個「風」字),但卻沒有人發現,包括詞宗林惕園、王則修亦然,甚至寄到岡山去參加徵詩也得到第六名,最後發表於報紙上時作者自己才發現有誤,作者因此感慨到選詩之難,即使經過那麼多人閱讀都可以不察這麼嚴重的缺失,更何況碰到「全島聯吟會」之類的活動時,選詩要選的精當就更困難了。

2、涉及文人方面

(1)臺籍人士

由於這些詩話以消遣爲主,所以眞正用心記錄者不多,除了詩話中提及但未詳細記錄的莊櫻痴與洪鐵鑄外,〈綠波山房詩話〉曾記郭珪輝與許獻圖之事。其云:

> 郭珪輝先生,邑庠生也。生平酷好《紅樓夢》一書。詩極清妙,十
> 餘年前,曾設帳於子良廟,林碧池伯處,惜余緣慳未能沾其雨化,
> 頗以爲恨。琴劍飄零,牢騷滿腹,往往形諸吟詠,余猶記其清明日
> 感懷一絕云……。

至於許獻圖,作者云:

> 先生居赤崁,邑之廩生,即今許廷光先生令阮。能文章、工書法,
> 遠近求聯幅者接踵而先生不輕與人。余曾從遊六、七年,沐其化雨
> 者不少,爲人品行方正,頗有學者之風,以不偶於時,鬱鬱而歿,
> 余爲泫然久矣,著有《少庸室文集》。

其餘文本多無臺灣文人的記錄,至於女史詩人則可見〈挹秀閣詩話〉,其中包括許韻梅、吳綺紅、蔡品月之詩,可作爲文學史料。

(2)中國人士

〈蓬萊角樓詩話〉第一至五號分別記鄭孝胥、陳寶琛、江朝宗、郭希槐與林鶴年,其中前兩者爲滿州國之重臣,江朝宗曾於中法戰爭中來臺,郭希

槐是旅居日本時備受推崇，林鶴年亦曾於清末宦遊臺灣。以下茲錄記郭希槐者：

> 氏字東史，湖南石門縣人，因久居江南，數罹劇疾，遙渡扶桑，帝京息影，以復健康，帝於東邦史乘，考究不懈，詩文俱妙，爲國分青崖，館森袖海諸耆舊所推許，時與唱和，人多求題序。戶限爲穿，余《詩海慈行》編成，因莊櫻痴君馳畫乞題，竟蒙抒藻。吟寄七古長篇一章，用事奧妙，措詞奇倔，的是斷輪高手，增光不少。……余赤崁城人也，版圖易色，就學國黌，畢業以後，奉職督府，移家羈北，駒光容易，既三十八年於茲，子女俱婚於北蒐裘之營，早經斷念，蓋久不作南歸計矣，讀家山歸不得之句，不禁深爲根觸於懷。

（3）日本文人

至於這些詩話中述及日本文士者亦僅限於謝汝銓的〈奎府樓詩話〉與〈蓬萊角樓詩話〉其中有小室翠雲、鷹取克明、國分高胤、浪坦歸愚等，其中前三者皆曾來臺，浪坦歸愚則是因爲莊櫻痴曾爲謝汝銓的《詩海慈航》向他索字的關係，因此謝汝銓便將其略歷、詩詞與館森袖海、國分青崖等人對他的評價一一羅列於詩話之中。日治時期來臺之日本漢詩人其實有相當數量，但這方面之研究尚稱匱乏，「詩話」所載之內容雖然是吉光片羽，但也是相當好的研究材料。以下茲錄其中對於鷹取克明的記錄：

> 氏號岳陽，京都人，漢學造詣頗深，爲督府文書課囑託，寓臺多年，常與臺灣文人學士交遊。讓山田男爵總制臺疆，大正辛酉孟冬念四日，柬邀全島騷人，在東門鈴閣，開茶話會賦詩，氏奉命照料，旋又編雅集諸篇，題曰：「大雅唱和集」，序爲氏之抒藻，敘事周密，措詞深雅，頗似才人之筆。大正丙寅春，結廬於城北「古亭村」，門對南山，號爲「悠然亭」，蓋取淵明「悠然見南山。」之句以爲名也。拂雲剪樹，灌泉掃石，嘯傲盤桓，得二十四幽趣，係以絕句，略見匠心獨具。……因出差京都，愆期不歸，遂罷囑託，寓鴨川畔，仍爲立命大學講師，未幾身故，不知其「悠然亭」，今屬何人，又不知其「悠然亭」者，能領略此二十四幽趣否耶？

（二）文學主張方面

平心而論，這15個文本在文學思想的闡發方面相當貧乏，而事實上，當時刊載於報刊雜誌之詩話，多半也沒有太多值得深究的思想，頂多只能從文

本的字裡行間酌取其中值得探討的內容。但若篇幅太短，敘事多於議論，要
闡論也有困難。

《奎府樓詩話》後半部提到較多的詩歌創作之法與常識，但皆是老夫常
談，無甚可取。其餘詩話則往往偏重於嬉笑怒罵或人事實況的記載。由此可
見，以報刊作爲「載體」的「詩話」之內容，顯然是受到報刊之性質與作者
之動機所影響的。

（三）形式結構所生之美學價值方面

作爲日治後期以漢文爲書寫工具的臺灣文學發表園地，《三六九小報》與
《風月報》中的「詩話」文本，在形式與結構方面，除了〈消夏盦詩話〉、〈古
今逸詩話〉等外，基本上仍保留著純粹的文言文撰寫的方式，雖然篇幅經常
過於簡短，搭配的內容又不夠典雅莊重，但這都是受到「載體」的需求與時
勢的影響。光復以後，隨著作家的代謝，新文學的繼起，幾乎已經沒有任何
以「文言文」作爲書寫方式的刊物了，這些刊物與作品的表現方式更顯彌足
珍貴。

故吾人讀這些文本時，雖然對其內容是否可作爲稱職的「詩話」可能會
有所爭議，但其表達形式確是值得多加省思的。因爲這些文本是臺灣文學史
上最後一批以古典文學作爲主要書寫方式的作品，他們在形式上又承繼了《漢
文臺灣日日新報》以來，將長篇大論的書寫方式，轉變成短篇連載的出版模
式。這樣的一種呈現方式可說到此正式進入尾聲，光復以後則是新文學完全
取代這些「載體」與作品，故其內容與發展歷程，是極具意義的。

五、詩話文本特色

作爲臺灣古典文學餘緒，同時是日治後期的臺灣詩話，所呈現的內容已
經與日治初期的臺灣詩話內容大相逕庭，充分顯現了日本政府統治臺灣數十
年間，臺灣整體的社會與文學趨勢的演變。「臺灣的社會」從傳統的仕紳階級
社會演進爲「國民社會」，「臺灣的文學」也從雅正嚴肅的古典文學，進入新
舊文學交替的階段，且原本淑世的責任，此時幾乎全由新文學來承載。「臺灣
的詩話」更從初期的精緻與講究，不受世俗的干涉，逐漸演進至深受世俗與
刊物性質的影響，內容以嬉笑怒罵爲主的文本。若說這是臺灣古典文學的怠
惰是可以的，不論這是否受到統治者的影響而有如此不堪的局面。

　　時序進入日治後期的臺灣詩話，其堅守古典文學領域的象徵意義已經大於其實際價值，雖然光復後臺灣仍有詩社活動，但這僅侷限於古典文學領域的「詩創作」一門，且已日漸淡薄，至於其他文體，不論是散文、雜記、小說乃至於詩話〔註87〕，幾乎多已絕跡，更遑論有特定刊物能連載這類作品，故《三六九小報》與《風月報》的這些文本雖然價值不高，但確實是吉光片羽，值得探討的。

六、媒體版面影響之遞嬗與對詩話之影響

（一）古典漢詩文媒體的演進

　　總結本章，筆者將當時主要刊載古典漢詩文的媒體分為「《漢文臺灣日日新報》」、「純古典文學刊物」、「綜合文藝刊物」等三大系統，而這三大系統在時序上是可以互相銜接、演進的。其中日治初期的《臺灣新報》與《漢文臺灣日日新報》於 1896 年至 1911 年，可說主宰了臺灣漢詩文的交流媒介，當時「寄生媒體」之詩話文本也全部集中於此，其憑藉統治政權而生的影響力不可小覷。而隨著《漢文臺灣日日新報》的停刊，日本政府的逐漸穩固，相應而來的便是對於漢詩文的態度逐漸趨於冷落，所以從 1918 年開始便陸續有臺灣民間的組織以自身的力量來創辦雜誌。這包括櫟社的《臺灣文藝叢誌》、星社於 1924 年的《臺灣詩報》、連橫於 1924 年的《臺灣詩薈》等，他們除了承繼《漢文臺灣日日新報》的工作，提供發表園地繼續鼓勵漢詩文的創作外，更因為脫離政府的直接箝制而更具自主性。而時序逐漸到日治中後期，整個社會環境已產生極大的變化，新的漢詩文的呈現方式也逐漸產生，所以有以消遣、休閒為目的的《三六九小報》與《風月報》的雜誌的刊行，這些雜誌雖然與之前的「純古典文學刊物」一樣，提供了文人創作的園地，但在內容上顯然已減去許多嚴肅性。而在這個時期仍有許多「純古典文學刊物」的出現，例如桃園基隆一帶文人籌辦的《詩報》，栗社籌辦的《詩集》，天籟吟社籌辦的《藻香文藝》等，在時序都與「綜合文藝刊物」有所重疊，畢竟對於文學的態度不同便有不同的理念，所以在日治中後期的漢詩文媒體呈現著較多元的取向也是很正常的現象。

〔註87〕賴子清《鶴洲詩話》，彭國棟《廣臺灣詩乘》，是光復後詩話與詩乘的重要著作，但這類作品在光復後確實少見，並不屬於文壇主流，又與在刊物連載之詩話內容性質皆不同。

（二）媒體的特色與影響

從上文我們可以明顯的發現，當時陸續出現在臺灣的漢詩文媒體可說各有其特色，而這對於寄生於其中的「文本」自然會有所影響。例如《漢文臺灣日日新報》與《臺灣新報》不論是作者群的素養、該報本身的份量與背景等都左右了「文本」的內容而多半表現出簡雅的風味。至於繼之而起的「純古典文學刊物」，不論是在內容與篇幅上都獲得了更大的自由，所以也出現了不少的文本，其中不乏當時之重要文人，但也因為發表的園地可能比以往更多，但文人傳統教育早已中輟，繼起者罕有能青出於藍者，所以內容反而出現日趨浮濫〔註88〕、應付的狀況。在「純古典文學刊物」後期出現的「綜合文藝刊物」則更助長了這種膚淺、脫離嚴肅性〔註89〕的現象，《風月報》、《三六九小報》雖有漢詩文的作品，但與之並列的卻是妓女的照片，漢詩文的主體也多以吟風弄月、逗趣消遣的膚淺內容為主，筆者以為文學雖是自由表現的工具，我們無權批評這些作為的是非，但對於寄生於其中的「文本」的影響確實是非常明顯的，上文筆者已充分說明，而這也使得日治中晚期已經青黃不接的漢詩文壇更加靡弱。

總言之，對照日治初期被視為政權的附庸，日治中晚期後又因新式教育興起而使得舊文壇青黃不接、逐漸庸俗化，臺灣的漢詩文在日治時期的發展，可說就是不斷被外在力量扭曲、破壞逐漸衰頹。

〔註88〕如李春霖在《詩報》與《三六九小報》中一稿兩投的情形，也可以表現出當時的報刊之審核機制形同虛設，而作家本身也缺乏自制的狀況。

〔註89〕至於文學應有的嚴肅性使命，則逐漸被繼起的新文學所取代。